Jäger verlorener Schätze

Zu diesem Buch

Geheimnisumwitterte Schätze, verschollene Reichtümer, verschwundenes Gold – seit Menschengedenken üben sie eine magische Anziehungskraft auf Abenteurer, Goldgräber und Glücksritter aus. Die vier packenden Berichte über professionelle Schatzjäger, Kunsträuber und neugierige Historiker, die Wolfgang Ebert versammelt hat, führen uns zu Schauplätzen der Weltgeschichte. Elke Windisch erzählt vom russischen Archäologen Viktor Sarianidi, der in Afghanistan den angeblich größten Goldschatz der Antike entdeckte. Bernd Liebner berichtet vom Wettlauf zu den Kunstschätzen Zentralasiens, den der Schwede Sven Hedin Anfang des 20. Jahrhunderts mit seinem Vorstoß entlang der Seidenstraße auslöste. Wolfgang Meyer-Hentrich schildert die Geschichte einer der berühmtesten Diamanten der Welt, des »Florentiners«, der unter anderem von Kaiserin Sisi getragen wurde. Jens Afflerbach und Doris Dangschat schließlich erzählen von der Suche des englischen Historikers Ian Sayer nach Hitlers Reichsbankschatz, der in den letzten Kriegstagen in der »Alpenfestung« vergraben und später nur unvollständig wieder aufgespürt wurde.

Wolfgang Ebert ist seit 1974 ZDF-Redakteur und Autor mehrerer Fernsehserien und mit Preisen ausgezeichneter Filme, TV-Dokumentationen und Bücher. Zuletzt erschien von ihm »Unterm Kreuz des Südens«.

Jäger verlorener Schätze

Abenteuerliche Expeditionen

Herausgegeben von
Wolfgang Ebert

Mit 32 Schwarzweiß- und
29 Farbabbildungen

Piper München Zürich

Bücher zu ZDF-Expeditionen in der Serie Piper:
Die Seidenstraße (Claus Richter, Bruno Baumann, Bernd Liebner; 3299)
Unterm Kreuz des Südens (Wolfgang Ebert, Georg Graffe, Günther Klein; 3523)
Jäger verlorener Schätze (3662)

Ungekürzte Taschenbuchausgabe
Piper Verlag GmbH, München
1. Auflage Oktober 2002
2. Auflage Januar 2003
© 2001 Hoffmann und Campe Verlag, Hamburg
Umschlag/Bildredaktion: Büro Hamburg
Isabel Bünermann, Julia Martinez/
Charlotte Wippermann, Katharina Oesten
Fotos Umschlagvorderseite: akg-images/Erich Lessing (oben),
Bernd Liebner (unten)
Satz: LVD GmbH, Berlin
Druck und Bindung: Clausen & Bosse, Leck
Printed in Germany   ISBN 3-492-23662-6

www.piper.de

INHALT

Wolfgang Ebert
TEMPELRÄUBER UND TOTENGRÄBER,
DIAMANTENFIEBER UND NAZI-GOLD   9

Elke Windisch
DIE TOTENGRÄBER VOM OXUS

Hotel Margiana	15
Also sprach Zarathustra	18
Sturm über Asien	22
Im Bann der Gräber von Tillya-tepe	30
Die verschwundene Krone	40
Vom Fluch des Goldes	46
Ein Volk, ein Vaterland, ein Führer	54
Abschied von gelben Tulpen	57
Die grüne Gefahr	61
Im Land der tausend Städte	68
Die irdene Festung	74
Der gestohlene Edelstein der Götter	77
Iran und Turan	81
Anahita – Die Auferstehung der Göttin	88

BERND LIEBNER
FREMDE TEUFEL AUF DER SEIDENSTRASSE

Ein epochaler Fund	95
Last der Vergangenheit	99
Staatlicher Rauschgifthandel mit schlimmen Folgen	104
Der Schwede Sven Hedin	107
Das Rätsel des wandernden Sees	110
Mit Vierradantrieb durch die Wüste	115
Geheimnisvolles Loulan	118
In den Ruinenstädten Ostturkestans	126
Mani im Kreise seiner Jünger	134
Die Grotten von Bezeklik und Kizil	137
Der Welt ältestes Papierarchiv	141
Räuber oder Archäologen?	152

WOLFGANG MEYER-HENTRICH
DES KAISERS DIAMANT

Versteigerung des »Namenlosen«	163
Der Großherzog der Toskana	167
In der Schlacht verloren?	172
Rätsel und frühe Expertisen	177
Begleiter einer unglücklichen Königin	182
Zeuge weiteren Unheils	189
Zurück in Wien	194
Eine Epoche verdämmert	202
Der »Florentiner« als Politikum	209
In der Hand von Gaunern?	220
Schatzsuche mit Hindernissen	237

Jens Afflerbach und Doris Dangschat
DAS REICHSBANKGOLD

Die Spur des Goldes	247
Der Evakuierungsbefehl	250
Merkers und die Folgen	256
Der letzte Transport	260
Zeitzeugen und Schatzsucher	266
Odyssee in die »Alpenfestung«	271
Der letzte Auftrag	275
Der Schatz vom Steinriegel	281
Leichte Beute	286
Auf den Spuren der Vergangenheit	297
Goldgräber	302
Ein ehrenwerter Offizier	309

ANHANG

Zur Aussprache	315
Bildnachweis	317
Das Haus Habsburg-Lothringen	318
Zu den Autoren	320

Wolfgang Ebert

TEMPELRÄUBER UND TOTENGRÄBER, DIAMANTENFIEBER UND NAZI-GOLD

Seit grauer Vorzeit jagen Menschen dem Glück hinterher – oder auch verheißungsvollen, gleißenden Gegenständen, die sie dafür halten. Es ist die uralte Geschichte vom Tanz um das Goldene Kalb, eine Chronik voller Romantik und Abenteuer, Sehnsucht und Verblendung, seltener Erfüllung und tausendfachem Scheitern. Welch ungeheure Wirkung die Hoffnung auf schnellen Reichtum haben kann, zeigt der kalifornische Goldrausch. Ein paar schimmernde Nuggets, an einem Januartag 1848 zufällig im American River gefunden, lösten die größte Massenwanderung und die größte Landnahme in der Geschichte Amerikas aus. Wie Schockwellen verbreitete sich das Goldfieber im ganzen Land und infizierte sogar Glücksjäger im fernen Europa und Asien. 1849 waren es 80 000 Argonauten, 1854 treckten schon 300 000 Besessene durch den unbekannten Wilden Westen des Kontinents zum »Golden State« oder wagten die nicht minder gefährliche Segelreise um Kap Hoorn.

Sich wie Indiana Jones mit einer geheimnisumwitterten Schatzkarte im Rucksack durch Wüsten oder Dschungel schlagen, aufregende Abenteuer überstehen und endlich in furchterregenden Tempeln und geheimnisvollen Gräbern unvorstellbaren Reichtum und verschollene Kultobjekte entdecken, das ist der Stoff, aus dem Hollywood-Träume gemacht sind, der Stoff, der unser aller Phantasie bewegt. Einmal den großen Coup landen, das möchte jeder. Und gibt es nicht immer noch eine Vielzahl ungelöster Rätsel um vergrabene oder verlorene Schätze, die auf ihre Wiederentdeckung warten? Die Legende vom sagenhaften Nibelungenschatz, den der grimme Recke Hagen im Rhein versenkte, fasziniert uns Deutsche bis heute. Seit Jahrhunderten sucht man nach dem phantastischen Gold- und Silberhort des Großkönigs der Westgoten, den seine Getreuen 410 n. Chr. mit dem toten Alarich unter den Fluten des Busento versteckten. Noch hat keiner die kostbare Ladung von zwanzig Ochsenkarren voller Elfenbein, Kisten mit Goldmünzen und Dosen voller Diamanten gefunden, die der afrikanische König Lobengula vor seinem Tod in Südafrika in abgelegenen Höhlen deponiert haben soll.

Schatzjäger, das sind die meisten von uns seit der aufregenden Lektüre von Robert Louis Stevensens Piratengeschichten um die Schatzinsel. Das bedrohliche Klappern von John Long Silvers Holzbein auf dem Schiffsdeck läßt den aufgeregten Leser erschauern, als wäre er der Junge John Hawkins selbst gewesen, der die versteckten Schätze des berüchtigten Freibeuters Flint ausgrub. Wer wäre nicht gerne Heinrich Schliemann, der »Vater der Archäologie«, der 1873 im Schutt des antiken Troja auf den Schatz des Priamos stieß, oder Howard Carter, der 1922 das goldstrotzende Pharaonengrab Tut-ench-Amuns aufspürte.

Auch in unseren Tagen machen professionelle Glücksritter Schlagzeilen. Der Amerikaner Mel Fisher, der in der Karibik versunkene Schatzgaleonen spanischer Konquistadoren ortete, oder der Australier Michael Hatcher, den die Porzellanladung des holländischen Ostindienseglers »Geldermalsen« reich machte. Im November 2000 erzielte die Versteigerung der 350 000 Porzellanstücke, die der glückliche Taucher aus der 1820 gesunkenen Dschunke »Tek Sing« im Chinesischen Meer barg, den Rekordpreis von 22,5 Millionen Mark. Ein phantastischer Erlös, der sich für kunsthistorisch relativ unbedeutende Massenware nur erzielen läßt, weil den Fund die Aura geheimnisumwitterter Geschichte umgibt, weil das Flair vom großen Geld und weiter Welt lockt und weil sich Käufer mit jedem ersteigerten Los als Teilhaber eines in den Medien zur Sensation aufgebauschten Schatzfundes fühlen.

Die spannenden Reisen von Archäologen und Kunsträubern, professionellen Schatzjägern und neugierigen Historikern, von denen wir erzählen, führen uns zu Schauplätzen der Weltgeschichte: nach Turkmenien, Afghanistan und China, aber auch zu verlorenen Schätzen vor unserer Haustür. Der Zeitraum der Berichte erstreckt sich vom Persischen Großreich, dem Alexander der Große den Todesstoß versetzt, bis zum Untergang des Dritten Reiches, der den Raub von Teilen der deutschen Goldreserven ermöglicht.

Der russische Archäologe Viktor Sarianidi legt in Afghanistan Königsgräber aus der Zeit 50 v. bis 50 n. Chr. frei und entdeckt dabei den angeblich größten Goldschatz der Antike, der in den Wirren des Afganistankrieges und den nachfolgenden Machtkämpfen aber gleich wieder verlorengeht. Durch einen Kunstgriff bleibt das unersetzliche Kulturgut, das Zeugnis ablegt von einer einzigartigen Symbiose griechischer und asiatischer Stilelemente, dennoch der Nachwelt erhalten.

Kaum hat der Schwede Sven Hedin 1900 die ersten Berichte von seinen sensationellen Entdeckungen im Herzen Asiens veröffentlicht, beginnt der Run auf die sagenhaften Kunstschätze entlang der Seidenstraße. Die größten Coups landen deutsche Archäologen, die verborgene Tempel plündern, und ein englischer Forscher, der ein Sesam-öffne-dich in der Wüste aufspürt und das älteste Papierarchiv der Menschheit entführt. Nicht immer müssen Schätze aus Gold, Silber oder Edelsteinen bestehen. Für Altertumsforscher sind manichäische Fresken oder das erste gedruckte Buch der Geschichte unschätzbar wertvolle Zeugnisse unserer Vergangenheit und somit unersetzliche Kulturschätze der Menschheit.

Die tragödienreiche Geschichte eines der berühmtesten Diamanten der Welt, des »Florentiners«, beginnt vor 500 Jahren in

Indien und endet unter höchst konspirativen Umständen in den zwanziger Jahren in der Schweiz, wo der private Juwelenschatz des österreichischen Kaiserhauses unter der Hand verhökert wird. Steinreiche Maharadschas waren seinem Glanz ebenso verfallen wie der prunksüchtige Burgunderherzog Karl der Kühne und despotische Medici-Fürsten. Als Geschenk ihres Mannes gelangt der zu dieser Zeit zweitgrößte Diamant Europas an Kaiserin Maria Theresia und schmückt danach zwei Habsburgerinnen auf dem französischen Thron: Marie Antoinette, die auf dem Schafott endet, und Marie Louise, die Gattin Napoleons, die das Juwel wieder nach Wien bringt. Der sogenannte Schicksalsstein wird von Kaiserin Sisi getragen und begleitet den letzten österreichischen Kaiser ins Exil. Wo ist der geheimnisvoll golden schimmernde Diamant geblieben?

Für den englischen Historiker Ian Sayer ist das Verschwinden von Hitlers Reichsbankschatz der »größte Raub der Geschichte«: Er wurde in den letzten Kriegstagen bei Nacht und Nebel in den Alpen vergraben und später von Beutejägern teilweise wieder aufgespürt. Sayer und eine Gruppe versierter Schatzsucher machen sich auf zur »Alpenfestung«, um tausend Meter über dem Walchensee nach Resten des »Nazischatzes« zu suchen.

Der »Seeteufel« Graf Luckner, der Piraten-Kapitän in Diensten Kaiser Wilhelm II., schrieb: »Laßt sie ruhen, die unermeßlichen Schätze der Inka, die im Meeresboden eingebetteten Goldbarren so vieler versunkener Schiffe oder gar die geheimnisumwitterten Millionenwerte des letzten Weltkrieges! Wie ein böser Dämon führt Euch das Goldfieber in die entlegensten Winkel der Erde, läßt Euch umherirren, hoffen, verzweifeln, aufgeben.« Der Dämon ist dem Menschen nicht auszutreiben. Immer wird er verlorenen Schätzen nachjagen, dem Traum vom plötzlichen Reichtum. Niemals wird die Suche nach verborgenen Schätzen der Geschichte aufhören. Sie ist unstillbar, die Lust auf Abenteuer, die Gier nach Gold, der Drang, verborgene Rätsel zu lösen.

»Wahrhaftig verlorene Schätze besitzen viel mehr als ihren Wert in barer Münze. Sie haben die Kraft, den Romantiker und Abenteurer, der in uns steckt, zu wecken.«

(Rudolf Elender)

Elke Windisch

DIE TOTENGRÄBER VOM OXUS

Hotel Margiana

Die Gegend hier ist so flach, daß bereits ein Kürbis Chancen hat, als Aussichtsturm benutzt zu werden. Sand, so weit das Auge reicht. Nur hie und da Stachelsträucher, die ihre bizarr geformten Äste in den Nachthimmel bohren. Saksaul heißt das Gewächs, das sich mit seinen meterlangen Pfahlwurzeln bis zum Grundwasser durchzuwühlen vermag.

Wir sind im *çöl*, in der Wüste. In der Wüste des schwarzen Sandes, wie die Karakum wörtlich übersetzt heißt. Der schwarze Sand, der fast 80 Prozent der Gesamtfläche Turkmeniens bedeckt, sieht tagsüber eher hellgrau aus. Erstarrte Wellenberge und -täler; Geschwister der steilen, weißen Brecher, mit denen die Kaspi-See tausend Kilometer weiter westlich nach dem Sandmeer schnappt.

Eine einzige, dringend reparaturbedürftige Straße führt durch die Karakum: von der iranischen Grenze im Süden bis nach Buchara am 400 Kilometer entfernten Nordrand der Wüste, der schon zu Usbekistan gehört. Andere Wege gibt es nicht im *çöl*. Höchstens Richtungen, markiert durch Hufspuren von Kamelen oder breite Abdrücke der Reifen von Uralt-Jeeps aus Beständen der einstigen Sowjetarmee. Einen davon hat unser Gastgeber gekauft: Viktor Sarianidi, ordentlicher Professor am Moskauer Institut für Archäologie und seit fast vierzig Jahren in Zentralasien unterwegs auf Schatzsuche.

Professor Viktor Sarianidi aus Moskau, der 1978 die Gräber von Tillya-tepe entdeckte und an die 20 000 Fundstücke zutage förderte, die meisten aus purem Gold.

»Der *çöl* liebt Fremde nicht«, sagte Sarianidi, bevor wir losfuhren. »Daher merkt euch eines von Anfang an: Wenn ihr euch hier mal verfahrt oder verlauft, dann nehmt die Richtung mit den meisten Spuren. Das ist eventuell der falsche Weg, aber er führt wenigstens nicht weiter hinein in den Ozean aus Sand, sondern zurück zu den Menschen.«

Eine durchaus ernstgemeinte Warnung. Mit 488 000 Quadratkilometern ist Turkmenien erheblich größer als Deutschland. Dennoch hat die Republik nur ganze 7,4 Millionen Einwohner. Äußerster Vorposten der menschlichen Zivilisation ist das Lager von Sarianidi, der seit Mitte der neunziger Jahre im Süden der Karakum gräbt. Ein Dutzend einfacher Zelte gruppiert sich um eine Hütte, die turkmenische Bauern ihm aus Lehm und beigemischtem Stroh gebaut haben. »Hotel Margiana« hatten italienische Kollegen das Lager genannt – nach der baktrischen Bezeichnung für die Gegend beiderseits des Flusses, der heute Murgab heißt.

Nur im Frühjahr und im Herbst können die Archäologen in der Karakum graben. Im Winter sinken die Temperaturen schon mal bis auf minus 30 Grad, im Juni und Juli dagegen meldet der Wetterdienst oft wochenlang 50 Grad im Schatten, den es im *çöl* gar nicht gibt. Selbst Anfang September knallt die weiße Sonne der Wüste noch mit über 40 Grad auf »Hotel Margiana« hernieder. Nachts ist es in der Hütte daher so stickig, daß alle – Archäologen und Kamerateam – im Freien schlafen. Unter Sternen so groß wie Fünf-Mark-Stücke, ein Anblick, über den man sogar die Kälte vergißt, die sich schon bald nach Einbruch der Dunkelheit empfindlich bemerkbar macht und kurz vor Sonnenaufgang schmerzhaft in die Glieder kriecht.

Klimakapriolen dürften bereits den Bewohnern des alten Margiana zugesetzt haben: iranischen Stämmen, die ihr Land Margusch nannten. Den Namen Margiana brachten erst griechische Geschichtsschreiber auf. Ihnen verdankt das Abendland die meisten Erkenntnisse über den Vielvölkerstaat der Achämeniden – das erste persische Großreich, das im 6. Jahrhundert vor unserer Zeitrechnung entstand und sich zeitweilig vom Indus bis auf den Balkan ausdehnte.

Doch Margiana war lange vor den Achämeniden schon eine hochentwickelte Kulturprovinz. Der gigantische Palast, den Sarianidi in vier Jahren fast vollständig freigelegt hat, stammt aus dem späten 3. Jahrtausend v. Chr., ebenso Totenstadt und Tempelanlage. Nur einen Steinwurf vom Lager entfernt, ragen die mannshohen Reste dicker Mauern aus gebrannten Lehmziegeln aus dem Sand. In dem Labyrinth aus Gängen und Nischen verdrängt die Sonne, die gerade über den Horizont kriecht, die Reste der Nacht. Schnell wachsen den Mauerblöcken lange Schatten; so schnell, daß man fast glaubt, die Geisterstadt würde wieder zum Leben erwachen.

Einer der Schatten gehört in der Tat einem Lebenden: Barfuß, aber mit Sonnenbrille inspiziert Sarianidi sein Imperium. Noch sitzen die Arbeiter im Lager beim Tee. Niemand wirbelt Staub auf, nirgends klappert ein Spaten, und keiner spricht. Nur die Steine. Ihnen hat unser Professor bei seinem einsamen morgendlichen Pirschgang schon so manches Geheimnis abgelauscht.

Also sprach Zarathustra

Kerzengrade steigen die Flammen aus tönernen Schalen zum Himmel. Andächtig folgen ihnen die Blicke von Männern mit weißem Lendenschurz. Um die heiligen Elemente – Feuer, Luft, Erde und Wasser – nicht zu verunreinigen, haben sie sich vor dem Betreten des Tempels mit dem Urin des heiligen Rinds gewaschen. Später wird es Haoma geben, ein berauschendes Getränk, das aus vergorenen Hanfstengeln gewonnen wird und die Seelen näher zu Ahura Mazda bringt, für den die Feuer auf allen vier Ecktürmen des Tempels brennen.

»Es gibt keinen Gott außer Ahura Mazda, dem lichten, gestaltlosen, und Zarathustra ist sein Prophet.« Das Dogma war, rund 900 Jahre bevor die Nachkommen Mohammeds die Perser zum Islam bekehrten, im Iran der Achämeniden und bei dessen Vasallen Staatsräson. Persische Könige, die ihren Herrschaftsanspruch direkt von Gott herleiteten, konnten unmöglich die Heerscharen von Geistern und Dämonen weiter dulden, die damals den altiranischen Himmel bevölkerten, alle gleich waren und taten, was ihnen beliebte. Die Gottkönige brauchten eine monotheistische Religion, die ihnen die ideologische Begründung für ihre hierarchische Machtpyramide lieferte, an deren Spitze sie selbst standen.

Der Mann, der Ordnung ins Chaos brachte und die Welt in ihrem Sinne interpretierte, hieß Zarathustra. Von Anbeginn, so seine Lehre, kämpfen in der Welt Gut und Böse miteinander. Das gute Weltprinzip wird durch den Herrn des Lichtreiches, Ahura Mazda, verkörpert, von dem Zarathustra seine Lehre nach mehrjährigem Eremitendasein in der Wüste direkt empfangen haben will. Der Mensch, sagt Zarathustra, ist bei seiner Geburt weder gut noch böse. Erst im Laufe seines Lebens entscheidet er sich durch seine Taten für eines der beiden Prinzipien. Helfer von Gut und Böse aber sind die alten Gottheiten, deren unheilvolle oder segensreiche Wirkung sich die Menschen bis dahin nicht erklären konnten. Zwar steht fest, daß Ahura Mazda seinen bösen Gegenspieler Ahriman am Weltende besiegen und dann Gericht über Tote und Lebende halten wird. Wann indes der Jüngste Tag kommt, das können die Menschen selbst beeinflussen, indem sich möglichst viele den Heerscharen Ahura Mazdas anschließen.

Es ist eine Vorstellungswelt, an die sich auch die Bibel hält. Im »Neuen Testament« ist beispielsweise vom Jüngsten Gericht die Rede oder vom Teufel, der sich sogar an Jesus heranmacht, um ihn zum Bösen zu verführen. Doch selbst die ältesten Teile des »Alten Testaments« entstanden später als das »Avesta«, das heilige Buch der Zarathustra-Anhänger, das angeblich schon zu Lebzeiten des Propheten mit goldener Tinte auf Rindshäute geschrieben wurde. Anders als Jesus und später Mohammed bleibt Zarathustra selbst aber weitgehend im Dunklen. Nur in den »Gathas«, Verspredigten in Sanskrit, die zum ältesten Teil des »Avesta« gehören und Zarathustra selbst zugeschrieben werden, finden sich vage Andeutungen über sein Leben und den Märtyrertod.

Demzufolge muß Zarathustra – wenn es ihn je gegeben hat, denn selbst darüber streiten die Gelehrten – irgendwann zwischen 1000 und 500 v. Chr. in Ostiran und Afghanistan gelebt haben. Die Mehrheit der Forscher nimmt nach Vergleichen der »Gathas« mit anderen Texten, die dort im selben Zeitraum entstanden, an, daß Zarathustra um das Jahr 630 v. Chr. im Nordwesten Afghanistans geboren wurde. In Balch, das damals Baktra hieß und Hauptstadt eines gleichnamigen Königreichs war, das sich vom Hindukusch bis zu den Oasen nördlich des Oxus erstreckte.

Erlebt hat Zarathustra den Triumph seiner Lehre nicht mehr. Das Achämenidenreich entstand erst 550 v. Chr. Zarathustra aber wurde schon 553 von Angehörigen des alten Priesteradels erschlagen. Irgendwo im Nordosten des heutigen Iran, wo es ihm endlich gelungen war, einen Lokalfürsten zu seiner Lehre zu bekehren. Zuvor hatte er fast vierzig Jahre die alten Kulturlandschaften Zentralasiens durchstreift und erfolglos in den Lehmhütten der Bauern und an den Lagerfeuern der Wüstennomaden gepredigt. Von den Städten Baktriens am Oberlauf des Oxus führte ihn sein Weg zunächst nach Sogd, einer Landschaft, die sich von den Bergen des Tian Shan im Osten bis zum Tal des Sarafschan-Flusses im Westen erstreckt und deren Hauptstadt Samarkand war, das damals Marakanda hieß. Später verschlug es ihn in die Wüsten und Oasen von Choresmien am Unterlauf des Oxus und schließlich nach Hyrkanien am Südostufer der Kaspi-See, einem blühenden Landstrich mit fruchtbaren Ebenen und üppiger subtropischer Vegetation. Auf seiner Wanderung dürfte er mit Sicherheit auch über Margiana gekommen sein. Vielleicht hat er dort sogar seine Lehre empfangen.

Der Engel Vohu Manu (Gute Gesinnung), der Zarathustra die Himmelsleiter hinauf zu Ahura Mazda führte, soll ihm in einem brennenden Dornbusch erschienen sein. Auch dies ein Bild, das später das »Alte Testament« aufgreift: als Gott in der Wüste Sinai zu Moses spricht. Zarathustras Dornbusch aber brannte laut »Avesta« am Fluß *Daitya*, dem heutigen Amu Darya, den die alten Griechen Oxus nannten. Der fließt allerdings gut 300 Kilometer weiter nördlich.

Die Altvorderen, meint Sarianidi dazu, könnten Probleme mit der Geographie gehabt haben. Und vielleicht war es gar nicht der Amu Darya, sondern der Murgab, an dem damals die Tempel von Margiana standen. Sicher ist nur eines: Mindestens anderthalbtausend Jahre vor Zarathustra lebten in Margiana Menschen, deren kultische Riten Zarathustra übernahm und in die eigene Lehre integrierte.

Für heute sind die Steine verstummt. Bei den Ausgrabungen geht es inzwischen beinahe so lebhaft zu wie in der 50 Kilometer entfernten Oasenstadt Bayramalı auf dem Markt, wo noch heute Tonkrüge verkauft werden, die große Ähnlichkeit mit den von Sarianidis Arbeitern freigelegten Exemplaren haben. Viele haben Löcher im Boden. Eigentlich, sagt Sarianidis und lacht ein bißchen, grabe er vor allem Müll aus. In der Tat: Die einstigen Bewohner von Margiana ließen nur zurück, was sie nicht mehr gebrauchen konnten. Es gab hier keinen hastigen Aufbruch durch Krieg, Seuchen oder Feuersbrunst. Die Einwohner mußten ihre Stadt nach und nach aufgeben: Die Sanddünen, die der Wind ständig in Bewegung hält, zwangen den flachen Murgab, sein Flußbett zu ändern. Beladen mit all ihrem Hab und Gut zogen die Bewohner von Margiana ihm nach. Sand begrub Hütten und Paläste, Sand löschte die Feuer im Tempel, Sand erstickte alles Leben.

»Bald aber wird weben die Spinne ihr Netz vor den Türen. Und die Eule klagen in Efrasiabs Kaisergemach ...« Verse aus dem »Schah-name«, dem »Buch der Könige«, das die vergangene Größe Irans betrauert. Sarianidis, Bürger Rußlands, Sohn griechischer Einwanderer, der in Usbekistan zur Welt kam, deklamiert sie, fehlerfrei und ohne zu stocken, in Farsî. Bei Bedarf seitenweise, trotz seiner 72 Jahre. »Arbeit hält fit«, sagt Sarianidis, der sich ein beschauliches Rentnerdasein nicht vorstellen kann. Nur die Hoffnung, in Margiana womöglich das Grab Zarathustras zu finden, hat er längst aufgegeben.

Wenn überhaupt, lacht dem Archäologen das Glück nur einmal im Leben. Sarianidis Sternstunde aber schlug vor mehr als zwanzig Jahren: in Tillya-tepe im Norden Afghanistans. Damals hat er ganz andere Schätze in seinen Händen gehabt als Tontöpfe oder ab und an mal eine Münze oder eine Goldkette.

Sturm über Asien

Nur wenige Kilometer breit ist das grüne Band, das den Amu Darya durch die Wüsten Nordafghanistans, Tadschikistans und Südusbekistans auf seinem Weg zum Aralsee begleitet. Schon im frühen 3. Jahrtausend v. Chr. entstehen hier die ersten Siedlungen. Um 1000 v. Chr. formiert sich in der Flußniederung ein Großreich – Baktrien, das Land der tausend Städte. Handelsreisende aus dem Zweistromland und dem Mittelmeerraum, die sich in die bis dahin mehr oder minder unbekannten Weiten hinter dem Kaspischen Meer wagen, das damals Meer von Hyrkanien genannt wird, bringen erste Kunde über den Goldreichtum Baktriens und die Kunstfertigkeit seiner Juweliere mit. Wer reich werden will, so erzählen sie auf den Märkten, brauche nur ein mit Steinen beschwertes Schaffell für ein paar Tage in das flache Wasser des Oxus zu legen; der goldhaltige Treibsand verfange sich in den Haaren, und wenn das Fell getrocknet sei, könne man ihn leicht auskämmen.

Was Wunder, daß den Karawanen der Kaufleute schon bald Soldaten folgen. Um 541 wird Baktrien Satrapie (Provinz) des persischen Achämenidenreichs. Eines Staates, der innerhalb einer Generation den Quantensprung von einem lose organisierten Stammesverband zur Weltmacht schafft.

Noch um 600 v. Chr. sind die Perser halbnomadische Hirten. Statt Wein trinken sie Wasser, einmal am Tag nur nehmen sie eine karge Mahlzeit zu sich. Das Klima im Südwesten des Hochlands von Iran ist rauh, daher kleiden sich die Menschen dort in Leder und grobes Leinen. Ihre Söhne unterrichten sie im Bogenschießen, von Lesen und Schreiben halten sie nichts. Zwar nennt Hachamanisch – griechisch Achämenos – sein kleines Fürstentum Königreich. Doch aller Glanz liegt damals auf Ekbatana, der Hauptstadt der Meder, die von Kriegszügen ins Zweistromland assyrische und sumerische Berater und deren Hochkultur mitbringen. Leider auch den süßen Lebenswandel der Unterworfenen. Er wird den Medern zum Verhängnis, als die noch unverbrauchten, tatendurstigen Perser 550 unter Kyros II. Ekbatana stürmen. Kyros ist klug genug, nicht als Plünderer und Mordbrenner aufzutreten, sondern als Lernender. Meder sind seine Berater bei der Organisation des Staatswesens, Meder errichten seine Prachtbauten, Meder stehen ihm auf weiteren Eroberungsfeldzügen zur Seite. Zuerst fallen Kleinstaaten im Mittleren und Vorderen Orient, dann Lydien in Kleinasien und die griechischen Stadtstaaten an der Ostküste der Ägäis. 541 wendet Kyros sich nach Osten und überquert den Oxus. Ihm gelingt es erstmalig, alle iranischen Stämme in einem Reich zu vereinen.

540 vor unserer Zeitrechnung wird Babylon, damals die Stadt aller Städte, persisch; 529 erobert Kyros Ägypten und legt sich den Pharao-Titel zu. Doch erst Dareios I., der Große, ein Neffe Kyros', der 522 zur Macht gelangt, fügt die Eroberungen zu einem harmonischen Ganzen zusammen und gibt Iran Gesetze, die über Jahrhunderte ihre Gültigkeit behalten. Um den riesigen Staat zusammenzuhalten, läßt Dareios ein Straßennetz einrichten, das Tausende von Kilometern umfaßt. Die berühmteste war die sogenannte Königsstraße von der Reichshauptstadt Susa bis an die Ägäis. Wie Herodot berichtet, hatte sie über hundert Gasthäuser und etwa zwanzig Kurierstationen. Ein Brief brauchte damals für die 2700 Kilometer ganze sieben Tage. Dareios fördert Kunst und Wissenschaft, baut das schon von Kyros begonnene Susa zum Verwaltungszentrum aus und legt den Grundstein für eine neue Metropole: Persepolis, wo die Könige gekrönt und begraben werden. Dutzende Meter lang war der übermannshohe Fries, der den Sockel der Königsburg umlief. Auf ihm sind auch Abgesandte aus Margiana, Baktrien und aus etwa zwanzig weiteren unterworfenen Ländern verewigt, in der Pose der Huldigung vor Dareios.

Von dem Kunstwerk sind heute nur noch Bruchstücke zu besichtigen. Alexander der Große ließ den Palast schon 330 v. Chr. zerstören.

Nicht zum ersten Mal prallten Griechen und Perser damals aufeinander. Und nicht zum ersten Mal besiegten die Griechen einen Herrscher, der sich wie ein Gott verehren ließ und sich für unbesiegbar erklärte. Schon 490 ging Dareios mit 10 000 Soldaten in der attischen Bucht von Marathon an Land, um Athen und Sparta zu unterwerfen – im Vergleich zu Iran Zwergstaaten. Doch die Schlacht ging verloren. Und nicht nur sie. Gleich dreimal schlugen die Griechen den Erbfeind aus dem Osten zwischen 480 und 449 in die Flucht.

Aischylos verarbeitet die Geschehnisse zur Tragödie »Die Perser«, die 472 in Athen uraufgeführt wird. Schonungslos analysiert das Drama die Ursachen der Niederlage: Vom Erfolg geblendet, unterschätzten die Perserkönige ihre Gegner, frönten zunehmend dem Luxus und überließen Feldzüge und Regierungsgeschäfte immer häufiger Höflingen und Generälen. Kein Wunder, daß nach Dareios kein Achämenide mehr eines natürlichen Todes im Bett starb. Alle – von Xerxes bis Dareios III., der vor Alexander fliehen mußte – wurden von Hofkamarilla und Militär erdolcht, erdrosselt oder vergiftet.

Flammen züngeln im Rücken von Dareios III., dem letzten Gottkönig der Perser, als er 330 nach der Entscheidungsschlacht bei Persepolis Richtung Osten flieht. Alexander hat die Königsburg angestecken lassen und fast alle Verwandten des Herrschers verbrennen. Doch die blonden, hellhäutigen Makedonenkrieger heften sich unerbittlich an seine Fersen. Alexander hat von Sogd und dessen märchenhafter Hauptstadt Marakanda weit im Osten hinter dem Meer von Hyrkanien gehört. Und von Baktrien, dem Goldland. Auf dem Weg dorthin treibt er Dareios und die Reste von dessen Armee monatelang vor sich her.

Baktrien wird für den Achämeniden zur Todesfalle. Bessos, der Satrap des Landes, erschlägt ihn und die letzten seiner Getreuen in der Wüste. Unter dem Namen Artaxerxes IV. ruft er sich zum Nachfolger des Perserkönigs aus. Dann rüsten er und der Fürst von Sogd ein Heer aus, das den Makedonen Paroli

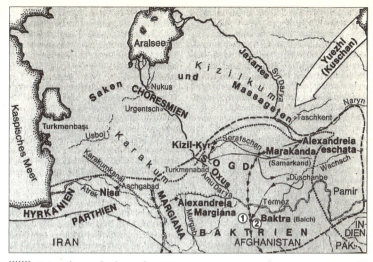

```
······   Züge der makedonischen Heere
```

  Grabungsstätten der gräko-baktrischen Epoche:
① Yemshi-tepe und Tillya-tepe (nahe der heutigen Stadt Schiberghan)
② Mazar i-scharif

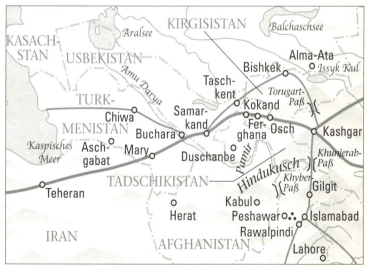

Zentralasien in nachalexandrinischer Zeit und im 21. Jahrhundert

bieten soll. Die Gelegenheit, so meinen beide, sei günstig wie nie, um ihren Ländern die alte Unabhängigkeit zurückzugewinnen. Drei Jahre halten ihre Festungen dem Ansturm stand. Dann fallen die Burgen, eine nach der anderen.

Doch Alexanders Reich ist nur von kurzer Dauer. 323, kaum 33 Jahre alt, stirbt er am Fieber im schwülheißen Babylon im Zweistromland.

Jahrzehnte tobt der Krieg der Diadochen. Generale Alexanders teilen das Reich schließlich unter sich auf. Die östliche Hälfte mit Baktrien, wo griechische Kolonisten angesiedelt werden, geht 312 an Seleukos, der die sogdische Prinzessin Apamea heiratet.

Handel und Gewerbe blühen auf, die Künstler des Landes haben wieder prall gefüllte Auftragsbücher. Die Symbiose von Ost und West, wie sie Alexander vorschwebte, bringt völlig neue Inhalte und Formen hervor. Auf Schmuckstücken tauchen Motive auf, wie sie die Wüstenbewohner nie sahen: Delphine, der griechische Meeresgott Triton und eine Aphrodite, deren Flügel die Göttin zur Baktrierin machen. Bei der Gestaltung von Gesichtern und Körpern oder dem Faltenwurf der Kleidung setzt sich die realistische Darstellungsweise der griechischen Antike durch; erstmalig bekommen die Bilder auch räumliche Tiefe. Ein völlig neuer Stil entsteht – der gräko-baktrische. Er wird noch 300 Jahre später, als die Seleukiden längst vermodert sind, auch dem Gold von Tillya-tepe seinen Stempel aufdrücken.

Schon um 250 v. Chr. wankt ihr Reich unter dem ersten Ansturm der Nomaden. Die Saken, ein den Skythen verwandtes Volk, fallen aus Südsibirien und Nordkasachstan in Baktrien ein. Um 180 v. Chr. zerbricht das gräko-baktrische Reich endgültig in mehrere Kleinstaaten, von denen die meisten den Parthern tributpflichtig werden. In Zentralasien gibt es wieder eine Großmacht, die sich über Jahrhunderte mit Rom Kämpfe um die Herrschaft über den gesamten Erdkreis liefern wird.

Unheimlich waren den Cäsaren die Parther, ein den Skythen verwandter indogermanischer Nomadenstamm, der immer wieder blitzartig in Roms Ostprovinzen einfiel und sich ebenso blitzartig in die Wüste zurückzog. Ihre Wiege steht irgendwo in den Steppen Südrußlands am Asowschen und Schwarzen Meer. Von dort stoßen sie im frühen 3. Jahrhundert v. Chr. in die Gebiete des heutigen südlichen Turkmenien und Nordostirans vor, wo sie sich mit der eingesessenen Bevölkerung vermischen. Anführer ist ihr Häuptling Arsakes, nach dem sich später das parthische Königsgeschlecht nennt – Arsakiden. Im Laufe weniger Jahrzehnte gelingt es ihnen, ein Weltreich aufzubauen, das im Osten bis zum Indus, im Westen bis nach Mesopotamien und im Norden bis nach Margiana und an den Oxus reicht. Ihre erste Hauptstadt wird Nisa, eine Siedlung in der Nähe der heutigen turkmenischen Hauptstadt Aschgabat, deren Ruinen bis heute relativ gut erhalten sind.

Handelskarawanen ziehen von dort regelmäßig nach Margiana, Sogd und Baktrien. Baktrien ist das Goldland der Antike, wo die Kunst, edle Metalle zu verarbeiten, seit Jahrhunderten hoch in Blüte steht. Von dort stammt auch eine ganze Sammlung reichverzierter Trinkhörner, die um 250 entstanden sind, in Nisa ausgegraben wurden und heute im Museum für bildende Kunst in Aschgabat gezeigt werden.

Doch bald schon folgten parthischen Handelsreisenden Soldaten. Das Reich, das Alexander der Große im Osten zusammengerafft hat, ist längst dahin und in unzählige Teilfürstentümer zerfallen. Leichte Beute für die sieggewohnten Parther. Kaum haben sie im Osten wieder halbwegs geordnete Verhältnisse geschaffen, wenden sie sich nach Westen.

Unter Mithridates II. (124–87 v. Chr.) erreichen parthische Truppen den Euphrat, wo es zur ersten Konfrontation mit den Römern kommt (92 v. Chr.). Rund vierzig Jahre später haben sie sich als Weltmacht endgültig durchgesetzt. In der Schlacht von Karrhae (53 v. Chr.) werden die Legionen des Crassus vernichtend geschlagen und 10 000 römische Soldaten als Gefangene nach Margiana deportiert, wo sie, wie Plinius berichtet, die Ostgrenzen des Partherreichs bewachen sollen. Erst 20 v. Chr. gelingt ihnen die Rückkehr nach Rom. Fast 200 Jahre lang ringen die beiden Großmächte immer wieder um die Vorherrschaft in strittigen Gebieten an Euphrat und Tigris. Mehrfach wechseln Syrien und Armenien den Besitzer. Bis schließlich im frühen 3. Jahrhundert nach der Zeitenwende die Sassaniden im zentralasiatischen Raum Roms neuer Gegner werden.

Zwischen den Kriegen gab es jedoch durchaus Versuche, sich zu arrangieren, weil das Kräfteverhältnis in etwa gleich war oder sich eine der beiden Parteien für einen neuen Krieg noch nicht genügend gerüstet sah. So setzte Partherkönig Vologases seinen Bruder Tiridates zwar zum König von Armenien ein, schickte ihn dann jedoch an den Tiber zu Kaiser Nero, der ihn bestätigte.

Auch Kaufleute – römische wie parthische – waren nicht willens, sich das lukrative Geschäft mit baktrischem Gold und chinesischer Seide durch Säbelgerassel verderben zu lassen, und schlüpften immer wieder durch die Frontlinien. Und die Münzen beider Großmächte waren in Zentralasien als Zahlungsmittel lange gleichberechtigt.

Zwei davon erlauben eine Grobdatierung der Funde von Viktor Sarianidi: Eine, zwischen 16 und 21 n. Chr. in Gallien geprägt, zeigt Kaiser Tiberius, der von Rom aus das Abendland und weite Teile Nordafrikas und Vorderasiens regierte. Auf einer anderen ist der mächtige Gegenspieler der Cäsaren im Osten abgebildet: Phraates IV. (etwa 38–2), unter dem das Partherreich seine größte Ausdehnung erfuhr. Die Pretiosen, meint Sarianidi daher, als er die abgegriffenen Geldstücke unter der Lupe betrachtet, müssen irgendwann zwischen 50 vor und 50 nach der Zeitenwende entstanden sein. Eine Epoche, die als schwarzes Loch in der Geschichte Zentralasiens gilt.

Das dunkle Jahrhundert baktrischer Geschichte nennen Experten die Zeit, die nun beginnt: Die Parther konzentrieren sich auf den Westen, wo sie weiter Eroberungen machen. Aus den Ländern am Oxus aber ziehen sie sich im zweiten vorchristlichen Jahrhundert allmählich zurück. Am Tigris im Zweistromland entsteht damals auch ihre neue Hauptstadt Ktesiphon, die zentraler lag als Nisa im Nordosten des Reiches. Vor allem aber verkürzte sich der Anmarschweg der parthischen Heere, wenn es galt, die Römer aufs Haupt zu schlagen.

Doch Gefahren drohten auch aus dem Osten: »Sie waren zahllos wie die Sandkörner, die die Hufe ihrer Pferde aufwirbelten. Die Sonne ward schwarz gegen Mittag, und die Erde bebte. Es wurde niedergemäht, wer immer sich ihnen in den Weg stellte: Greise und Kinder, hoch und niedrig ...« So schildert eine choresmische Chronik aus dem 13. Jahrhundert unserer Zeit den Überfall Dschingis Khans auf die blühenden Oasen zwischen Amu Darya und Syr Darya – dem Oxus und Jaxartes der Antike.

Schon 1400 Jahre zuvor war das Land der tausend Städte unter dem Ansturm der *Yuezhi* (sprich: Jüe-tschi) erzittert, eines Reitervolks, dessen Wurzeln bis heute tief im Dunkel der Geschichte liegen. Nur die Chroniken der chinesischen Han-Dynastie erwähnen sie beiläufig: Die Provinz Gansu, wo die Yuezhi herrschten, lag weit weg im Nordwesten, und was dort passierte, war für den kaiserlichen Hof nur Geplänkel irgendwelcher Barbarenstämme. Ausgerechnet sie aber sollten schon bald eine Völkerwanderung bisher ungekannten Ausmaßes quer durch Asien und Europa auslösen. Ihre letzten Wellen verebbten im 9. Jahrhundert in Ungarn; über sie berichten das Nibelungen- und das noch erheblich früher entstandene altgermanische Hildebrand-Lied.

Angefangen hatte dieser Weltensturm so: Die Yuezhi hielten an ihrem Hof eine Geisel – den Prinzen Mo-te aus dem Volk der *Xiongnu* (sprich: Hungnu), die in Europa als Hunnen bekannt sind. Im Jahre 208 v. Chr. floh der Prinz und vereinigte die Hunnenstämme zu einem mächtigen Reich. 176 mußten auch die Yuezhi dessen Oberhoheit anerkennen. Ihr Aufstand neun

Jahre später endete mit einer Katastrophe. Erst in der kasachischen Steppe kam ihre Reiterei auf der Flucht vor den nachdrängenden Hunnen zum Stehen. Während ihre Feinde westwärts zum Ural abzogen, wendeten sich die Yuezhi nach Süden und erreichten irgendwann Baktrien. Ihre Häuptlinge teilten das Land der tausend Städte in fünf Teilfürstentümer. Zentrum von einem der neuen Staaten wurde eine alte baktrische Residenz – Yemshi-tepe, das Viktor Sarianidi rund zwei Jahrtausende später ausgräbt.

Im Bann der Gräber von Tillya-tepe

Nichts dergleichen hatte er sich erhofft, als er im Herbst 1977 im Transitraum des Moskauer Flughafens Scheremetjewo auf den Abflug der Linienmaschine nach Kabul wartete. Seit 1974 hatte er im Norden Afghanistans, nahe der Stadt Schiberghan, gegraben. Mit Sensationen konnte sein Multikulti-Team – Russen, Usbeken, Turkmenen, Tadschiken und Afghanen – nicht dienen. Nur mäßig interessant schien auch die Anlage aus der Bronzezeit, auf die man im November zuvor gestoßen war.

Mit dem Ketmen, einer Grabschaufel, deren Blatt quer zum Schaft angebracht ist, so daß man damit auch Sträucher roden kann, quälten sich die Archäologen tagelang auf einem Baumwollfeld herum. Die Mühe lohnte sich. Nach und nach gab der Boden seine Geheimnisse preis: gewaltige Mauern mit Zinnen und Wehrtürmen, die einen Ring von gut einem halben Kilometer Durchmesser bildeten. Unüberwindlich und uneinnehmbar. Nur wenige Zugänge, so eng, daß sich ein Mann knapp hindurchzwängen konnte, führten ins Innere, das von einer weitläufigen Tempelanlage beherrscht wurde. Im Norden der Zitadelle standen sogar noch die Ruinen eines Palastes. Um die Stadt herum wurden nach und nach Reste von Vorwerken und dörflichen Siedlungen entdeckt. Insgesamt umfaßte das Areal gut

20 Hektar. Kein Zweifel: Yemshi-tepe, wie Einheimische den Hügel nennen, war einst die Hauptstadt eines Fürstentums, vielleicht sogar eines Königreiches.

Sarianidi klopfte das Herz bis zum Halse: Als die Bauten entstanden, gehörte Nordafghanistan zum »Land der tausend Städte« – zu Baktrien, dem sagenumwobenen Dorado der Antike. Würde er hier finden, wovon insgeheim jeder Archäologe träumt? Doch der Winter kam 1977 ungewöhnlich früh. Die Archäologen mußten ihre Zelte vor der Zeit abbrechen.

Im Frühjahr 1978 aber ist in Afghanistan Revolution. In Kabul herrschen neue Machthaber mit neuen Ideen. Seit längerem schon ist die Rede von einer Autobahn Kabul-Taschkent, die den halbfeudalen Wüstenstaat mit Sowjet-Usbekistan verbinden soll. Dort gibt es – Kommunismus hin, staatlich verordneter Atheismus her – immerhin Eisenbahnlinien, auf denen afghanische Exportgüter bis nach Moskau und dann sogar bis Westeuropa rollen können.

Schon sechs Monate später erreicht die Piste Schiberghan. Bagger dröhnen Tag und Nacht. Nur knapp hundert Meter sind es bis Yemshi-tepe, Sarianidis Grabungsstätte. Doch was kümmern Straßenbauer die Buddeleien versponnener Wissenschaftler!

Das Kulturministerium in Kabul funkt SOS nach Moskau: Das Ausmaß der Verwüstungen habe »alarmierende Maßstäbe« angenommen, beklagen sich die afghanischen Kollegen. Behauptungen, die keineswegs übertrieben sind. Sarianidi, der sich sofort zum Ort der Katastrophe aufmacht, ist fest entschlossen, Unwiderrufliches notfalls mit Brachialgewalt zu verhindern. Als er ankommt, ist einer der Bagger gerade dabei, antike Mauerreste wegzuräumen. Und in der Erde, die er bewegt, finden sich vereinzelt Tonscherben. »Stop! Sofort aufhören!« brüllt Sarianidi, rot vor Zorn, und geht auf den Erstbesten mit dem Feldspaten los.

Nach stundenlangem Palaver überzeugen seine afghanischen Kollegen die Straßenbauer davon, daß die bis dahin schnurgerade Trasse eine Kurve zu machen habe. Keine Sekunde zu früh, wie Sarianidi später merkt. Genau unter jenem Erdrücken, vor dem er die Bagger zum Stehen brachte, gräbt er sechs Wochen später die ersten 164 Goldplättchen aus.

Doch davon ahnt er nichts, als er in Yemshi-tepe die im Vorjahr abgebrochenen Grabungen wiederaufnimmt. Kreisrund ist die Anlage: eine Kopie der »idealen Stadt«, die Yima, der Held altiranischer Legenden, halb Mensch, halb Gott, in grauer Vorzeit für die Seinen baute. Erteilt hatte ihm den Auftrag dazu der lichte Gott Ahura Mazda. Von Yima leitet sich möglicherweise auch der Name der runden Stadt her. Sarianidi wundert sich daher nicht, als er die Reste eines Feuertempels freilegt, der vermutlich schon Ende des 2. Jahrtausends entstand – 300, vielleicht sogar 500 Jahre vor Zarathustra.

Ein Kollege hat eine Schmalfilmkamera mitgenommen und dreht Bilder, die wackeln und ruckeln. Aus Angst vor zu wenig »action« schwenken Amateure mit der Kamera meist wüst durch die Gegend. Doch die lausige Qualität ist für den Betrachter bald Nebensache.

Sechs mal sechs Meter groß ist der Hauptaltar, den eine Plattform aus gebrannten Ziegeln trägt. Daneben recken sich Säulenstümpfe in den tiefblauen Himmel. Auf ihnen ruhte einst das Dach von zwei Hallen, deren äußere Begrenzung Wehrmauern mit Türmen an allen vier Ecken sind. Am Fuße des Heiligtums sind die Reste menschlicher Wohnstätten zu erkennen. Um die Mitte des ersten vorchristlichen Jahrtausends, sagt Sarianidi, sei der Tempel rekonstruiert und erweitert worden. Ebenso die Wehrmauern. Wahrscheinlich, um den Sturm der Achämeniden abzuwehren. Erfolglos: Die Anlage wurde geplündert. Schon die Truppen Alexanders, die Baktrien um 330 eroberten, fanden auf den Ruinen des Tempelberges nur noch ein armseliges Dörfchen vor, das die Bewohner später ganz aufgaben.

Keine Spur vom sagenhaften Gold der Baktrier, auf das Sarianidi insgeheim hofft. Und das ganz nahe sein soll. Tillya-tepe,

Goldhügel, nennen Baumwollbauern aus der Umgebung eine etwa drei Meter hohe und hundert Meter breite Erhebung, knapp 500 Meter von Yemshi-tepe entfernt. Feldmäuse, so hört er, als er nach dem Grund des Namens fragt, hätten dort hin und wieder kleine Goldplättchen ans Tageslicht befördert.

Sarianidi lächelt. Der Orient ist die Heimat der Märchenerzähler. Für alles gibt es hier eine Legende. Kein Wunder, daß er auch die Berichte vom Mäusegold in Tillya-tepe zunächst für ein Märchen aus Tausendundeiner Nacht hält. Nichts deutet darauf hin, daß der Ort seinen Namen zu Recht trägt: Die Archäologen finden nur Tonscherben. Und dann setzt auch noch Dauerregen ein.

Erst am 12. November 1978 lacht wieder die Sonne. Und im Sand finden die Archäologen etwas, was fast auf dem Müll gelandet wäre: einen rostigen Gegenstand, der entfernt an ein Winkeleisen mit Löchern für Nägel erinnert. »Erst viel später«, sagt Sarianidi, »dämmerte uns, daß wir eine Klammer gefunden hatten, mit der Sarg und Deckel in unserem ersten Goldgrab zusammengehalten wurden ...«

Nur schweren Herzens kehrt Sarianidi in die Gegenwart zurück, als der turkmenische Vorarbeiter Tee bringt. In einer schwarzen, verräucherten Kanne aus Gußeisen, die direkt ins Reisigfeuer gestellt wird. Inzwischen ist es kurz nach elf, die Sonne schlägt erbarmungslos zu, und mit dem guten Licht ist es erst mal vorbei. Gleißende Helle, die das menschliche Auge als durchaus schön empfindet, sieht die Kamera anders: Große Kontraste nehmen den Bildern allen Zauber. Wir fahren zurück ins Lager. Die Wüste verordnet uns eine fast sechsstündige Zwangspause unter dem im Freien aufgespannten Zeltdach. Genug Zeit, um Sarianidis Geschichte zu Ende zu hören.

Zuerst fanden sie nur Kleinigkeiten: Vor allem Goldplättchen, deren Herkunft sich keiner erklären konnte. Das Rätsel löste sich erst, als sie am nächsten Morgen auf ein Grab stießen. Aus dem Dunkel starrten ihnen die leeren Augenhöhlen eines Schä-

So etwa könnte die tote Prinzessin ausgesehen haben, als sie im »Goldhügel« bestattet wurde.

dels entgegen: Teil des Skeletts einer Frau, die zwischen 25 und 35 Jahre alt gewesen sein mochte. Eine Prinzessin, vielleicht sogar die Gemahlin eines längst vergessenen Herrschers, wie Stoffreste und andere Wertsachen, vor allem aber die Unmenge von Goldgegenständen verraten. Schnell hatten die Steppennomaden Gefallen an der Hochkultur ihrer neuen Heimat gefunden. Vor allem an der Kunst der seit Jahrhunderten berühmten baktrischen Goldschmiede. Die Hinterbliebenen hatten ihrer Toten, die an jeden nur erdenklichen Luxus ihrer Zeit gewöhnt war, alles mit auf die letzte Reise gegeben, was sie im Schattenreich brauchen konnte.

Stellen wir uns vor: Leise klirrt Metall aneinander. Der einzige Laut in der Totenstille. In dem halbdunklen niedrigen Gewölbe huschen zwei ganz in Weiß, die Unfarbe der Trauer, gekleidete Mädchen hin und her, um ihre Prinzessin für die letzte Reise herzurichten. Nichts soll ihr fehlen im Reich der Götter, wo sie fortan wohnen wird. Kunstvoll haben sie ihr das blauschwarze lange Haar zu einer Hochfrisur aufgesteckt, die mit Nadeln aus schwerem Gold zusammengehalten wird.

An jeden der steifen, wächsernen Finger stecken sie Ringe, besetzt mit Perlen und Türkisen. Schminkdöschen aus indischem Elfenbein liegen in Reichweite der Hände und ein Spiegel aus poliertem Silber, wie ihn die Frauen der chinesischen Han-Dynastie benutzen. Zum Schluß drücken sie ihr noch eine Krone ins Haar, so filigran und zerbrechlich gearbeitet, daß Sarianidi, als er sie zweitausend Jahre später ausgräbt, den Atem anhält und sich zunächst scheut, sie auch nur zu berühren.

»Geschmückt war sie von Kopf bis Fuß«, sagt Sariandi. »Nie zuvor habe ich soviel Gold auf einem Haufen gesehen: Ringe, Arm- und Fußreifen, Ketten und Haarschmuck und massenweise Goldplättchen. Die waren einst wohl zu Hunderten auf das ziegelrote Obergewand aufgenäht. Daneben lagen alle möglichen Toilettenartikel. Eine runde Dose aus Elfenbein enthielt fest zusammengepreßten weißen Puder.« Make-up, das, wie Sariandi meint, genauso aussieht wie Kompaktpuder. Auch sonst enthielt der Schönheitskoffer, der neben dem Skelett lag, so ziemlich alles, was auch für die Frau von heute unverzichtbar ist. Die wichtigsten Utensilien waren: ein Kajalstift mit Splittern von schwarzen Kristallen – Antimon, wie Labor-Analysen später ergaben –, eine kleine Silberdose mit Deckel, in den ein filigranes florales Muster eingeritzt ist, Eisenpinzetten und Maniküregerät mit hölzernen Griffen, Rouge, tiefblaue Lidschatten.

Nichts fehlte. Sarianidi traute seinen Augen kaum. Ende des 20. Jahrhunderts sind nichtgeplünderte Gräber der Antike so selten wie Regen in der Wüste. Das Grab der Prinzessin, da ist er sich sicher, blieb fast zwanzig Jahrhunderte nur deshalb unentdeckt, weil niemand von ihm wußte.

Ob unsere Phantasie für die folgende Szene ausreicht? Die Schmückerinnen breiten ein hauchdünnes weißes Tuch über die Leiche und ziehen sich mit tiefen Verbeugungen zurück. Leichenträger schultern den Holzsarg, der mit großem Pomp beigesetzt wird. Doch in der Nacht noch wird das Grab wieder geöffnet, und die Träger laden sich den Sarg erneut auf die

Schultern. Klein ist diesmal die Suite: zwei Träger und zwei Männer mit Fackeln, die in der mondlosen Nacht ihrem Ziel entgegenstolpern. Ein etwa 500 Meter entfernter Wohnhügel, der in der frühen Bronzezeit aufgegeben wurde. »Die Herrscher von Yemshi-tepe«, sagt Sarianidi, »kannten die Habgier der Menschen. Daher legten sie ihre Familiengruft nicht innerhalb der Stadt an, sondern auf dem damals bereits öden und verlassenen Nachbarhügel.« In Tillya-tepe, dem Goldhügel.

Äußerst planvoll muß es dabei zugegangen sein. Die Totenstadt liegt im nordwestlichen Teil von Tillya-tepe. Ebendieser Abschnitt ist Yemshi-tepe zugewandt und von der hohen Zitadelle, in der sich der Königssitz befand, gut einzusehen: »Auf diese Weise«, sagt Sarianidi, »konnten die Verwandten jederzeit nachprüfen, ob die Grabstätte noch unversehrt war. Sie brauchten dazu nicht einmal den Palast zu verlassen. Ein Blick aus dem Fenster genügte.«

Makaber mag es weitergegangen sein. Erneut wühlen sich die Spaten ins Erdreich. Die Totengräber haben Anweisung, so schnell wie möglich ein einfaches rechteckiges Grab auszuheben. Die Sommernacht ist kurz, zum Verputzen bleibt keine Zeit. Ganze anderthalb Meter tief ist die Grube, in die der Sarg mit niedrigem Boden hinuntergelassen wird. Die Sargwände werden nur von Metallklammern zusammengehalten. Einen Deckel gibt es nicht. Dafür ist über den Sarg eine Decke gebreitet, auf die goldene und silberne Scheiben aufgenäht sind. Die Tote liegt lang ausgestreckt auf dem Rücken. Sobald der Sarg in die Grube gesenkt ist, wird deren oberer Teil mit Brettern oder Leder ausgeschlagen und das Ganze mit Erde überschüttet oder mit Rasenstücken abgedeckt. Wenn diese nach ein paar Tagen in das halb hohle Grab stürzen, rieselt Sand nach. Und bald schon, so denken die Träger, werden nicht einmal sie, wenn sie die Schafe hier auf die Weide treiben, die Stelle wiederfinden.

Die Herrscher von Yemshi-tepe denken offenbar anders. Hinter einem Mauervorsprung blitzen dunkle Augen und eine Klinge auf. Krieger haben die Totengräber abgefangen, kaum daß sie wieder in der Stadt sind. Lautlos stoßen sie zu, lautlos sacken vier leblose Körper zu Boden.

Doch zurück in unsere Gegenwart: Den Tag, an dem sie ihre erste Prinzessin fanden, haben Sarianidi und sein Team rot im Kalender angestrichen. Abends trinken sie auf den Erfolg, und mancher denkt schon an das Ende der Expedition und eine baldige Rückkehr nach Moskau. Noch ahnen sie nicht, welche Überraschungen der Goldhügel für sie noch bereithält: insgesamt sechs Gräber, in denen fünf Frauen und ein Mann bestattet wurden. Alle offenbar fürstlichen Gebluts. Mehr als 20 000 Goldgegenstände, manche davon über ein Kilo schwer, graben sie in jenem Winter aus. Darunter eine Schamanenkrone, die aus fünf Blattgold-Palmetten besteht und überreich mit Perlen und Türkisen besetzt ist.

Von bestechender Eleganz sind auch Halsketten, wie sie bei vielen Toten gefunden werden. Sie bestehen aus großen goldenen Perlen, die oftmals mit kleinen Körnchen bedeckt und mit türkisfarbenen Blütenblättern unterlegt sind. Die Handgelenke dagegen zierten schwere goldene Armreifen, die nicht ganz geschlossen sind. In einem Fall sind sie mit Nachbildungen von Antilopen versehen, andere Armreifen zeigen löwenähnliche Mäuler oder aber kurze gebogene Hörner. Die Finger steckten in massiven goldenen Ringen, oftmals mit Steinen oder goldenen Plättchen besetzt, auf denen Abbildungen eingraviert sind. Auf einem Ring ist die behelmte Göttin Athene mit Speer und Schild in der Hand abgebildet; dort haben sich auch griechische Buchstaben in Spiegelschrift erhalten, was darauf hindeutet, daß es sich hier um einen Siegelring handelt. An den Fußgelenken waren pfundschwere goldene Reifen angebracht, doch meist ohne schmückendes Beiwerk. Die Schädel der Toten ruhten in goldenen und silbernen Gefäßen, eines ebenfalls mit einer griechischen Inschrift. Außer diesen großen Gefäßen fanden sich in den Gräbern auch bedeutend kleinere, wohl Kosmetikschäl-

Anhänger mit dem Porträt eines baktrischen Königs mit griechischem Helm.

Siegelring mit Negativbild und -beschriftung: Athene, die griechische Göttin der Weisheit.

chen, deren Deckel oftmals durch goldene Kettchen am Griff befestigt waren.

Die kunstvollen Frisuren der Frauen wurden von Haarnadeln aus Bronze gehalten, deren sichtbares oberes Ende jedoch aus Gold geformt war und auch reichlich mit Perlen und einem halbmondförmigen Anhängsel verziert sein konnte. In einem Grab kamen massive gegossene Gebilde zum Vorschein, die Rosetten mit zahlreichen Blütenblättern darstellen, woran man mittels eines feinen Drähtchens weitere Anhängsel befestigte.

Unter den goldenen Ohrringen bestechen zwei Pferdeköpfe, deren Mähnen mit Lapislazuli und Türkisen geschmückt sind. Am spektakulärsten aber ist ein Paar majestätischer Ohrringe: Einen König samt kunstvoll gearbeiteter Krone bewachen zwei Fabeltiere, geflügelte Drachen. Die komplizierte Komposition ist üppig mit Türkisen besetzt, die Augen der Drachen bestehen aus gelbem Karneol.

Tierszenen sind unter den Grabbeigaben häufig vertreten. Kein Wunder, denn sie spielten in der traditionellen Kunst der

Nomaden stets eine herausragende Rolle. So wurden goldene Platten gefunden, die Reliefdarstellungen von Fabelwesen, aber auch von wirklichen Tieren, zum Beispiel Panthern, zeigen. Besonders effektvoll sind zwei Plättchen gestaltet. Auf dem einen zerreißt – im Hochrelief – eine Raubkatze einen Hirsch; auf dem anderen, reichlich mit Türkisen besetzten Plättchen stürzen sich zwei geflügelte Raubtiere mit aufgerissenem Rachen auf ein am Boden liegendes Pferd.

In einer Grabkammer fand man auch ein ledernes, mit halbkugelförmigen goldenen Plättchen verziertes Degengehänge. Abgebildet sind reale Tiere zusammen mit Fabelwesen, die sich wütend mal in den eigenen Schwanz, mal in eine Pfote beißen.

Die langen Gewänder wurden über der Brust von aufwendig gearbeiteten goldenen Spangen zusammengehalten. In der Gestaltung spielt die Symmetrie eine wichtige Rolle.

So zeigt eine zweiteilige Spange auf jeder Hälfte dieselbe Abbildung: eingearbeitet in eine durchbrochene, nur 0,8 Millimeter dünne, zum Relief erhöhte Goldplatte, die über und über mit kleinen Türkisen geschmückt ist. Ganze 6,5 mal 7 Zentimeter ist die gestaltete Fläche: darauf ein Fabeltier mit einem löwenähnlichen Maul und struppigen Barthaaren. Auf seinem Rücken sitzt ein turtelndes Menschenpaar, das von der mit Kranz und Palmenzweig versehenen Göttin Nike gesegnet wird. Zu Füßen des Fabelwesens räkelt sich ein halb liegender zottiger, bärtiger Silen.

Ein goldener Gürtel mit neun runden, gewölbten Plättchen zeigt einen Löwen mit zurückgewandtem Kopf, der offenbar eine Beute erspäht hat. Über seinen Rücken ist eine gemusterte Decke gebreitet, auf der in lässiger Haltung eine Frau mit starren Gesichtszügen sitzt. Mit der einen Hand stützt sie sich auf den Kopf des Löwen, in der anderen hält sie ein zweihenkeliges Gefäß. Diese weibliche Figur, mit Sicherheit eine Göttin und Beherrscherin der Tiere, läßt sich als Gestalt bis in die graue Vorzeit baktrischer Mythologie zurückverfolgen. Sie taucht auch auf baktrischen Siegeln der Bronzezeit auf. Zwischen den beiden Meisterwerken liegt jedoch ein gutes Jahrtausend!

Den Höhepunkt der Goldschmiedekunst bilden zwei goldene Dolchscheiden. Auf einer ist eine Szene festgehalten, die merkwürdig modern anmutet: Greifvögel, Drachen mit schnabelförmigen Nasen und Raubkatzen haben sich dort zu einer langen Reihe formiert, wobei jedes Tier das vor ihm schreitende mit den Zähnen am Rücken gepackt hält. Diese »Prozession« setzt sich auf dem Dolchgriff fort und endet auf dem abgerundeten Knauf mit einer Überraschung. Dort ist ein Bärchen abgebildet, das friedlich an seinen Weintrauben kaut.

Die verschwundene Krone

Die Nachricht von all den Wunderdingen, die die Expedition gefunden hatte, verbreitete sich in Nordafghanistan wie ein Lauffeuer. Von nichts anderem war mehr die Rede in den Lehmhütten der Oasen und an den Lagerfeuern der Nomaden in Wüste und Steppe. Der Fund wurde dabei immer größer und prächtiger. Die Russen, so hörte ein afghanischer Mitarbeiter Sarianidis, als er auf dem Markt von Schiberghan Lebensmittel einkaufte, hätten ein lebensgroßes Pferd ausgegraben, das ganz mit Gold überzogen sei. Wenige Tage später war das Pferd zum Kamel geworden und aus purem Gold.

»Bald schon«, sagt Sarianidi, »konnten wir uns vor Besuchern kaum noch retten. Junge und Alte kamen, Männer und Frauen, ja sogar Kinder.« Hoch zu Kamel oder mit der *araba*, einem Eselskarren mit zwei großen hölzernen Rädern, die zumeist so quietschen, daß das Gefährt den Beinamen »afghanische Nachtigall« führt. Viele Gäste nahmen sogar einen stundenlangen Fußmarsch auf sich.

Und dann kamen auch noch Diplomaten der Sowjetbotschaft, lokale und regionale Autoritäten, die glaubten, Anspruch auf einen großen Bahnhof zu haben: mit Führung durch den Chef persönlich, Hammel am Spieß und Wodka satt. Hinter die Berge des Hindukusch, so meinte ein Dorfhäuptling, könne Allah nicht gucken.

Sarianidi machte gute Miene zum bösen Spiel. Einfach wegschicken konnte er die ungebetenen Gäste nicht, obwohl er es gern getan hätte: Ständig trieb ihn und seine Kollegen die Angst um, die Besucher könnten trotz aller Vorsichtsmaßnahmen ein Souvenir mitgehen lassen.

»Jeden Abend«, sagt Sarianidi, »mußten alle Kollegen dem Expeditionsleiter, also mir, alles aushändigen, was sie tagsüber ausgegraben hatten.« Sarianidi oder einer seiner Stellvertreter aus den Reihen der sowjetischen Archäologen schrieb dann die Inventarliste. Anschließend wurden Stücke und Liste an die Restauratoren weitergereicht, die alles fotografieren mußten: in Draufsicht, von beiden Seiten, von vorn und von hinten. Manchmal wurden mehrere Objekte zu einer Gruppe angeordnet und diese als solche abgelichtet. Zur Sicherheit schrieb einer der afghanischen Archäologen eine zweite Inventarliste. Vertrauen ist gut, Kontrolle besser, wußte schon Lenin.

»Schrecklich war das manchmal«, sagt Sarianidi. »Beide Listen mußten absolut übereinstimmen. Und nun stellen Sie sich vor, Sie haben den ganzen Tag Goldplättchen gefunden. Beim Zählen kommt unser Mann auf 478, aber der Afghane auf 475. Dann wurde von vorn gezählt – so lange, bis beide auf die gleiche Zahl kamen.«

Eine schwere Geduldsprobe für die erschöpften, frierenden und hungrigen Männer. Doch Entwarnung und das Abendessen gab es erst, wenn Sarianidi sich von der hundertprozentigen Übereinstimmung beider Listen überzeugt hatte. Und nur dann konnte am nächsten Morgen die Arbeit weitergehen. Sarianidi kostete das so manche schlaflose Nacht. Immer wieder stand er auf, schlich zu den Gräbern und kontrollierte, ob die Zeltplanen, die sie über den Grabungslöchern aufgespannt hatten, fest verschnürt und die Türen des Holzschuppens, der als Lager diente, richtig verschlossen waren. Alle Eingänge waren außerdem mit Persennings gesichert, auf die Sarianidi jeden Abend Sand kippen ließ. Zusätzlich wurden Siegel angebracht, deren Unversehrtheit der Chef oder einer seiner Stellvertreter am nächsten Morgen prüfen mußten. Doch nicht einmal das reichte Sarianidi. Heimlich brachte er versteckte »Zeichen« an: ein Haar am Türschloß, einen Papierfetzen, scheinbar achtlos auf eine Kiste geworfen. Methoden, wie sie Thriller-Autoren ihren Spionen beim Kampf mit dem Gegner an der unsichtbaren Front andichten.

»*Ak kız, çay getir*«, unterbricht sich Sarianidi, der mit den Turkmenen meist in ihrer Sprache spricht. Den Auftrag, grünen Tee und dann das Mittagessen zu bringen, erledigt das Küchenzelt in weniger als einer Minute. Lautlos, weil auf gestrickten Schuhstrümpfen, kommt eine etwa dreißig Jahre alte Turkmenin und stellt Kanne und Teeschalen auf den Tisch: Ak kız ist studierte Volkswirtin, aber seit dem Ende der Sowjetunion arbeitslos. Sie führt den Archäologen die Wirtschaft und kocht phantastisch.

Von ihrem Gesicht zeigt das »weiße Mädchen«, wie die wörtliche Übersetzung des Namens lautet, nur die schwarzen lachenden Augen. Doch die Vermummung hat nichts mit islamischem Fundamentalismus zu tun. Die Turkmenen halten es als ehemalige Nomaden mit den Geboten des Korans nicht so genau, und manche essen sogar Schweinefleisch. Das Tuch soll vor Staub und Hitze schützen. Sogar unter Sarianidis Zeltdach, tagsüber der mit Abstand kühlste Ort im Lager, sorgt das Zentralgestirn mittlerweile für 42 Grad. Sarianidi vollzieht das *koydurma*, die turkmenische Teezeremonie. »Sich setzen lassen« bedeutet das Wort. Dazu wird der Tee dreimal in die Schale gegossen und dann wieder zurück in die Kanne. Kein Blatt darf mehr oben schwimmen, das würde böse Geister anlocken.

Schale, Kanne, Schale, Kanne ... Sarianidi kippt den Tee schon zum fünften Mal um. Rein mechanisch. Mit den Gedanken ist er weit weg. In einer anderen Zeit, in einem anderen Land. Auf der anderen Seite des Amu Darya mit einer anderen Expedition. In Tillya-tepe, wo er sich Anfang 1979 schon im Zuchthaus und beim Scharfrichter sah.

Alle waren bereits an die Arbeit gegangen. Sarianidi blieb zurück. In aller Ruhe wollte er sich noch mal die Schamanenkrone ansehen, die sie tags zuvor aus dem dritten Grab geborgen hatten. Ein fragiles Gebilde, zusammengesetzt aus Hunderten von Einzelteilen aus hauchdünnem, funkelndem Gold- und Silberblech. Schon der leiseste Windstoß brachte sie zum Klingen. Doch als Sarianidi den Deckel hob, glitzerte nichts unter der Holzwolle. Macht nichts, dachte er, irgendein Idiot hat sie in die falsche Kiste gelegt.

Sarianidi öffnete die anderen Kisten mit Funden aus Grab drei, wühlte alles um und um und konnte trotzdem nichts finden. Dann setzte er sich hin und überlegte, was die Helden aus seinen Agentengeschichten wohl in einer solchen Situation getan hätten. Ruhe bewahren, sagte er sich und untersuchte jeden Winkel des Raums: Die Krone blieb verschwunden.

Nun nahm er sich die Kisten mit den Funden aus den anderen Gräbern vor. Nichts. Angstschweiß lief ihm übers Gesicht: Ihn, den Expeditionsleiter, würde man zur Verantwortung ziehen.

Wieder, nun schon mit zitternden Händen, durchsuchte er den ganzen Raum, legte sich auf den Bauch, um unters Bett zu gucken. Eine Krone ist schließlich kein Goldplättchen und kein Ring, der in Stoffalten oder Dielenritzen rutschen kann. Daß sie jemand gestohlen hatte, hielt Sarianidi für unwahrscheinlich: Ein Dieb hätte auch andere Kostbarkeiten eingesteckt. Doch außer der Krone fehlte nichts. Sarianidi suchte, bis die Kollegen von der Arbeit kamen. Die Stunden bis zum Zapfenstreich wurden zur Qual. Abwesend saß er bei Tisch und stocherte lustlos im Essen. Niemandem hatte er seine Ängste anvertrauen können. Verzweifelt malte er sich das Weitere aus: Verhaftung, Anklage, Zuchthaus, Straflager. Vielleicht sogar eine Kugel in den

Hinterkopf. In der Sowjetunion war das die gängige Strafe für Veruntreuung von Staatseigentum in besonders schweren Fällen.

Aus dem Nebenzimmer drang längst rhythmisches Schnarchen. Nur Sarianidi lag wach und grübelte. Dann stand er auf, streifte ziellos durch das Zimmer. Wieder öffnete er alle Kisten. Goldplättchen glitten ihm durch die Finger: Verdammtes Afghanistan, verfluchtes Gold!

Schon graute ein neuer Morgen. Ohne jede Hoffnung öffnete er den Tresor, wo kleine und kleinste Fundstücke in Streichholzschachteln verwahrt wurden. Ohne recht zu wissen, was er tat, griff er ein paar davon und legte sie vor sich auf den Tisch. Da gewahrte er die Krone. Besser gesagt, Teile davon: Zacken und Hänger, vielfach verästelt und nur Bruchteile von Millimetern dünn, hatten sich unter die Deckel geschoben und waren teilweise in den Schachteln verschwunden. Sarianidi fiel ein Stein vom Herzen. Aber nur ein kleiner. Die Krone war seiner Ansicht nach hin, zerbrochen durch Unachtsamkeit.

Äußerst behutsam versuchte Sarianidi, die Schamanenkrone wieder zusammenzusetzen. Nicht einmal seiner Frau, so behauptet er, habe er die fatale Geschichte erzählt.

»Und euch«, sagt er dann, »erzähle ich das alles auch nur, weil mich bis heute fasziniert, daß gar nichts kaputt war. Die unbekannten Meister beherrschten vor über 2000 Jahren die Kunst, Schmuck so anzufertigen, daß die einzelnen Elemente nur ineinandergesteckt zu werden brauchten.«

Ein Zugeständnis an das unstete Nomadenleben, bei dem Hab und Gut sicher in der Satteltasche verstaut werden mußte, wenn der Stamm auf dem Kriegspfad oder auf der Suche nach neuen Weidegründen unterwegs war?

»Wer weiß«, sagt Sarianidi mit düsterem Lächeln, »das werden wir wohl nie mehr erfahren ...«

Sechs Gräber legten Sarianidi und seine Kollegen damals frei. Ein siebtes wurde im Februar 1979 entdeckt. Vage Anzeichen sprachen dafür, daß es womöglich noch ein achtes, ja vielleicht sogar ein neuntes Grab gab. Doch Sarianidi ließ seinen neuesten Fund wieder zuschütten. Alle hatten über Monate täglich nur wenige Stunden geschlafen, waren erschöpft, gestreßt und wollten nach Hause. Vor allem aber: Schon in wenigen Tagen würde es in der Wüste so heiß werden, daß an Weiterarbeit nicht zu denken war. Nicht Tage, Stunden nur dauert in Afghanistan der Wechsel vom Winter zum Sommer. Bisherige Erfahrungen hatten aber gezeigt, daß für die Freilegung eines einzigen Grabes und für die Inventarisierung der Funde mindestens sechs Wochen ins Land gehen.

Sarianidi wurde beim Verpacken der bisherigen Ausbeute von den widersprüchlichsten Gefühlen hin und her gerissen, entschied sich dann aber doch für den einstweiligen Abbruch aller Arbeiten. »Bis zum nächsten Jahr«, sagte er zu den Soldaten, die die afghanische Regierung zur Bewachung der Grabungsstelle geschickt hatte. Er sollte sie nie wiedersehen. Acht Monate später marschierte die Sowjetarmee ein. Am Goldhügel wurde gekämpft.

Sarianidi ahnte von all dem nichts, hatte aber dennoch ein ungutes Gefühl, als die Wagenkolonne am 8. Februar 1979 mit dem ersten Morgenlicht von Schiberghan nach Mazar i-scharif, der inoffiziellen Hauptstadt Nordafghanistans, aufbrach. Der Weg führte über die schneebedeckten Gipfel des Hindukusch. Die Straße, die sich in Serpentinen dem Paß entgegenschlängelt, war so gut wie menschenleer.

»Werde blind!« lautet der hier am häufigsten gesprochene Satz. Jeder Afghane wartet voller Angst auf diese zwei Wörter, während er insgeheim hofft, Allah werde ausgerechnet ihn verschonen. Die Archäologen sind daher ganz Auge und Ohr: Wenn einschlägige Befehle auf der einsamen Bergstraße ertönen, ist alles zu spät. Dann nämlich jagen vermummte Gestalten urplötzlich hinter Felsvorsprüngen hervor und umzingeln Händler und Opiumbauern.

»Werde blind!« soll bedeuten: Gnade dir Gott, wenn du irgendeinen von uns wiedererkennst. »Werde taub!« meint:

Vergiß, was du erlebt hast, und laß dir nicht einfallen, um Hilfe zu rufen.

Gut beraten ist, wer den Räubern Waren, Reittier und manchmal auch das Obergewand kampflos überläßt. Er kommt zumindest mit dem Leben davon. Weniger Einsichtige enden, zur Freude der Geier, auf dem Grund der Schluchten.

Geschichten über Räuberbanden im Hindukusch wurden auch an Sarianidis Lagerfeuer immer wieder erzählt. Doch er und die Seinen kamen heil über den Paß und erreichten am frühen Abend Mazar i-scharif. »Der dortige Gouverneur«, erinnert sich Sarianidi, »erwartete uns schon und meldete unsere Ankunft per Telefon sofort nach Kabul weiter. Von dort kam bald ein zweiter Anruf, der uns kategorisch die Weiterfahrt per Auto untersagte.«

Vom Fluch des Goldes

Sarianidis Fund war, wie die Fachwelt wenig später feststellte, einer der sensationellsten des 20. Jahrhunderts, vergleichbar mit dem Schatz des Tut-ench-Amun und der chinesischen Reiterarmee aus Terrakotta. Vom Umfang her wie von der Qualität. Vor allem aber besticht die einmalige Symbiose unterschiedlichster Kulturen von Orient und Okzident. Iran, China, Indien, vor allem aber Hellas haben dem Goldschatz ihren Stempel aufgedrückt.

»Griechisch ist die Schließe mit dem turtelnden Paar. Der Siegeszug des Dionysos durch Asien«, sagt Sarianidi, der in dem Paar Alexander und dessen baktrische Gattin Roxane zu erkennen glaubt. Die Gesichtszüge des Mannes sind eindeutig europäisch. Der orientalisch anmutende Silen hingegen könnte, so Sarianidi, eine Allegorie auf einen der neuen Gefolgsleute Alexanders darstellen.

Der Dionysos-Kult dürfte der einstigen Trägerin des Schmuckstücks, einer halbbarbarischen Prinzessin, allerdings unbekannt gewesen sein. Hellenistische Meister, meint Sarianidi, hätten einfach ihre Phantasie spielen lassen, und das Stück sei der Toten nicht wegen der inhaltlichen Aussage, sondern wegen seiner Schönheit mitgegeben worden.

Nicht so die geflügelte Fruchtbarkeitsgöttin, die im Land der tausend Städte seit langem bekannt war und überall verehrt wurde. Wie im altem Hellas die Venus von Milo stützt sie eine Hand auf die Hüfte, die andere ruht auf einer Säule. Die Flügel verraten iranischen Einfluß, der Punkt auf der Stirn ist das Kastenzeichen der Inder, zu denen die Baktrier ausgedehnte Handels- und kulturelle Kontakte unterhielten.

Noch spektakulärer ist ein griechischer Buddha, dessen Lehre im Zentralasien der Zeitenwende neben dem Lichtkult die zweitwichtigste Religion war. Doch der Religionsstifter wurde aus Ehrfurcht stets nur als Symbol, meist in Form einer Lotosblüte, dargestellt. Sarianidi aber gräbt einen schönen, nackten Jüngling mit dem Rad der Lehre aus, der wenig von einem Asketen und viel von einem griechischen Gott an sich hat.

»Durch und durch baktrisch«, nennt Sarianidi dagegen die kleine goldene Abbildung eines Steinbocks: »Sie läßt erahnen, wie gut die unbekannten Meister sich schon damals auf die plastische Darstellung von Körperformen verstanden.«

Griechischer Einfluß ist auch bei den Fundstücken nicht zu übersehen, die in der nomadischen Tradition der Toten stehen. Armspangen, Riemenzungen, Knöpfe und mit Türkisen besetzte Dolchgriffe und -scheiden mit Tierdarstellungen im skythosibirischen Stil. Doch die Raubtierszenen aus den Funden von Tillya-tepe haben nur noch entfernte Ähnlichkeit mit primitiver Nomadenkunst.

Eher griechischem Geschmack entspricht die Darstellung zweier Raubtiere auf dem Beschlag eines Riemens, die ein zusammenbrechendes Pferd reißen. Ebenso der Kampf zwischen geflügelten und gehörnten Drachen auf einer zweiten Dolchscheide. Die fein modellierten Rachen und die angespannte

Ein Meisterwerk gräko-baktrischer Goldschmiedekunst: naturgetreue Nachbildung eines Steinbocks, der an einem Diadem befestigt werden konnte.

Muskulatur der Tiere erinnern dagegen an die assyrische Kunst Mesopotamiens, die wahrscheinlich schon unter den Achämeniden in Baktrien zu neuer Blüte gelangte. Die Konturen sind reichlich mit Ornamenten in Form von Fruchtbarkeitssymbolen verziert, die ihren Ursprung im benachbarten Indien haben.

Schon im Schwarzmeerraum, wo die Hellenen bei der Kolonialisierung auf die Skythen trafen, hätten sich die Meister schnell auf die neuen Kunden und deren Wünsche eingestellt, meint Sarianidi. Offenbar auch in Zentralasien. Mehr noch: einige Funde vom Goldhügel haben große Ähnlichkeit mit Stücken aus dem Skythenschatz, der sich heute in der St. Petersburger Eremitage befindet. Grabräuber hatten ihn im 18. Jahrhundert, zu Zeiten Peters des Großen, einem bisher nicht identifizierten Grabhügel in Sibirien entnommen. Gut möglich, meint Sarianidi, daß Teile des sibirischen Goldes aus baktrischen Werkstätten stammen.

Internationale Fachzeitschriften überbieten sich denn auch gegenseitig mit Lobeshymnen. »Traumhaft« nennt das »Afghanistan Journal« die Funde, »spektakulär« sekundiert »Archeologia«. Als Sarianidi für ein paar Tage die Grabungsstelle verläßt, um an einem Kongreß für Altertumsforschung in Kabul teilzunehmen, ist die Tagesordnung bald Makulatur. Alles schart sich um Sarianidi, denn seine Fotos bringen erstes Licht in eine Ära, die bisher als schwarzes Loch der Geschichte galt – die Zeitspanne zwischen dem Ende des gräko-baktrischen Reiches und den Anfängen der Kuschan-Zeit. Manchen steht der blanke Neid ins Gesicht geschrieben, andere freuen sich mit dem Kollegen.

Sarianidi selbst hat ganz andere Sorgen. Schon der bloße Gegenwert des Goldes beläuft sich nach vorsichtigen Schätzungen auf mehrere Millionen Dollar. Das ahnt auch das afghanische Kulturministerium. Noch als Sarianidi in Mazar i-scharif auf den Weitertransport wartete, kam vom Minister persönlich die eindeutige Anweisung, das Gold Baktriens nur per Flugzeug nach Kabul zu bringen. Doch die letzte Maschine nach Kabul war gerade gestartet. Bis an die Zähne bewaffnete Bodyguards eskortierten Sarianidi und sein Team daraufhin in ein Hotel, das in Minuten geräumt wurde. Vor dem Eingang und auf der anderen Straßenseite gingen Posten in Stellung: mit dem striktem Befehl, niemanden passieren zu lassen. Nicht nach draußen und schon gar nicht hinein. Um ganz sicherzugehen, wurden zwei weitere Soldaten direkt vor Sarianidis Zimmertür beordert. Drei Tage standen sie dort. In der Nacht brach ein Sandsturm los. Erst am vierten Morgen klarte der Himmel auf.

Auch im Flugzeug saßen Schwerbewaffnete vor, neben und hinter Sarianidi. Soldaten hatten auch den Flughafen von Kabul gesperrt, lange bevor die Maschine den Landeanflug begann. Ein Inkassowagen der Staatsbank fuhr mit Blaulicht und heulenden Sirenen direkt aufs Rollfeld. Mit Scharfschützen und Motorrad-Eskorte vorneweg und gefolgt von einem Panzerfahrzeug, auf dessen Dach ein Maschinengewehr in Stellung gebracht wurde, ging es nach Dar-ul Aman, einem Vorort am anderen Ende von Kabul. Dort liegt das Nationalmuseum, wo Sarianidi den Schatz weisungsgemäß ablieferte. Erleichtert verfolgte er, wie Museumsbeamte die Kisten in die mehrfach gesicherten Magazine schoben. Es ist vollbracht, dachte er. Abends beim Kognak im Hotel malten sich Sarianidi und seine Leute aus, wie sich nach der Restaurierung die halbe Welt vor Scheiben aus Panzerglas drängen würde, um das Gold Baktriens zu bewundern. Ein Traum, dem schon bald ein böses Erwachen folgte.

Früher gehörte in Afghanistan der gesamte unbearbeitete Boden dem König. Gewöhnliche Sterbliche wagten es nicht, die Tabu-Zonen auch nur zu betreten, geschweige denn, dort zu graben. 1973 zwang ein Putsch Zakir Schah Muhammed ins römische Exil. Die neue Regierung erklärte die Brache zum Gemeinbesitz, aus dem sich jeder nach Belieben bedienen konnte. Von nun an zogen bewaffnete Banden durch die verlassenen Gräberfelder. Längst war bekannt geworden, daß Expeditionen immer wieder Gold fanden.

Schon 1974/75 kam die erste Ausbeute der illegalen Streifzüge auf den Markt. Auf jedem größeren afghanischen Basar überschrieen sich die Händler gegenseitig, um Touristen auf ihr Angebot aufmerksam zu machen: Goldene Armreifen, Münzen, Zierdolche wechselten zu Tiefstpreisen den Besitzer.

Sarianidi hörte davon, als er im Frühjahr 1980 noch mal kurz nach Kabul kam, um sein Gold zu fotografieren. Er konnte sich eines unguten Gefühls nicht erwehren.

Schon kurz nachdem die Archäologen im Jahr zuvor ihre Zelte am Goldhügel abgebrochen hatten, setzte der Frühlingsregen ein. Das aber bedeutete: Vom grauen Himmel schüttete es wie aus Kübeln. In dieser kurzen Zeitspanne legt die Wüste ihr Festtagskleid an. Gras stößt durch die harte Kruste des gelben Sandes. Wilder Mohn bildet riesige rote Inseln im grünen Meer. Kameldorn und andere Stachelgewächse stecken sich grellgelbe und pinkfarbene Blüten an.

Doch den afghanischen Archäologen machte der Regen keine Freude. Wasser unterspülte eine der alten Mauern und brachte sie teilweise zum Einsturz. Das Kulturministerium, das der Gouverneur sofort alarmierte, setzte einen Oberinspektor aus dem Institut für Archäologie in Marsch. Der begutachtete den Flurschaden, fand, ohne lange suchen zu müssen, unter herabgestürzten Lehmbrocken einen Silbergegenstand und riet, die Einsturzstelle sofort mit Erdreich zu füllen. Möglicherweise lagen dicht unter der Oberfläche weitere Schätze, und niemand sollte in Versuchung kommen.

Es geschah jedoch nichts, und in Versuchung kamen daher viele. Bald schon tauchten bei Antiquitätenhändlern auf dem Basar in Kabul Stücke auf, die große Ähnlichkeit mit dem hatten, was Sarianidi ausgegraben hatte. Ein Händler hatte sogar die Stirn, im Nationalmuseum vorstellig zu werden und dort offiziell um eine Ausfuhrgenehmigung für kleinere Goldfragmente und einen chinesischen Silberspiegel nachzusuchen. Den allerdings glaubte der Beamte schon einmal gesehen zu haben. Mit dem dubiosen Spiegel in der Hand verschwand er im Magazin, wo die Kisten mit dem baktrischen Gold standen. Und richtig: Der von Sarianidi gefundene und der offenbar illegal ausgegrabene Spiegel glichen sich wie ein Wassertropfen dem anderen.

Der Beamte war fest entschlossen, die heiße Ware zu beschlagnahmen. Doch der Händler hatte sich mit dem Rest seiner Kollektion bereits aus dem Staub gemacht. Tage vergingen, bis sein Name und die Adresse festgestellt waren. Als Museumsbeamte und Polizisten mit Nahkampferfahrung endlich vor dem Laden standen, war die Tür fest verschlossen. Der Besitzer, so erfuhren sie von Nachbarn, habe das Land »auf unbestimmte Zeit« verlassen.

Sarianidi war entsetzt, als er das erfuhr. Noch entsetzter war er, als ihm zugetragen wurde, Babrak Karmal, der Chef der inzwischen von Moskau eingesetzten Marionettenregierung, würde sich die Kleinodien des öfteren vom Museum ausborgen, um bei Empfängen ausländische Gäste zu beeindrucken.

Moskau, schrieb Sarianidi kurz darauf an UdSSR-Außenminister Eduard Schewardnadse und den sowjetischen Afghanistan-Botschafter Julij Woronzow, müsse mit den Afghanen per Staatsvertrag die zeitweilige Aufbewahrung des baktrischen Goldes in einem sowjetischen Museum vereinbaren. Sobald der Wüstenstaat wieder zur Ruhe gekommen sei, solle die Kollektion zurückkehren. Von beiden Politikern kamen negative Antworten: Der Vorschlag widerspreche »strategischen politischen Interessen«. Mit der Evakuierung würde Moskau den afghanischen Genossen zu verstehen geben, daß ihr Regime keine Zukunft habe.

Gegen die Pläne sperrte sich später allerdings auch Nadschibullah, der Nachfolger Karmals. Er befürchtete, die Russen könnten bei einer Auslagerung Kopien anfertigen, diese nach Afghanistan zurückschicken und die Originale behalten. Aus diesen Gründen platzte 1987 auch eine Ausstellung des Schatzes in Ost-Berlin. Das inzwischen in mühevoller Kleinarbeit restaurierte Gold Baktriens, das nie öffentlich ausgestellt wurde und das bisher nur ein paar Dutzend Politiker zu Gesicht bekommen hatten, sollte der Knüller zum 750. Stadtjubiläum Berlins werden und Tausende von West-Touristen anlocken.

Statt dessen wurde es immer stiller um den Schatz. Ein schon 1986 in Österreich gedruckter Bildband mit Großaufnahmen der 200 schönsten Stücke, der im Westen harte Devisen in Moskaus leere Kriegskassen spülen sollte, wurde auf Beschluß des Politbüros nur an Apparatschiks und verdiente Werktätige zu Staatsfeiertagen verschenkt. Von wissenschaftlicher Aufarbeitung des Fundes, auf die Sarianidi sehnsüchtig wartete, war keine Rede mehr.

Sarianidi war verzweifelt und schrieb an die UNESCO. Doch selbst dort weigerte man sich, etwas zur Rettung des Schatzes zu unternehmen. Ein persönlicher Mitarbeiter des damaligen

Generalsekretärs, Federico Mayor, dem Viktor Sarianidi bis nach Usbekistan nachreiste, zuckte bedauernd die Schultern: Die UNESCO könne sich nicht in innere Angelegenheiten ihrer Mitgliedsstaaten einmischen.

Januar 1992. Über die »Brücke der Freundschaft«, eine filigrane Konstruktion aus schwarzem Metall, die sich nahe der usbekischen Grenzstadt Termez über den Amu Darya wölbt, rollte der letzte sowjetische Panzer aus Afghanistan heimwärts. Sarianidi sah die Bilder im Fernsehen und ließ sich von seiner Frau Herztropfen bringen. »Aus!« stöhnte er. »Jetzt massakrieren sie sich gegenseitig, und weil sie dafür Geld brauchen, kommt mein Schatz mit unter die Räder.«

Doch zunächst einmal widerfuhr das dem Professor. Japanische Kollegen behaupteten, er hätte die schönsten Stücke des baktrischen Goldes heimlich nach Moskau geschafft und weniger spektakuläre auf eigene Faust verhökert. Zwar mußten sich die Übeltäter später öffentlich entschuldigen. Die Vorwürfe waren haltlos. Sarianidi haust in einer Zweizimmerwohnung, die seit Jahren neue Tapeten nötig hätte. Und nach der Hyperinflation im postkommunistischen Rußland ist er zeitweilig so klamm, daß seine Frau auf die verschriebenen Medikamente gegen Bluthochdruck verzichten muß.

»Leider«, sagt Sarianidi, »bleibt ein bißchen Dreck doch immer an einem hängen.« Auch dann noch, als Afghanen-Präsident Nadschibullah, der ebenfalls in Verdacht gekommen war, den Goldschatz verscherbelt zu haben, die Flucht nach vorn antrat: Im April 1992 zeigte er Teile der inzwischen restaurierten Kollektion den in Kabul akkreditierten westlichen Diplomaten. Doch die Mudschahiddin – Glaubenskrieger, vor denen die Sowjets und ihre Marionetten trotz überlegener Technik das Handtuch werfen mußten – standen bereits kurz vor der afghanischen Hauptstadt und rüsteten zum Sturm. Bei einem Bombenangriff wurde auch das Nationalmuseum schwer beschädigt.

Die sieben Kisten mit dem Goldschatz überstanden die Attacke zwar im Keller des Präsidentenpalais. Doch der Palast wurde wenig später von den Mudschahiddin gestürmt, die Nadschibullah stürzten. 1996 wechselten in Kabul erneut die Machthaber: Die Taliban rückten ein. Sie behaupten, die Kisten seien an einem sicheren Ort. Gezeigt haben allerdings auch sie das Gold bisher niemandem. Letztmalig sollen es 1993 französische Archäologen gesehen haben.

Ein Volk, ein Vaterland, ein Führer

»Wenn die Amis auch nur ein paar Goldkrümel finden, macht die ganze Welt ein großes Geschrei darum«, sagt Sarianidi, und die Adern an seinen Schläfen schwellen bedrohlich an. »Daß aber am Ende des 20. Jahrhunderts, wohlgemerkt am Ende des 20. Jahrhunderts und nicht im Mittelalter, das Gold von Tillyatepe verschwand und die Welt tatenlos zusah, das ist, das ist einfach ...« Kein Wort ist stark genug für Sarianidis Zorn.

Am meisten regt ihn auf, daß die Welt den Fund längst vergessen hat. »Futsch, weg! Niemand rührt auch nur einen Finger, um in Erfahrung zu bringen, wohin das baktrische Gold verscherbelt worden sein könnte.« Zwar bekommt Sarianidi immer wieder Briefe von Privatsammlern, denen afghanische Kunsthändler Einzelstücke angeblich zum Freundschaftspreis angeboten haben; aus Deutschland, den USA und den Vereinigten Emiraten. »Aber das ist alles heiße Luft«, erregt sich Sarianidi. »Wenn ich sie um Fotos oder präzisere Informationen bitte, müssen alle passen.«

Minuten vergehen, bis er sich wieder gefangen hat. »Lassen wir das!« sagt er dann. »Wen interessiert das schon?«

Viele. Sonst säßen wir jetzt nicht hier unter seinem Zeltdach im turkmenischen Sand, um einen Film zu drehen und die Geschichte einem großen Publikum nahezubringen. Wir, das sind

Kollegen vom ZDF, von einem russischen und einem britischen Sender sowie der Chef der Berliner Produktionsfirma. Und weil dieser Lorenz heißt, nennen wir unser Unternehmen kurz und bündig »Zirkus Lorenz«.

Durch unsere Anwesenheit sind die Dienstpläne der Archäologen Makulatur geworden. Sarianidi hat Kollegen, Arbeiter und Küchenzelt angewiesen, sich vor allem zu unserer Verfügung zu halten, und geht, trotz seiner 72 Jahre, selbst mit gutem Beispiel voran. Längst hatte er alle Hoffnung aufgegeben, es könnte mit dem Film doch noch klappen. Schließlich waren seit der ersten Begegnung in Moskau fast achtzehn Monate vergangen. Später dann, als das Projekt langsam Konturen annahm, warnten Kollegen: Wenn ihr euch bloß nicht übernehmt dabei! Und richtig. Schon bei der Einreise auf dem Flughafen von Aschgabat fingen die Probleme an.

In Turkmenien erprobt der einstige KP-Chef der Ex-Sowjetrepublik, Sapurmurat Nijasow, seit der Unabhängigkeitserklärung im Oktober 1990 ein krudes Entwicklungsmodell, das versucht, Elemente von Sozialstaat, Marktwirtschaft, Totalitarismus und Abschottung unter einen Hut zu bringen. Die Folgen sind allenthalben zu spüren.

Nur bei einem flüchtigen Blick aus dem Autofenster macht Aschgabat, die »Stadt der Liebe«, den Eindruck einer aufstrebenden Metropole: Springbrunnen, schattige Alleen und Gebäude aus weißem Marmor, von goldenen und türkisblauen Kuppeln überwölbt, erinnern entfernt an das Wohlstandswunder der Golfstaaten. Doch bei näherem Hinsehen entpuppen sich die Prachtbauten als Geisterstadt aus Hotels und Verwaltungsgebäuden. Einheimische machen um sie einen ebenso großen Bogen wie um jeden Fremden. Nur gut, daß wir hier nicht drehen wollen. Schon Fotografieren wird zum Härtetest: Jeder, der sich im Schußwinkel des Objektivs wähnt, nimmt schleunigst Reißaus. Wenn nicht die Polizisten schon vorher einschreiten.

Kein Wunder: Die Märchenfassade kann nicht darüber hinwegtäuschen, daß die Masse in bitterster Armut lebt. Brot, Salz und Strom, der aus den nahezu unerschöpflichen Gasreserven gewonnen wird, bekommen die Turkmenen kostenlos. Alles andere ist bei einem Monatsverdienst von umgerechnet 40 Dollar für die meisten unerschwinglich. Zwar durchwehen den Basar alle Wohlgerüche des Orients. Doch Garköche und Händler lauern hinter hoch aufgetürmten Bergen von Gewürzen, Früchten und Gemüse meist vergeblich auf Kundschaft. Seit 1993 der Manat den Rubel ablöste, hat die Inflation jeden Turkmenen zum Millionär gemacht. Vorübergehende Entwicklungsprobleme, meint Turkmenen-Präsident Nijasow, der sich 1995 per Volksentscheid zum Staatschef auf Lebenszeit ernennen ließ und seither offiziell den Titel »Turkmenbaşı« führt.

Der »Führer der Turkmenen«, geboren 1940, ist allgegenwärtig. Straßen und Plätze heißen nach ihm, in Schulen und Moscheen beginnt der Tag mit einer Bitte an Allah, ihn dem Land möglichst lange zu erhalten. Allein in Aschgabat ist er mehrfach in Bronze und Stein zu bewundern. Mit Gold überzogen, verkörpert er auch die Unabhängigkeit – eine 80 Meter hohe Statue, die sich in 24 Stunden einmal um die eigene Achse dreht und nachts angestrahlt wird. Von Häuserwänden dräut sein retuschiertes Jugendbild. »Halk, vatan, türkmenbaşı« steht in dicken Lettern darunter: Ein Volk, ein Vaterland, ein Führer.

Nicht einmal abends entrinnen wir ihm. Von der Wodkaflasche lächelt uns erneut der treusorgende Landesvater entgegen. Diesmal als »*serdar*«, als Heerführer, und hoch zu Roß. »Yanar dağ«, brennender Berg, heißt der Lieblingsrenner des Präsidenten. Seit 1. Dezember 1990 ist das Pferd Teil des turkmenischen Staatswappens.

Sarianidi hört es, schmunzelt und ... schweigt. Er hat allen Grund, es sich mit dem Turkmenbaşı nicht zu verderben. Allzu groß ist die Gefahr, daß er seine jetzige Grabungsstätte dann nie wiedersähe. So wie Mazar i-scharif, eine der größten unter den tausend Städten des alten Baktrien, wo Sarianidi vor über zwanzig Jahren sein Gold fand.

In der ehemaligen Sowjetrepublik Tadschikistan bekommt jeder andächtige Augen, wenn er den Namen Mazar i-scharif hört. Die größere Hälfte der Tadschiken – sechs Millionen – lebt in Nordafghanistan. Am linken Ufer des Amu Darya, der bei den Tadschiken Pjandsch heißt. Mazar i-scharif ist die heimliche Hauptstadt ihres gemeinsamen Staates, der vor über tausend Jahren unterging. Keine 500 Kilometer ist die Stadt von Margiana entfernt. Seit der Offensive der Taliban aber ist sie für die Tadschiken und für Sarianidi so unerreichbar wie die Seen auf dem Mond, der gerade groß und weiß über dem *çöl* aufgeht.

Abschied von gelben Tulpen

Zu Füßen der schneebedeckten Gipfel des Hindukusch werfen sieben türkisblaue Kuppeln in der Mittagsglast kurze, scharfgestochene Schatten vor sich hin. Angeblich ruht hier Hazret Ali, der Schwiegersohn Mohammeds, den die Kalifen der Omajjaden-Sippe vor 1300 Jahren um die Nachfolge des Propheten brachten. Das Mausoleum gab der Hauptstadt Nordafghanistans ihren heutigen Namen: Mazar i-scharif bedeutet »Grab des Heiligen«. Doch die Stadt ist mindestens doppelt so alt wie der Islam und wechselte häufig den Besitzer.

Mit dem Schlachtruf »Alexander! Alexander!« und ein paar selbst ausgegrabenen Bronzemünzen mit dem Bild des Eroberers stürzen sich Scharen von Kindern auf jeden Fremden. Es folgt eine Kurzversion der weiteren Geschichte, Nachhilfe für Touristen: Nach dem großen Makedonier kamen die Hunnen und später die Horden Dschingis Khans. Im 19. Jahrhundert rückten die Briten an und Ende des 20. die Russen. Und das beschäftigt das Land heute noch.

Im Dezember 1979 tagte die KGB-Spitze in der abhörsicheren

Zentrale am Moskauer Lubjanka-Platz. Fazit: Wenn nicht wir, kommen die Amerikaner, um das Chaos in Afghanistan zu beenden. Nur Stunden später gab Parteichef Leonid Breschnew den Einmarschbefehl.

Acht Jahre versuchte Moskaus Luftwaffe, das halbfeudale Land auf den sozialistischen Entwicklungsweg zu bomben. Vor Wüstennomaden, die kaum ihren Namen schreiben konnten, dozierten sowjetische Berater über Parteiaufbau und Planwirtschaft, obwohl beides zu Hause längst versagt hatte. Ortschaften, in denen laut Lagebericht Wasser- und Bodenreform gerade »erfolgreich gesiegt« hatten, wurden schon im nächsten Chiffre-Telegramm nach Moskau wieder als »Nest der Konterrevolution« bezeichnet: Sobald es dunkel wurde, zogen sich die roten Kommissare aus Furcht vor Angriffen der Mudschahiddin in ihre Forts zurück, und die Einheimischen gingen zur Tagesordnung über. Oft mit einem Leibriemen, den ihnen die Agitatoren im Tausch gegen Opium überlassen hatten: mit fünfzackigem Stern nebst Hammer und Sichel auf dem Koppelschloß. Dieses wurde von den Afghanen stets so getragen, daß die Hoheitsinsignien des proletarischen Internationalismus nach unten zeigten. Eine Mode, die Moskaus demoralisierte Truppen schnell übernahmen.

Mehr Glück als mit dem Sowjetstern hatten die Besatzer mit russischen Starlets. Andächtig, weil ohne Beschäftigung, lauschen gesetzte Männer, einen Steinwurf von Alis Mausoleum entfernt, noch heute Natascha Koroljowas markerschütterndem Gejammer über gelbe Tulpen, die angeblich Vorboten der Trennung sind.

Das Getöse läßt vermuten, daß der Propheten-Schwiegersohn wohl doch bei Bagdad begraben wurde. Anderenfalls müßte er aus seiner Gruft fahren, um sich den Besitzer der überdrehten Boxen vorzuknöpfen: Abdulló, der auf dem Basar einen Gemischtwarenladen hat und noch leidlich Russisch kann. Ihm ist der Abschied tatsächlich an die Nieren gegangen: »Sag denen in Moskau, die sollen schnell wieder Truppen schicken. Damals lief das Geschäft besser.«

Offiziere kauften bei Abdulló die in der Sowjetunion damals noch verbotenen Videorecorder, Soldaten den ersten »Playboy« ihres Lebens. Und Wodka, an dem auch die Mudschahiddin zunehmend Geschmack fanden. Abdulló gießt heißen süßen Tee in kleine Gläser und erzählt, wie er eines Nachts fast zwischen die Fronten geraten wäre, als Sowjets und Glaubenskrieger gegen alle Gebote kommunistischer und islamischer Kampfmoral ihre Schnapsreserven fast gleichzeitig bei ihm auffüllten: »Beide taten so, als hätte man einander nicht gesehen. Alle hatten vom Krieg längst die Schnauze voll.«

Den Großteil des Gesöffs verhökerte Abdulló damals gegen Kalaschnikows. Ein schier unerschöpflicher Vorrat. Neben Seifenpulver, Limonade und Baumwollöl noch immer fester Bestandteil seines Grundsortiments, denn das Land kam auch nach dem Abzug der Besatzer nicht zu Ruhe.

In Afghanistan leben drei Volksgruppen eher schlecht als recht zusammen: im Norden Tadschiken und Usbeken, im Süden die Paschtunen. Mitten durch deren Siedlungsraum zogen die Briten im vergangenen Jahrhundert die Grenze zwischen der Kronkolonie Indien und dem abhängigen Königreich Afghanistan. Sie machte die Paschtunen, deren Eliten das Land seit Jahrhunderten regierten, nach der Abspaltung der muslimischen Gebiete Indiens und der Gründung eines pakistanischen Separatstaates hüben und drüben zur Minderheit. Allerdings zu einer militanten, mit eigenen bewaffneten Formationen, die Moskau und den von den Sowjets an die Macht gehievten tadschikischen Clans nach der Intervention den Dschihad, den Heiligen Krieg, aufzwangen. Zumal die afghanischen Tadschiken mehrheitlich Ismailiten sind – Anhänger einer Nebenrichtung des schiitischen Islam, die früher der Lehre Zarathustras folgten und nach wie vor das Heilige Feuer verehren. Die Paschtunen hingegen sind Sunniten und Verfechter eines fundamentalistischen Islam, wie er auf der arabischen Halbinsel praktiziert wird, und propagieren einen islamischen Weltstaat. Nahziel ist die Vereinigung mit Pakistan, um wieder klare ethnische Mehrheiten zu schaffen. Eine Option, die Tadschiken wie Usbeken ablehnen.

An diesen Widersprüchen zerbrach schon nach wenigen Monaten die afghanische Koalitionsregierung, die 1992, nach dem Sturz des prorussischen Nadschibullah-Regimes die Macht übernahm. Die Paschtunenführer um Premierminister Gulbeddin Hekmatjar, die den Süden kontrollierten, lieferten sich blutige Schlachten mit den Truppen von Präsident Burhanuddin Rabbani und Verteidigungsminister Ahmad Schah Massud – beide ethnische Tadschiken, hinter denen der Norden steht. Unumschränkter Herr im Nordwesten wurde Usbeken-General Raschid Dostum, der mit Rabbani punktuell zusammenarbeitete.

Die Quasi-Dreiteilung des Landes rief im Herbst 1996 die Taliban auf den Plan – fanatisierte pakistanische Studenten paschtunischer Herkunft und afghanische Paschtunen, die während der sowjetischen Besatzung nach Pakistan geflüchtet waren. Zunächst räumten sie mit der Armee von Hekmatjar auf, der ihrer Meinung nach die in ihn gesetzten Erwartungen nicht erfüllt hatte. Dann stießen sie nach Norden vor.

Mazar i-scharif fiel Ende Mai 1998. Inzwischen verschob sich die Front mehrfach wieder gut 300 Kilometer weiter nach Süden und dann erneut nach Norden. Ganz, so meinen viele Experten, werden die Taliban Afghanistan nie in ihre Gewalt bekommen. Vor allem, weil die pakistanische Regierung aus Angst vor einem möglichen Groß-Paschtunistan hat, zu dem nach Meinung der einstigen Koranschüler auch Teile von Nordpakistan gehören müßten.

Schwacher Trost für Ex-Verteidigungsminister Schah Massud, den obersten Feldherrn der Anti-Taliban-Koalition. Dessen 10 000 Kämpfer verstehen sich zwar bestens auf den Guerillakrieg im Pandschera, der »Höhle der fünf Löwen«. Bei einer Feldschlacht in der Ebene sind sie den Taliban jedoch nicht gewachsen. Er, so Schah Massud mehrfach bei Gesprächen mit russischen Emissären in Tadschikistan, würde es begrüßen, wenn Moskau sein internationales Gewicht stärker zur Lösung der Afghanistan-Krise geltend machte. Das sei im ureigensten Interesse Rußlands und der Region.

In den Staaten der ehemaligen Union rennt der General damit offene Türen ein. Rußland, Usbekistan und Tadschikistan machen vor allem die Taliban für den Vormarsch eines fundamentalistischen Islam verantwortlich. Im Süden Afghanistans ausgebildete Glaubenskämpfer zünden im Nordkaukasus und in Zentralasien Sprengsätze und stellen das laizistische Staatsmodell in Frage. Alle drei Staaten vereinbarten daher schon Anfang Mai 1998 ein gemeinsames Vorgehen gegen islamische Extremisten, denen sich inzwischen auch Kirgisien anschloß.

Abdulló, der Händler, beurteilt die Erfolgschancen dieser Allianz eher skeptisch: »Von oben diktiert, hält ein Frieden nicht. Ruhe kehrt erst ein, wenn die Menschen dazu bereit sind. In Afghanistan ist in all den Kriegsjahren aber eine Generation herangewachsen, die Konflikte nur mit der Knarre lösen kann.« Er, meint Abdulló, werde daher wohl sein Leben lang Kalaschnikows verkaufen. Doch seine Söhne hoffentlich nicht mehr.

Die grüne Gefahr

Sarianidi spendiert schon zum Mittagessen den ersten Kognak. Er hat wieder Gold gefunden: Perlen aus einer Halskette, die um die 4000 Jahre alt sein mag. Die Muse der Archäologen muß eine Menge für ihn übrig haben: Schließlich arbeitet Sarianidi im ersten Jahr des 21. Jahrhunderts mit denselben primitiven Mitteln wie die Kollegen in den Anfangsjahren der Zunft im 19. Jahrhundert. Keine Spur von High-Tech wie bei den Australiern, die im Süden Usbekistans ebenfalls nach dem Grab Zarathustras suchen. Mit einem Jahresetat von rund 300 000

Dollar. Turkmenien dagegen steuert keinen Manat zu den Grabungen bei. Gedanken über das, was wäre, wenn private Sponsoren aus Griechenland und Italien ausstiegen, mit deren Geld Sarianidi sich mühsam über Wasser hält, sind daher unter dem Zeltdach strengstens verboten.

»Auf den Erfolg unserer hoffnungslosen Sache!« sagt Sarianidi und hebt sein Glas.

Der Spruch ist offenbar Kampfansage aller russischen Archäologen an eine Regierung, die rund ein Drittel ihres gesamten Haushalts für Rüstung ausgibt, Wissenschaftler von Weltrang aber am ausgestreckten Arm verhungern läßt. Auf den »Erfolg einer hoffnungslosen Sache« hatte ich schon mit Boris Litwinski anstoßen müssen, Sarianidis bestem Freund und ehemaligem Lehrer, der den Kontakt zu ihm überhaupt erst herstellte.

Litwinski, in Fachkreisen kaum weniger bekannt als Viktor Sarianidi, grub 1980 Taht i-Sangin aus: die »steinerne Stadt« im Süden Tadschikistans. Taht i-Sangin, das um 300 v. Chr. Seleukos, einer der Generale Alexanders, erbaute und zur Hauptstadt seines Teilreiches machte, stand noch im Mai fest auf unserer Checkliste für die Recherchen. Dort ist wahrscheinlich der legendäre Oxus-Schatz entstanden, von dem Teile im British Museum in London zu bewundern sind.

Die Ruinen liegen heute unmittelbar am Ufer des Amu Darya, der im Laufe der Jahrhunderte seinen Lauf mehrfach änderte und, so glaubt jedenfalls die Mehrheit der internationalen Forschergemeinde, allmählich die Höhle auswusch, wo das Gold über Jahrhunderte versteckt war. Im Uferschlamm des Flusses fand sie 1867 ein Kaufmann aus dem usbekischen Termez, keine 30 Kilometer von Taht i-Sangin entfernt.

Litwinskis Traum seit über dreißig Jahren sind Farbfotos der steinernen Stadt. Zu Zeiten der sowjetischen Mangelwirtschaft gab es keine Filme, jetzt ist die Grabungsstelle unerreichbar: Taht i-Sangin liegt direkt an der Grenze zu Afghanistan – Aufmarschgebiet auch für einheimische islamische Extremisten, die

Tadschikistan, Kirgisien und Usbekistan immer mehr zu schaffen machen.

Wie es dort aussieht, können wir nur aus der Luft beobachten. Tiefer und tiefer läßt sich der Hubschrauber zwischen die schroffen Abgründe des Ruschaner Korridors im westlichen Pamir fallen. Mit dem Feldstecher inspizieren russische Offiziere angestrengt jeden Meter des Saumtierpfades, der immer wieder hinter graubraunem Gestein verschwindet. Die MGs sind in Stellung gebracht, die Bordschützen bereit. Schon vor Stunden wurde Alarm ausgelöst – ein Grenzdurchbruch. Doch weit und breit ist keine Menschenseele auszumachen: In 6000 Meter Höhe glitzert in kaltem Blaurosa ewiger Schnee; auf dem Grund der Schlucht blinkt das silberne Band des Pjandsch, der seine reißenden Wasser westwärts wälzt. Mitten durch den Fluß verläuft die Grenze zu Afghanistan. Insgesamt etwa 1300 Kilometer lang und seit dem Zusammenbruch der Sowjetunion zur bloßen Demarkationslinie verkommen.

Vor allem dort, wo blutjunge tadschikische Rekruten Dienst schieben, von denen jeder zweite desertiert. Der Grund: Sie bekommen ein Zehntel dessen, was »Kolja, der große Bruder« einstreicht. So nennen die Tadschiken russische Grenzer, die hier aufgrund eines 1992 geschlossenen Abkommens »gemeinsame Interessen der Gemeinschaft Unabhängiger Staaten« schützen. Wenn rivalisierende Opiumgangs Unstimmigkeiten mit Hilfe der Genossen Mauser und Kalaschnikow klären, haben Vaterlandsverteidiger freilich nichts mehr zu melden. So mancher hat seine Rückreise in die Heimat in einem Zinksarg angetreten. Perspektiven, die viele Offiziere nur mit wodkaumnebeltem Kopf ertragen können. Zumal sie es hier immer häufiger mit einem neuen, bis an die Zähne bewaffneten, gut ausgebildeten und hochmotivierten Gegner zu tun haben – islamischen Gotteskriegern.

Schon im Sommer 1999 hatten sie sich über Ziegenpfade im Hochgebirge bis zum mehrere hundert Kilometer entfernten Ferghana-Tal durchgeschlagen, wo Usbekistan, Tadschikistan und Kirgisien aneinandergrenzen. Mit Bildern von abgebrannten Dörfern und Geiselnahmen begannen im Fernsehen wochenlang die Nachrichten. Zum Rückzug zwang sie Ende September nicht das eher chaotische Eingreifen von regulären Einheiten der usbekischen und kirgisischen Armee, sondern der Schneefall, der die Pässe unpassierbar machte. »Wir kommen im nächsten Sommer wieder«, hatte einer an die Wand eines zerschossenen Hauses gepinselt.

Am 11. August 2000 ist es soweit: In der Nacht überqueren die ersten von insgesamt 700 Glaubenskämpfern in kleinen Gruppen den Pjandsch. Ganze neun Tage später fallen sie in eine Datschensiedlung direkt vor den Toren der usbekischen Hauptstadt Taschkent ein und liefern sich Gefechte mit den Regierungstruppen. Die Stadt selbst, wo schon im Februar 1999 bei mehreren Sprengstoffanschlägen im Zentrum Menschen ums Leben kamen und viele schwer verletzt wurden, ist womöglich nur knapp an einer Katastrophe vorbeigeschrammt. Das eigentliche Ziel der Gotteskrieger, so erzählt man sich hinter vorgehaltener Hand, sei der nahe Tscharwak-See gewesen. Wäre es den Islamisten gelungen, die Staumauer zu sprengen, hätte eine Flutwelle die Zwei-Millionen-Stadt in Sekundenschnelle von der Landkarte getilgt.

Lange galt Usbekistan als Insel der Stabilität in der von Bürgerkriegen und ethnischen Konflikten gebeutelten Region. Nun ist der Ruf ramponiert und womöglich für immer dahin. Eine Fortsetzung der Unruhen ist vor dem Hintergrund der Taliban-Offensive nach Meinung von Experten eine bloße Zeitfrage. Usbeken-Präsident Islam Karimow, so dessen zahlreiche Kritiker, doktere nur an den Symptomen eines Übels herum, ohne dessen Ursachen zu bekämpfen. Für die aber ist zum einen Moskau verantwortlich, zum anderen hat Karimow sie selbst heraufbeschworen.

Rund ein Viertel der Bevölkerung Usbekistans sind ethnische Tadschiken; in Großstädten wie Buchara und Samarkand sogar bis zu 80 Prozent der Einwohner. Der Grund: Transoxanien, das Land hinter dem Oxus, gehörte bis gegen Ende des ersten Jahrtausends unserer Zeitrechnung zu persischen Großreichen und war von iranischen Stämmen besiedelt. Zu ihnen zählen auch die Tadschiken, die erst von Sowjet-Ideologen zu einer eigenständigen Nation erklärt wurden. Sie fühlen sich gegenüber den Usbeken – Steppennomaden, die erst im 15. Jahrhundert einwanderten – als Kulturnation. Sie sind auch Träger des klassischen Islam, mit dessen Geboten man auf dem flachen Land eher lässig umgeht.

Daran konnte sogar der staatlich verordnete Atheismus in über siebzig Jahren Sowjetmacht nichts ändern. Schlimmer noch: Parallel zu dem von Moskau gelenkten Alibi-Islam besteht im Untergrund ein weitverzweigtes Netz von inoffiziellen Moscheen. Aus diesen Kreisen stammen die Gründerväter oppositioneller Organisationen, die Wirtschaftsreformen und eine durchgreifende Demokratisierung fordern. Längst wurden sie unter Hinweis auf die Gefahr eines islamistischen Umsturzes verboten. Oppositionelle, die den Verfolgungen entkommen konnten, retteten sich nach Tadschikistan, um dort auf seiten einer Koalitionsregierung aus Demokraten und gemäßigten Islamisten zu kämpfen, die Mitte 1992 aus demokratischen Wahlen hervorging.

Gegen sie rückten sechs Monate später Truppen der Volksfront des heutigen Präsidenten Imomali Rachmonow an. Mit tatkräftiger Unterstützung von Boris Jelzin und Islam Karimow. Beide hatten gewichtige Gründe für den geplanten Umsturz: Moskau wollte, um die strategisch wichtige Region auch nach dem Ende der Union weiter kontrollieren zu können, eine Marionette an die Macht hieven. Karimow fürchtete, die in Tadschikistan eingeleitete demokratische Wende könnte die usbekische Opposition dazu veranlassen, sein eigenes totalitäres Regime in Frage zu stellen.

Ende Dezember 1992 tobt in den Straßen von Duschanbe, der Hauptstadt Tadschikistans, der Bürgerkrieg. 20 000 sterben in weniger als einem Monat, fast 400 000 fliehen nach Afghanistan.

1997, als der Bürgerkrieg in Tadschikistan offiziell zu Ende geht, kehren die meisten Geflüchteten zurück. Auch die Islamisten aus Usbekistan fallen unter die versprochene Amnestie. Sie ist Teil eines unter UNO-Schirmherrschaft zwischen tadschikischer Regierung und Opposition ausgehandelten Abkommens, das eine Koalitionsregierung und die Integration von Kämpfern der Opposition in die regulären Streitkräfte vorsieht.

Vieles aus dem Papier blieb bloße Absichtserklärung. Die eigentlichen Herren Tadschikistans waren und sind die Clane, deren Fehden jederzeit zu einem neuen Bürgerkrieg führen können. Die Zentralregierung kontrolliert nur Teile des Landes und könnte, selbst wenn der Wille dazu ernsthaft vorhanden wäre, kaum verhindern, daß die Berge immer wieder Aufmarschgebiet islamistischer Extremisten gegen die Nachbarstaaten werden.

Nach ersten Meldungen über den Vormarsch der Islamisten hatten sich die Mächtigen im Kreml noch die Hände gerieben. Es geschah Karimow ganz recht: war Usbekistan doch ausgerechnet am Rande der NATO-Jubiläumstagung im April 1999 mit Getöse aus dem GUS-Vertrag über kollektive Sicherheit ausgestiegen und hatte lebhaftes Interesse an einem Beitritt zur Nordatlantischen Allianz bekundet. Daß der schwärende Konflikt der islamischen Opposition mit Karimow nur wenige Monate danach erstmals zu bewaffneten Auseinandersetzungen eskalierte, schien russischen Politikern das beste Faustpfand für die Loyalität ihres Ex-Vasallen zu sein. Inzwischen fürchten sie freilich, er könnte ihn hinwegfegen.

Etwa 5000 Kämpfer der Islamisten sollen nach Erkenntnissen russischer Geheimdienste in Nordafghanistan bereitstehen: Ob die Offensive der Taliban, die sich schon direkt an die Grenzen der ehemaligen Union herangearbeitet haben, dort aufgehalten werden kann, ist äußerst fraglich.

Usbekistan hat Rußland daher bei Konsultationen, die in Moskau in aller Stille über die Bühne gingen, bereits um militärische Hilfe ersucht. Es gehe vorerst nur um technische Hilfe und die Lieferung von Kriegsgerät, hieß es im russischen Verteidigungsministerium. Vorerst! Immerhin ist im Abschlußkommuniqué der Konsultationen von einer »direkten Bedrohung Rußlands« die Rede.

De facto mischt Moskau durch GUS-Blauhelme und Kontingente für den Grenzschutz in Tadschikistan und Kirgisien bereits kräftig mit. Eine Ausweitung der russischen Militärpräsenz in der krisengeschüttelten Region hält Präsident Putins Berater Karaganow zwar für »extrem gefährlich«, eine »aktive Einmischung Rußlands« in den Konflikt dennoch für »so gut wie unvermeidlich«.

Noch bedrohlicher wird die Situation, weil sich die beiden, bisher rivalisierenden Phalangen der Extremisten – die »Islamische Bewegung Usbekistans« und die Partei der Islamischen Wiedergeburt Hisb ut-Tahrir – im Herbst auf ein gemeinsames Vorgehen einigten. Zudem gelang ihnen der Schulterschluß mit den Tschetschenen. Freischärler aus dem Nordkaukasus nutzen die dünn besiedelten Landstriche an der Grenze Afghanistans zur ehemaligen Sowjetunion als Rückzugsgebiet und nehmen, zusammen mit islamischen Separatisten aus der westchinesischen Unruheprovinz Xinjiang Uigur, auch an den Kämpfen teil.

Als »Krieg hinter dem Flüßchen« verharmlosten Sowjetpropagandisten zunächst ihren ersten Afghanistankrieg. Einen zweiten halten viele für eine bloße Zeitfrage. Schlechte Aussichten für Boris Litwinski, je zu Farbfotos aus Taht i-Sangin zu kommen. Und noch schlechtere für Sarianidi, jemals in Erfahrung zu bringen, was aus Tillya-tepe geworden ist und den drei Gräbern, für die ihm der Krieg keine Zeit mehr ließ.

Im Land der tausend Städte

Nutfilló, unser Wirt in Buchara, stellt eine große Schüssel mit grünen und blauen Trauben auf den Tisch. Doch Wolodja, unser Aufnahmeleiter, macht der Idylle unter der Pergola bald ein Ende. Mit eingezogenem Bauch, die Hand am Schirm seiner Baseball-Kappe, erstattet der ehemalige Afghanistan-Korrespondent vorschriftsmäßig Meldung: »Alle Truppenteile sind im Ark zusammengezogen und warten auf den Beginn der Kampfhandlungen.«

Der Ark ist die alte Festung der Stadt; bis Anfang der zwanziger Jahre war er zudem Sitz der Emire, die Buchara fast 500 Jahre regierten. Vor den Mauern der Zitadelle und im ehemaligen Thronsaal – einer offenen Halle, die an drei Seiten Säulengänge umlaufen – werden wir Szenen aus der Zeit Alexanders des Großen drehen.

Soldaten mit blauen Baretten, Angehörige eines Bataillons der usbekischen Luftlandetruppen, sind gerade dabei, Kisten mit Requisiten in den Thronsaal zu schleppen. Schauspieler, schon im Kostüm, lächeln huldvoll verdatterten Touristen zu. Ein Reiseleiter, der zunächst nachdrücklich Aufmerksamkeit für seine Erklärungen einfordert, verheddert sich rettungslos, als Roxane, eine der Gattinnen Alexanders, naht: eine neunzehnjährige Schauspielschülerin, die eigentlich Ballerina werden wollte. In halbdurchsichtigen Gewändern schwebt sie mehr über den Hof, als daß sie geht. Touristen und Soldaten starren ihr nach, als sei sie eine der vierzig Huris aus den Paradiesgärten, die Mohammed den gläubigen Muslimen nach dem Tod versprochen hat.

Im Festsaal einer Burg in Baktrien soll Alexander – wie einst – Geschenke unterworfener Fürsten entgegennehmen und dann bis spät in die Nacht mit seinen Generälen zechen. Zwei Welten treffen aufeinander, ein Problem, das gut hundert Jahre vor Alexander bereits existierte: Die Griechen fühlten sich dem per-

Krieger in griechischer Rüstung und mit makedonischem Helm. Ob Ares oder sein persisches Gegenstück – dieser Kriegsgott dokumentiert auf eindrucksvolle Weise die Verschmelzung von griechischen, baktrischen, skythischen und iranischen Stilelementen.

sischen Erbfeind kulturell wie moralisch haushoch überlegen. Damals schon empfanden sie sich als »Träger einer zukunftsweisenden, weltumfassenden Kultur«, schreibt der Kulturwissenschaftler Gerhard Schweizer, um dann zur Erhärtung seiner These Platon zu zitieren. »Die Perser sind heute sehr heruntergekommen. Der Grund liegt unserer Ansicht nach darin, daß sie durch allzu große Beschränkung der Freiheit des Willens und durch ... Steigerung der despotischen Willkür die Brüderlichkeit und den Gemeingeist im Staate zugrunde gehen ließen.«

Berechtigte Kritik. Während in Iran und den unterworfenen Provinzen die in Persepolis hofhaltenden Gottkönige unantastbar waren, wurde im Stadtstaat von Athen »die Herrschaft der Bürger« eingeführt. Jeder, der das Bürgerrecht besaß, konnte in ein hohes Amt gewählt werden und aktiv in der Politik mitmischen. Philosophen, Künstler und Gelehrte schufen Werke, die für gut anderthalb Jahrtausende Maßstäbe für die abendländische Kultur setzten.

Als Propagandist griechischer Werte sieht sich der junge Alexander, als er 334 v. Chr. gen Osten aufbricht, jedoch erst in zweiter Linie – wenn überhaupt. Ihm, dessen Familie erst vor zwei Generationen von Kleinviehhirten zur Herrschaft aufgestiegen ist, geht es vor allem darum, ein Vermächtnis zu erfüllen. Schon sein Vater, Philipp II., hatte sich zu einem Persienfeldzug gerüstet. 336, mitten in den Vorbereitungen, wurde er jedoch ermordet. Alexander schafft daher zunächst Ordnung an den Nordgrenzen Makedoniens und treibt den Hauptstaaten Mittelgriechenlands, die sein Vater seinem Reich gerade erst einverleibt hat, Gelüste nach neuer Unabhängigkeit gründlich aus. Dann zieht er nach Kleinasien, weil in der Heimat immer mehr Bürger immer lauter fordern, die dortigen Griechen vom Joch der Perser zu befreien.

Die Beute im Heerlager der Perser bei Issos übertrifft alle Erwartungen. Allein 3000 Talente Goldmünzen fallen den Makedonen in die Hände. In Damaskus machen die Griechen über

30 000 Gefangene. Der tschechische Iranist Otokar Klima zitiert eine zeitgenössische Quelle, wonach allein 300 Köche, 100 Mundschenke, 40 Friseure und Duftmeister, 46 Kranzbinder, 328 Tänzerinnen sowie viele andere dem Troß Alexanders angegliedert wurden.

Im September 331 kommt es bei Arbela in Nordwestiran zu einer zweiten Schlacht, die das Ende der Achämeniden besiegelt. Susa und Persepolis fallen, Dareios flieht nach Baktrien und wird dort im Juli 330 ermordet. Kurz drauf steht auch das Makedonenheer im Land der tausend Städte.

Alexander, der seine Truppen nach wie vor selbst in die Schlacht führt, hat nur noch wenig mit dem rauhen Kriegeridol des alten Hellas gemein. Auf dem Zug durch den östlichen Iran lernt er persische Sitten kennen und beginnt bald selbst, sich wie ein Gottkönig aufzuführen. Auch von den Griechen verlangt er rituelle Anbetung – die Proskynese. Wer vor ihn tritt, muß sich zu Boden werfen und die Augen mit dem Ärmel bedecken, um nicht von dem Glanz geblendet zu werden, der vom Herrscher ausgeht.

Gerade das bringt ihm aber die aufrichtige Verehrung der Perser ein, die sich nach geordneten Verhältnissen sehnen und Alexander bereitwillig als neuen Sammler der iranischen Lande anerkennen. Zumal er in Parsagadae das verwüstete Grab von Kyros, dem ersten Großkönig der Achämeniden, wieder herrichten ließ und die Schänder – makedonische Soldaten – hart und öffentlich bestrafte. Zum Zeichen der Versöhnung richtet er später in Susa außerdem für etwa achtzig seiner Generäle eine Kollektivhochzeit mit Töchtern des persischen Hochadels aus. Er selbst ehelichte schon 331 Stateira, eine Tochter des letzten Dareios. Kein Wunder, daß Alexander ins »Schah-name«, das Buch der Könige, das rund elfhundert Jahre später entsteht, als »Strahlender« eingeht.

Als »Verdammten des Satans« verfluchen ihn dagegen die Schriften der zarathustrischen Staatskirche. Alexander habe die

Rindshäute weggeschleppt, auf denen mit goldener Tinte die Lehre Zarathustras aufgezeichnet wurde, heißt es in dem Buch über den Heiligen Arda Viraz, einen Magier, der auf dem Seherthron schlummert, während seine Seele Hölle und Fegefeuer durchwandert, um die Strafen für »Ungläubige, Ketzer und Lotterbuben« kennenzulernen. Dort werde auch Alexander – im Persischen Iskender – enden, verkündet der Heilige, der in dem Buch den frühen Tod des Makedonenherrschers voraussagt.

Ein Orakel, mit dem sich die Magier offenbar rächen wollen: Mit ihnen ist Alexander nämlich weniger glimpflich umgesprungen als mit den Trägern weltlicher Macht. Der Grund: Die Priester der alten Lichtreligion lehnen die Verschmelzung von Ost und West, wie Alexander sie für sein Imperium zur Staatsräson erheben will, als Westimport strikt ab.

Ein Irrtum. Die Idee dürfte in Alexander erst durch den Kontakt mit iranischen Traditionen herangereift sein. Der Staat der Achämeniden war nach dem Tod Dareios' I., des Gesetzgebers, nur politisch verfallen. Seine Nachfolger bewahrten dessen Weltoffenheit, stifteten Akademien und Bibliotheken und förderten Dichter, Künstler und Wissenschaftler. Viele von ihnen waren keine Perser, sondern Babylonier, Ägypter oder Griechen aus Kleinasien.

»Das Konzept der einen Welt«, schreibt daher der amerikanische Iranist Richard Frye, »die Verschmelzung von Völkern und Kulturen in einer Ökumene«, sei »eine der bedeutendsten Errungenschaften, die das Achämenidenreich Alexander und den Römern hinterließ«.

Gegen das »Konzept der einen Welt« wehren sich jedoch nicht nur die persischen Magier. Auch in den Ostprovinzen Irans stößt Alexander mit seinen Integrationsbestrebungen zunächst auf wenig Gegenliebe. Jetzt, da das Achämenidenreich in Schutt und Asche liege, sei die Stunde gekommen, sich die alte Unabhängigkeit zurückzuholen, meinen die Baktrier und ihre nördlichen Nachbarn aus Sogd. Drei Jahre halten sie dem Ansturm des Makedonenheeres stand. Voll ohnmächtiger Wut steht Alexander vor den hohen Mauern einer Festung, die ihm den Weg nach Indien versperrt. Der Durchbruch gelingt erst mit einer List.

Oxyartes, der Herr der Zwingburg, hat dem Makedonen ausrichten lassen, er würde sich nur »geflügelten Wesen« ergeben. Die fallen schon am nächsten Morgen buchstäblich vom Himmel: Alexander hat Bergsteiger nachts Eisen in die Felswand treiben lassen, an denen sie Hanfseile befestigen und nach oben klettern konnten.

Wenig später überreicht Oxyartes ihm kniend das Schwert. Mit ebendem, so meint sein Hofstaat, würde Alexander dem Fürsten nun den Kopf abschlagen. Vor dem sicheren Tod bewahrt ihn einzig und allein Roxane, seine schöne Tochter, in die sich der Eroberer angeblich auf den ersten Blick verliebt haben soll. Mindestens ebenso gewichtig dürften politische Gründe dabei mitgespielt haben. Alexander schwebt die Vermischung von Okzident und Orient vor und ist bereit, dabei selbst mit gutem Beispiel voranzugehen. Sein Schwert saust daher nicht auf den Nacken von Oxyartes nieder, sondern auf ein Brot, von dem er und Roxane kosten. Nach makedonischem Recht ist die Ehe damit geschlossen.

Das auf die Huldigung folgende Zechgelage wird Jahrhunderte später, in einer Mainacht des Jahres 1453, am Bosporus kopiert. Nur mit umgekehrten Vorzeichen: Diesmal hat der Orient den Okzident besiegt. Vor den Blachernen, dem Palast des Isapostolos, des apostelgleichen heiligen Kaisers, feiert Sultan Mehmet II. Fatih, Mohammed der Eroberer, der Byzanz nach sechswöchiger Belagerung stürmte, seinen Triumph. Nur die Fassade des Kaiserpalastes, nicht dessen Inneres, fand der Osmanen-Herrscher, gebe eine halbwegs würdige Kulisse für das Gelage ab. Der Türke Mohammed, ein bekennender Verehrer Alexanders, ahmt aber nicht nur dessen über 1700 Jahre zurückliegende Siegesfeier über die Baktrier nach. Wie schon

Alexander will auch Mohammed auf den Trümmern der zerschossenen Hauptstadt der Besiegten seine eigene, neue errichten. Beide machen kurzen Prozeß mit Leuten, die ihnen dabei hinderlich sein könnten. Mohammed, schwer angetrunken, läßt in der Nacht des Sieges fast hundert griechische Adlige über die Klinge springen; der sturzbetrunkene Alexander den Großteil der baktrischen Fürsten. Der fundamentale – und historisch folgenschwere – Unterschied zwischen den beiden Herrschern besteht darin, daß Alexander mit kaum 33 stirbt, ohne einen Nachfolger hinterlassen zu haben.

Dunkle Zeiten brechen für Zentralasien an. Immer schneller wechseln die Machthaber. Seleukiden, Parther, Nomaden. Mit ihnen enden für fast 200 Jahre alle Aufzeichnungen von Geschichtsschreibern über die Region. Was damals wirklich geschah, könnte allein der verschwundene Goldschatz von Tillyatepe erzählen. Das dunkle Jahrhundert Baktriens geht erst zu Ende, als die Kuschan ihr Reich begründen.

Die irdene Festung

Unzählige feine Risse durchziehen den Boden des ausgetrockneten Sees. Mit lautem Knirschen bricht der Fuß bei jedem Schritt knöcheltief in die salzverkrustete Erde ein. Grund genug für die Zieselmaus, schleunigst Reißaus zu nehmen. Doch die duckt sich nur noch tiefer in die dürren, harten Binsen. Die Gefahr, die am Himmel lauert, ist größer: Dort kreist seit Minuten ein Milan. Sogar der Wind hält für ein paar Sekunden vor Spannung den Atem an. Doch das Drama endet diesmal unblutig. Statt sich wie ein Stein auf die Erde fallen zu lassen, schraubt der Milan sich immer höher in die Luft, um schließlich ganz abzudrehen. Heute fällt das Frühstück für ihn aus. Zweibeiner sind in sein Jagdrevier eingedrungen, machen Lärm und bauen Apparate auf, die Rohre wie Schießeisen haben.

Lange vor Sonnenaufgang haben wir Chiwa verlassen, um die wilde Jagd einzufangen, die Licht und Schatten nur ganz früh am Morgen in den Ruinen von Toprak kale veranstalten. Die »irdene Festung«, so die wörtliche Übersetzung, gehört zu den wenigen Bauten aus der frühen Kuschanzeit, von denen mehr als nur die Grundmauern erhalten geblieben sind.

Noch keine dreißig Jahre schlafen die Toten im Goldhügel von Tillya-tepe, als 1500 Kilometer weiter westlich Toprak kale entsteht. Aphrodite und die anderen griechischen Gottheiten, die auf den Grabbeigaben dargestellt sind, stehen längst auf dem Forum in Rom. Eine Provinz von vielen ist das unterworfene Hellas inzwischen für die römischen Cäsaren. In Europa ist für sie damals kein ernst zu nehmender Gegner in Sicht. Bald schon brauchen sie nicht einmal mehr die Parther, die angriffslustigen Nachbarn im Osten, zu fürchten: Für die geht es in Zentralasien unterdessen schon um Sein oder Nichtsein.

Um das Jahr 50 n. Chr. startet von Baktrien aus ein kaum Zwanzigjähriger seine Eroberungsfeldzüge: Kudschula Kadphises. *Kiu-dsiu-kio*, wie er in den Chroniken der chinesischen Han-Dynastie heißt, hat gerade erst die anderen Stämme der Yuezhi gezwungen, ihn als neuen Oberherrn anzuerkennen. Der Name seines Stammes – *Kuei shuang* – wird in seiner iranischen Form *Kuschan* Synonym für ein Weltreich, dessen Geschichte bis heute nahezu unerforscht ist. Eine der Hauptstädte des neuen Imperiums, das Zentralasien, Afghanistan und Nordindien umfaßt, wird die »irdene Festung« am Unterlauf des Oxus: Toprak kale.

Aus luftgetrockneten Ziegeln sind die Gänge, durch die im späten ersten Jahrhundert die »rote Dame« und die »Harfenspielerin« huschten, um sich vor Königen zu verneigen, deren Namen wie Zauberformeln klingen: Kanischka, Vasischka, Huvischka. Einst zierten ihre Porträts – feine Strichzeichnungen in Pastelltönen, aus denen noch die chinesische Vergangenheit der Auftraggeber spricht – die Wände des Thronsaals. Heute gähnen dem Betrachter nur noch flache, eiförmige Vertiefungen entgegen: Die Wandmalereien wurden abgelöst und in die Eremitage von St. Petersburg gebracht, als die Große Choresmien-Expedition der sowjetischen Akademie der Wissenschaften 1940 die Burg freilegte.

Wohnblöcke, Feuertempel und Königspalast umschließen bis zu 15 Meter hohe, senkrecht abfallende Mauern. Aus gutem Grund: Choresmien war der äußerste westliche Vorposten der Kuschan. Grenzland, stets unruhig und heiß umkämpft: Durch den choresmischen Sand führt der Weg ins Goldland Baktrien und weiter zur Seide Chinas. Choresmien ist die erste Provinz, die die Kuschan aufgeben müssen, als um 250 eine neue Großmacht auf den Plan tritt – die Sassaniden, mit denen Iran, fünf Jahrhunderte nachdem Alexander die Achämeniden stürzte, wieder Weltgeschichte schreibt.

Schon um 368 beschränkt sich die Macht der Kuschan nur noch auf ein paar Stadtstaaten in Nordindien. Baktrien und die anderen historischen Provinzen Zentralasiens sind wieder iranisch und bleiben es – von kurzen Zwischenspielen mit turko-mongolischen Steppenkriegern abgesehen –, bis die Araber kommen. In der Ebene bei Nihawend verliert Yezdegard, der letzte Sassaniden-Schah, 642 fast die gesamte gepanzerte Reiterei bei der Entscheidungsschlacht gegen die Erben des Propheten Mohammed. Neun Jahre treiben sie ihn Richtung Osten vor sich her. Dann erschlägt ihn ein unzufriedener Offizier in Merw, dem Zentrum der alten Provinz Margiana. Nichts, so scheint es, kann die Araber mehr aufhalten auf ihrem Weg ins Land der tausend Städte: 671 überschreiten sie den Oxus, 674 wird Buchara arabisch.

Die Kämpfe um das Goldland und die Kontrolle über die Karawanenstraßen sind damit aber noch lange nicht entschieden. Peroz, der Sohn Yezdegards, kann sich mit dem Kronschatz nach China durchzuschlagen – ein Thema, das auch Puccini in seiner Oper »Turandot« aufgegriffen hat. Mehrmals stellen die Tang-Kaiser ein Heer für Peroz auf, mit dem er *Pos-se*, wie die Chinesen Iran nennen, für das Reich der Mitte als Provinz zurückerobern soll. Ein Dreivierteljahrhundert dauert der Schwebezustand, bei dem Städte und ganze Provinzen mehrfach den Besitzer wechseln. Die Stammesfürsten der Araber verschleißen sich in Machtkämpfen um die Nachfolge des Propheten und den Kalifen-Titel und können sich im Osten nur mit halber Kraft engagieren.

Erst 751 kommt es zur Entscheidungsschlacht. Fast gleich groß sind die Heere der Chinesen und Araber, die am Talas in Kirgisien aufeinanderprallen. Zum Zünglein an der Waage wird einer der Stämme, die zu den Vorfahren der heutigen Usbeken zählen: die türkischen Karluken, die mitten im Kampf ihre Pferde herumreißen und zu den Arabern überlaufen. China hat fortan in Zentralasien nichts mehr zu melden. Peking verbleibt nur Ostturkestan – Xinjiang Uigur, die Unruheprovinz, deren Bewohner ihren Traum von einer Wiedervereinigung mit den anderen Türken Zentralasiens nie begraben werden.

Der gestohlene Edelstein der Götter

Bis zum Amu Darya sind es von Chiwa ganze 30 Kilometer. Der Wind hat dem Sand ein feines Wellenmuster eingegerbt, in dem weit und breit kein menschlicher Fußabdruck zu sehen ist. Träge fließt das türkisblaue Wasser nach Norden, und die Nachmittagssonne macht aus den meterhohen Sanddünen am jenseitigen Ufer Berge aus rotem Gold.

Einst, so erzählt eine Legende, die viele Turkvölker kennen, haben die vierzig Götter, die hoch oben in der großen blauen Jurte wohnen, beim Spiel einen riesengroßen Türkis auf die Erde fallen lassen. Aus ihm wurde das Meer von Choresmien – der Aral, das viertgrößte Binnengewässer der Erde. Al Juzani, der

Weggefährte und Biograph von Avicenna, schwärmte vor tausend Jahren von den Zaubergärten an seinen Ufern, in denen Blumen blühten, die aus Edelsteinen, Gold uns Silber gemacht waren. Fische tummelten sich in seinem kristallklaren Wasser, und die Anwohner liebten ihren See so sehr, daß sie den Wellen Namen gaben: *ijrek tolkun*, die munteren Kräuselchen, die der Aral vor dem Schlafengehen ans Ufer schickte, und *alabaşı*, die buntköpfigen Schreier, die der Sturm gebiert.

Längst sind sie verschwunden und mit ihnen der goldene Fisch, nach dem Tschingis Aitmatow seinen Helden Edige suchen läßt. Der Grund: wahnwitzige Bewässerungspläne kommunistischer Weltverbesserer. Statt in den Wüstensee, hieß es Mitte der fünfziger Jahre in Moskau, sollte das Wasser von Amu Darya und Syr Darya, den beiden einzigen Zuflüssen des Aral, besser in den Karakum-Kanal und von dort auf die Baumwollfelder Turkmeniens und Usbekistans fließen.

Salzstaub wirbelt durch die menschenleeren Gassen von Moinak. Nur ein paar Kinder spielen dort, wo einst das Hafenbecken war, auf den halb im Sand versunkenen Schiffsrümpfen. Jedes zweite Haus in dem nur noch knapp 8000 Einwohner zählenden ehemaligen Fischerdorf ist mit Brettern vernagelt.

1970 lag der Aral immerhin noch in Sichtweite der Hütten. 1983 stachen die Fischer von Moinak zum letzten Mal in See und brachten einen einzigen Fisch mit an Land. 1993 brauchten Geländewagen für die Fahrt bis zum Wasser schon eine Stunde, 1999 fast zwei.

Gut 4000 Kilometer lagen einst zwischen dem usbekischen Moinak am flachen Südufer und der kasachischen Steilküste im Norden. 55 Prozent davon sind inzwischen Salzsumpf. Die Restpfützen reichen nicht mehr aus für die Wolkenbildung. Der Regen bleibt weg, die Sommer werden heißer und länger, die Winter kälter. Ungebremst stürmt der Nordwind aus den Steppen Sibiriens jetzt Richtung Süden, wirbelt vom Grund des toten Aral salzigen Sand auf und streut ihn auf die Felder. Salz spült außerdem der durch die intensive Bewässerung gestiegene Grundwasserspiegel an die Oberfläche, die dadurch steinhart wird. Auf einstigen Weizenfeldern wächst nicht einmal mehr Gras. Die Wüste kehrt zurück.

»Lieber Aral, verzeih, was wir dir angetan haben. Komm zurück!« steht an einer Häuserwand in Moinak. »Der Aral kommt nicht zurück«, meint Sergej Bakauschew, der ehemalige Hafenmeister. »Die Natur rächt sich, weil die Menschen ihr den Edelstein der Götter gestohlen haben.«

Schon erreichen die Salzstürme die Berge von Pamir und Tian Shan und bringen die Gletscher zum Schmelzen. Amu Darya und Syr Darya bekommen dadurch noch weniger Wasser. Die Folgen sind schon an unserer Traumkulisse zu besichtigen, die nur auf den ersten Blick schön, auf den zweiten eher grausig ist: Selbst flache Boote, wie das, mit dem wir übersetzen, riskieren, auf Grund zu laufen. Und unser Steilufer war noch vor zwanzig Jahren eine Untiefe, von der nicht einmal die Spitze aus dem Fluß guckte. Jetzt ist sein Wasserspiegel so tief gefallen, daß die ehemalige Sandbank als meterhohe Wand vor uns aufragt.

Nichts kann die Katastrophe mehr aufhalten. Schon hier in Choresmien, fast 300 Kilometer vom alten Delta bei Moinak entfernt, teilt sich der Amu Darya in unzählige Arme, in denen das Wasser nicht einmal kniehoch steht und daher schnell verdunstet. Das eigentliche Flußbett ist versandet und nicht mehr in der Lage, die früher normalen Wassermengen aufzunehmen.

In den Aral tröpfelt der Fluß daher nur noch als Rinnsal. Wenn er es überhaupt bis dahin schafft. Nach schneearmen Wintern versiegt er Dutzende Kilometer vorher – irgendwo in der Wüste des roten Sandes. Dabei hatte der Dscheichun, der Tollwütige, wie der Amu Darya zur Samanidenzeit hieß, noch 1969 in Chorosmien binnen wenigen Minuten mehrere Siedlungen unter sich begraben. Bei der Flutkatastrophe, die Moskau lange leugnete, kamen Hunderte von Menschen ums Leben.

In zehn Jahren könnte der Amu Darya austrocknen, noch bevor er Usbekistan erreicht. 1100 Kilometer lang war der 1962 begonnene Karakum-Bewässerungskanal in Turkmenien schon 1991, als die Sowjetunion kollabierte. Er entzieht dem Amu Darya das meiste Wasser. 70 Prozent davon gehen durch Verdunstung verloren oder versickern wegen baulicher Mängel im Boden. Der Turkmenbaşı läßt dennoch emsig weiterbauen. Pläne, den Kanal bis zur Kaspi-See zu führen, wurden wegen Geldmangels zwar vorerst auf Eis gelegt. Dafür soll der Kanal dort, wo er jetzt zu Ende geht, zu einem 3460 Quadratkilometer großen See aufgestaut werden. Bis 2010 sollen 4000 Quadratkilometer Neuland für Baumwoll- und Getreideanbau durch Bewässerung erschlossen werden. »Die nächste Generation«, triumphierte der Turkmenenführer Ende Oktober, als er den Plan vorstellte, »wird keine Wasserprobleme mehr haben.«

Die Nachbarn dafür um so mehr. Höchst fraglich, ob das Projekt nicht an ihrem Widerstand scheitert. In der Antike ging es bei Kriegen im Land der tausend Städte um Gold, für das 21. Jahrhundert prophezeien Experten Kriege um die Öl- und Gaslagerstätten Zentralasiens. Der erste Schuß aber wird garantiert um die größte Kostbarkeit der Region fallen, ums Wasser. Womöglich – welch Zynismus des Schicksals – ausgerechnet am Dostyk-Kanal, dem »Kanal der Freundschaft«, wie die roten Kommissare in Moskau das noch zu Sowjetzeiten erbaute gigantische Wasserverbundsystem Zentralasiens nannten. Wider besseres Wissen! Wie es um die Völkerfreundschaft steht, wenn es ans Eingemachte geht, haben die Ereignisse der letzten Jahre gezeigt.

Vier Staaten – Tadschikistan, Kirgisien, Kasachstan und Usbekistan – verbindet der Kanal. Besser gesagt, er trennt sie. Kasachen und Usbeken sind vor allem Nutzer, denn das Wasser kommt aus den Bergen der beiden anderen Republiken.

Kirgisiens Staatschef Askar Akajew, im Westen lange als demokratischer Musterschüler gefeiert und mit Kasachen-Präsident Nasarbajew verschwägert, drehte den Hahn im Juli 2000 einfach zu, weil Kasachstan sich weigerte, die vertraglich vereinbarte Kohle zu liefern.

Statt 80 Kubikmeter pro Sekunde flossen daher nur noch 20 talabwärts. Ein Viertel dessen, was in Dürrejahren wie dem letzten als Minimum für die Bewässerung vom Baumwolle und Brotgetreide gilt. Fast ein Drittel des Weizens verdorrte daher auf dem Halm. Als Kasachstan das von der Dürre weniger betroffene Usbekistan bat, Teile der ihm zustehenden Wassermenge auf Pump abzutreten, ließ Staatschef Islam Karimow ausrichten, Quoten müsse man nicht im Sommer, sondern im Winter festlegen.

Die Absicht dazu bestand. Doch die Verhandlungen zu Jahresbeginn scheiterten, weil die Experten sich nicht einig werden konnten, wieviel kasachischer Strom wieviel usbekisches Wasser wert ist. Kurzentschlossen wies Nasarbajew daher Kazahtelekom an, keine usbekischen Auslandsgespräche mehr weiterzuleiten.

Iran und Turan

Rosen blühen am Fuße eines Denkmals für Nasreddin Hodscha am Eingang zur Altstadt von Buchara. Wes Volkes Kind der lustige Landstreicher auf dem Esel war, darüber streiten Naher und Mittlerer Osten notfalls bis aufs Messer. Begraben ist der Mann, der als Till Eulenspiegel und Robin Hood in Personalunion zum Serienhelden orientalischer Märchenerzähler wurde, im türkischen Akşehir. Zur Welt gekommen ist er vor 800 Jahren: nach Meinung der Usbeken bei ihnen. In Buchara, wo er sich im Basar scheinheilige Mullahs und habgierige Beamte des Emirs vorknöpfte.

Wann genau die Erzählungen entstanden sind, läßt sich nicht mehr zurückverfolgen. Buchara, das im Jahre 1998 zweieinhalbtausend Jahre alt wurde, war schon um die Zeitenwende, als der Schatz von Tillya-tepe entstand, eine blühende Siedlung. Rund 800 Jahre später aber wurde sie Zentrum eines Weltreiches.

Kaum vermögen die überkuppelten Markthallen die Fülle der Waren zu fassen, die Karawanen aus allen vier Weltenden nach Buchara bringen. Kaufleute aus Hind und Sind – aus Indien und China – thronen hinter Bergen von Silber, Gewürzen und duftendem Sandelholz oder auf Seidenballen. Hier und da sind sogar Slawen anzutreffen, die Salz und Felle aus den Steppen nördlich vom Hyrkanischen Meer herangeschafft haben. Goldreifen klirren an Knöcheln und Handgelenken, wenn Frauen in bunten Gewändern ihre Lasten absetzen, um den Gauklern zuzusehen. Ihre Possen reißen sie hoch oben auf dem Seil, das zwischen den Kuppeln und Minaretten der Moscheen gespannt ist. Fünfmal täglich ertönt von dort der Gebetsruf des Muezzin: *La illah il allah*. Es gibt keinen Gott außer Allah.

Fünfmal täglich fleht der Vorbeter in den Moscheen von Buchara auch den Segen des Himmels auf den damals mächtigsten Mann auf Erden herab: den Kalifen aus dem Geschlecht der Abbasiden im fernen Bagdad.

Herrscher aller Gläubigen nennt sich der Zeitgenosse von Karl dem Großen: Harun ar-Raschid. Seine Macht, auch die weltliche, erstreckt sich auf ein Reich, in dem die Sonne nie untergeht: vom maurischen Spanien im Westen bis an die Grenzen Indiens im Osten. Nur fünfzig Jahre später geht es mit der Macht der Abbassiden jedoch steil bergab. Lokale Fürsten reißen sich aus dem Imperium das jeweils passende Stück heraus. Im Nordosten erstarkt die iranische Dynastie der Samaniden, die von Buchara aus über ein Gebiet herrscht, zu dem das heutige Usbekistan, Tadschikistan, Nordafghanistan sowie Teile Irans und Turkmeniens gehörten.

Ihren Namen leiten die Herrscher von ihrem Urahn Saman her. Der Name ist Programm: Samaniden – das klingt nach Sassaniden, Herrschern, die in Iran um 250 n. Chr. einen Staat gründeten, der das von Alexander überrannte Achämenidenreich an Glanz und Größte noch übertraf. Ausgelöscht wurde es erst durch Gotteskrieger von der arabischen Halbinsel, die Mitte des 7. Jahrhunderts in Iran und Zentralasien den Islam mit Feuer und Schwert verbreiteten. Und den Unterworfenen ihre Sprache und ihre Kultur aufzwangen.

874 ist Schluß damit. Zentralasien erlebt eine Rückbesinnung auf eigene Traditionen – iranische. Zwar stellen die Samaniden die Religion Mohammeds aus taktischen Gründen nie in Frage. Doch sie, die selbst erst vor wenigen Generationen aus politischen Gründen der Lichtreligion Zarathustras abschworen und zum Islam konvertierten, sorgen in ihrem Herrschaftsbereich für religiöse Toleranz. Offen lodert in den alten Feuertempeln zwischen Oxus und Jaxartes wieder *alev*, die in den Untergrund getriebene, fast schon verloschene heilige Flamme. Auch Juden und Christen können gegen Zahlung einer Sondersteuer ungestört ihrem Glauben nachgehen.

In Buchara herrscht wieder der Freigeist der Antike, deren halbvergessene Schriften sich in der Bibliothek der Samaniden stapeln. Sie, die damals in der islamischen Welt ihresgleichen suchte, aber auch die Hochschulen und Akademien ziehen schon bald Gelehrte und Studenten aus aller Herren Länder an.

Im Bimaristan, dem öffentlichen Hospital von Buchara, im 10. Jahrhundert eines der modernsten weltweit, macht mit gewagten Operationen ein kaum Sechzehnjähriger Furore: Ali ibn Sina, der Universalgelehrte Avicenna, der schon Ende des 10. Jahrhunderts, tausend Jahre vor der Erfindung des Elektronenmikroskops, in »unsichtbaren kleinen Lebewesen im Wasser und in der Erde« die Erreger vieler Krankheiten vermutet.

In Buchara sagt ein Zeitgenosse Avicennas, der Mathematiker und Astronom Ahmed Al Birunî, fast 500 Jahre vor der Entdeckung Amerikas die Existenz eines weiteren Kontinents

83

hinter dem westlichen Ozean voraus. Wenig später vermißt er erstmalig den Radius der Erde und irrt sich dabei nur um ein paar Kilometer.

Auch das Arabische bleibt fortan den Koran-Exegeten überlassen. Hier in Buchara beginnt um 980 Firdousî, damals knapp vierzig Jahre alt, mit seinem Monumentalepos »Schah-name«, dem Buch der Könige, von dem Sarianidi morgens die Schatten und Steine in Margiana erzählen. Ähnlich wie Martin Luther die deutsche Bibelfassung, schreibt auch Firdousî in einer Sprache, die es bis dahin gar nicht gab: Neupersisch. Dazu reinigt er die halbtote Sprache der Sassaniden, die sich nur auf dem flachen Lande als Dialekt erhalten hat und der Zeit hoffnungslos hinterherholpert. Firdousî reichert sie mit modernem Wortgut an. Arabisch bleiben nur die Buchstaben.

Oberflächlich betrachtet sind die 60 000 Doppelverse, die Firdousî, der Paradiesische, hinterläßt, als er 1021 stirbt, eine Aneinanderreihung von Sagen, Mythen und authentischen Begebenheiten aus fast tausend Jahren iranischer Geschichte. Dennoch durchzieht ein ordnender Gedanke sein Werk: der Kampf der Gegensätze, wie ihn Zarathustra gelehrt hat. Im »Schahname« bekamen Gut und Böse Namen und Adresse: Iran, über das Ahura Mazda schützend seine Hand hält, und Turan, wo Ahriman herrscht, der finstere Gegenspieler des Lichtgottes. Firdousî artikuliert damit Urängste seiner Zeit. Vor allem der Menschen in Buchara. Nicht nur Iran ist real existent. Auch Turan, die Wüstensteppe am Aralsee: die mythische Urheimat aller Turkvölker, Wiege eines lose organisierten Steppenreichs, das im 6. Jahrhundert entstand und zur Zeit von Avicenna und Firdousî vom Hyrkanischen Meer bis nach Westchina reichte.

Immer wieder wagen sich türkische Reiter bis vor an die Stadtmauern von Buchara, brandschatzen die Dörfer und ziehen sich dann blitzartig zurück. 999 – das Samanidenreich ist nach Erbfolgekriegen nur noch ein Schatten seiner selbst – geschieht, was viele seit langem haben kommen sehen: Ehemalige türkische

Sklaven, denen Draufgängertum höchste militärische Ränge einbrachte, öffnen den von Norden heranstürmenden Karakhaniden – auch sie Türken – die Stadttore von Buchara. Auf dem Samanidenthron sitzt fortan ein halbbarbarischer Steppenhäuptling. Das Land der tausend Städte wird türkisiert, denn den Karakhaniden, den schwarzen Khanen, folgen immer neue Turkstämme. Weiter bergab könne es nicht mehr gehen, meinen die alteingesessenen Familien Bucharas. Sie irren. 1220 legt ein Mann die Stadt in Schutt und Asche, der sich selbst »die sengende Sonne Satans« nennt: Dschingis Khan.

Ausgerechnet die Lieblingsfarbe der Mongolen prägt seither das Bild der Stadt. Tatarenkhan Timur Lenk, das Vorbild von Usbeken-Präsident Karimow, baut Buchara 150 Jahre nach dem Mongolensturm wieder auf und macht die Stadt zur zweiten Metropole eines neuen Weltreichs. Moscheen, Bäder, Markthallen überwölben Kuppeln, belegt mit Fayencen in Türkis. Timurs Vorfahren dienten Dschingis Khan als Fußsoldaten bei dessen China-Feldzug. In der gelben Steppe aufgewachsen, waren sie geblendet vom Farbenrausch, den Tempel und Pagoden im Reich der Mitte versprühten.

Die Usbeken mischen in Usbekistan erst ganze 500 Jahre mit. Zuvor lebten sie im Südural, wo Schaiban, ein Nachkomme Dschingis Khans, über türkische und mongolische Stämme herrschte. Mitte des 14. Jahrhunderts wandern sie in die ostkasachische Steppe aus und wachsen allmählich zu einem Volk zusammen, das sich nach dem Mann nennt, der sie in die neue Heimat geführt hat: Khan Özbek. Reichlich weitere hundert Jahre später fallen sie ins Land der tausend Städte ein und versuchen von Buchara aus, in Zentralasien ein neues Reich aus dem Boden zu stampfen – das der Schaibaniden. Mit dem schließt das Khanat Sibir Ende des 16. Jahrhunderts sogar einen Bündnispakt. Gebracht hat er beiden nichts. Sibirien wird schon 1598 russisch, das Reich der Schaibaniden bricht im gleichen Jahr unter dem Ansturm der südwärts drängenden, von

Moskau unterstützten Kasachen in mehrere Kleinstaaten auseinander, die Rußland, einen nach dem anderen, im 19. Jahrhundert kassiert. Buchara, das immer mehr herunterkommt, weil Europa den Handel mit Hind und Sind nicht mehr über die Seidenstraße, sondern auf dem neuentdeckten Seeweg um Afrika herum abwickelt, wird 1868 Protektorat des Zaren in St. Petersburg und 1920 Sowjetrepublik.

Um Sezessionsbestrebungen vorzubeugen, haben die roten Kommissare wichtige Produktionsprozesse stets auf mehrere Republiken aufgeteilt. Eine aberwitzige Infrastruktur machte die Abhängigkeit perfekt: Zu Zeiten des Josephus Flavius führten alle Wege nach Rom, seit Josef Stalin nach Moskau. Selbst die Erben Dschingis Khans hielten die alten Wüstenstraßen nach China und Persien sorgfältig instand. Von Moskauer Parteibonzen entsandte Bautrupps dagegen sorgten Anfang der dreißiger Jahre dafür, daß die um die Jahrhundertwende gebaute Straße nach Iran, die Zentralasien mit den Seehäfen am Persischen Golf verband, fortan im Sand der Karakum, 40 Kilometer vor der turkmenisch-iranischen Grenze, endete. Erst seit Sommer 1996 gibt es wieder eine Verbindung zum Golf: Teheran, das in der Region Fuß fassen will, hat Milliarden in den Bau eines Anschlußgleises gesteckt, das vom turkmenischen Aschgabat in die nordostiranische Stadt Meschhed führt.

Von der neuen Bahnlinie profitiert auch Usbekistan. Im Kampf um die neuen Märkte Zentralasiens macht bislang jedoch eher die Türkei das Rennen und damit auch ihr Modell einer prowestlichen laizistischen Republik, wie sie Atatürk Mitte der zwanziger Jahre auf den Trümmern des Osmanischen Reiches errichtete. Und, falls nötig, nicht davor zurückschreckte, die Modernisierung mit Brachialgewalt durchzupeitschen. So wie jetzt Staatspräsident Islam Karimow, der den Vater der Türken zu seinen Vorbildern zählt.

Offiziell gilt daher in Usbekistan seit Herbst 1997 wieder die lateinische Schrift, die den vokalreichen Turksprachen besser entspricht als das konsonantische russische Alphabet. Gleichschaltungswütige Volkskommissare in Moskau hatten es 1940 allen Untertanen aufgezwungen. Einzige Ausnahme waren die Völker der Baltenstaaten, Georgier und Armenier. Doch nur wenige erwachsene Usbeken können die alten neuen Buchstaben lesen. Fremdsprachenunterricht rangierte in der auf Abschottung bedachten Union unter ferner liefen. Entsprechend rudimentär sind Kenntnisse einer anderen Schrift. Zeitungen werden daher vorerst weiter mit kyrillischen Lettern gedruckt. Zumal den Druckereien das Geld für den neuen Typensatz fehlt.

Karimows zweites Vorbild heißt Timur Lenk. Vor 500 Jahren hatte der lahmende Tataren-Khan die Vorfahren der Usbeken, nomadisierende Turkstämme, die im 13. Jahrhundert vor dem Mongolensturm aus der kasachischen Steppe südwärts flüchteten, mit der alteingesessenen iranischen Bevölkerung in einem Großreich mit boomender Wirtschaft vereinigt. Seit September 1994 steht Timurs bronzenes Reiterstandbild in der Hauptstadt Taschkent auf dem Sockel eines Denkmals, von dem zuvor Lenin mit theatralisch erhobenem Arm für den proletarischen Internationalismus agitierte.

Timurs Devise ist pragmatischer: Ein starker Staat ist nur mit einem starken Führer möglich. Das Lieblingszitat Karimows, der das Land innerhalb einer Generation vom Halbfeudalismus in die Moderne katapultieren will. Westliche Demokratie, so bleut auch das Staatsfernsehen seinen 25 Millionen Zuschauern täglich ein, tauge dabei für die Nachfolgestaaten der Sowjetunion momentan nur bedingt, wie Rußland ja tagtäglich vorführe. Fazit des Kommentators zu Kriegsbildern aus Tschetschenien: Seht nur her, so was kommt halt von so was.

Die Botschaft blieb unwidersprochen. Die Führer oppositioneller Bewegungen warten im russischen und westeuropäischen Exil auf bessere Zeiten und rezitieren derweil im usbekischen Dienst von Radio Liberty ihre in der Fremde geschriebenen Gedichte, die von den Rosen von Buchara handeln.

Anahita – Die Auferstehung der Göttin

Sie ist ganz in Weiß gekleidet, und Wassertropfen perlen vom Saum des losen, bis zur Erde wallenden Gewandes. Unter dem weißen Tuch, das ihr Haupt halb verhüllt, quillt eine Haarsträhne hervor, so blond wie der Weizen, der aus den Fingern ihrer vor der Brust verschränkten Hände rinnt. Sie – das ist Anahita, die Göttin der Fruchtbarkeit und des Wassers, die im Amu Darya wohnt.

Sie war es, die den baktrischen Meistern einst Pate stand für die geflügelte Frauengestalt mit den schweren, hervorspringenden Brüsten, die Sarianidi unter allen Fundstücken aus Tillya-tepe das liebste ist. Nach sechsmonatigem Single-Dasein in der Wüste Nordafghanistans, sagt er, sei die »baktrische Aphrodite« den Archäologen manchmal sogar nachts im Traum erschienen.

Ähnlich dürfte ihr Urbild, Anahita, die Herrscher im antiken Iran in Bann geschlagen haben. »Mögen mich Ahura Mazda, Anahita und Mithras (der altpersische Sonnengott – E. W.) vor allem Bösen bewahren!« Worte, die Artaxerxes II. im Jahre 404 v. Chr. in die Wand seines Palastes in Susa, einer der Hauptstädte des Achämenidenreichs, einmeißeln ließ. Obwohl die Lehre Zarathustras, die Ahura Mazda zum alleinigen Gott erklärte, im Iran der Gottkönige längst Staatsdoktrin war. Gegen den Anahita-Kult wetterten tausend Jahre später selbst islamische Eiferer vergeblich. Noch heute hören im Land der tausend Städte viele Mädchen auf ihren Namen. Und selbst jetzt, da der wilde Amu Darya zu einem Rinnsal verkümmert ist, bringen ihre Väter dem Fluß Opfergaben dar, wie in grauen Vorzeiten: meist einen Hammel; wer immer es sich leisten kann, jedoch ein Rind, das heilige Tier der alten Lichtreligion. Und viele bitten die Göttin dabei um Verzeihung für das, was die Menschen dem Fluß angetan haben.

Anahita-Aphrodite. Von den über 20 000 Fundstücken aus Tillya-tepe war die geflügelte Göttin Sarianidis erklärter Lieb-

Die geflügelte »baktrische Aphrodite« gilt als Inbegriff gräko-baktrischer Goldkunst. Das Original ist – wie auch die anderen Fundstücke – in den Wirren des Afghanistankrieges verschwunden. Dank einer Negativform soll sie jetzt aber wiedererstehen: nachgegossen auf Initiative des ZDF.

ling. Noch heute kommt er von ihr nicht los. Wenn er am Schreibtisch in seiner Wohnung in Moskau sitzt, fragt er sich oft, wo sie jetzt wohl sein mag. Im Safe eines reichen Privatsammlers? Im Magazin eines Museums, dessen Kustoden eine Ausstellung des baktrischen Goldes gar nicht erst in Erwägung ziehen, weil sie wissen, daß dann ein internationaler Skandal droht? Kollegen munkeln, das Metropolitan Museum in New York hätte Mitte der neunziger Jahre von afghanischen Kunsthändlern einige Stücke aus der Kollektion für astronomische Summen erworben. Ende 1999 meldete sich bei einem Mitarbeiter Sarianidis sogar ein ehemaliger hoher Beamter aus der Regierung von Afghanenpräsident Rabbani, der seit der Taliban-Offensive im Herbst des Jahres zuvor im Exil ist. Viele haben in Tadschikistan Zuflucht gefunden, einige in Moskau, andere in den Golfstaaten. Der geheimnisvolle Anrufer meldete sich aus dem Emirat Qatar. Und fuhr schweres Geschütz gegen einen ehemaligen Kollegen auf: Ahmad Schahmasud, Verteidigungsminister im

Kabinett Rabbanis und jetzt Führer der Anti-Taliban-Koalition, die momentan nur die Provinz Tahar im Nordosten des Landes kontrolliert, habe das Gold. Teile davon seien in Paris deponiert.

Als Sarianidi davon erfährt, verbringt er eine schlaflose Nacht. Am nächsten Morgen wählt er mit zitternden Fingern die Nummer, die der Unbekannte hinterlassen hat. Eine Tonbandstimme antwortet: »Kein Anschluß unter dieser Nummer.« Auch die E-Mail, die sein Assistent dann losjagt, kommt als unzustellbar zurück. Entnervt gibt Sarianidi auf. Nie, davon ist er fest überzeugt, wird er die baktrische Göttin wiedersehen.

Er ahnt nicht, daß sein Liebling gerade ein zweites Mal das Licht der Welt erblickt. Seine eigene, in Turkmenien eher beiläufig hingeworfene Bemerkung über die Abdrücke, die seine Mitarbeiter damals in Afghanistan von etwa 200 der wichtigsten Fundstücke machten, hatte er längst vergessen. Wir nicht.

Wieder zurück in Moskau, fahnden wir nach den Abdrücken, die Sarianidi 1992, als es in Afghanistan drunter und drüber ging, einem Mann übergab, den er damals zufällig kennenlernte: Sergej Tichomirow, zu Sowjetzeiten einer der gefragtesten Restauratoren. Der »Mann mit den goldenen Händen«, wie Kollegen ihn halb bewundernd, halb neidisch nennen, kann unserem Ansinnen zunächst rein gar nichts abgewinnen: Die Formen aus Vinyl, einem plastischen Material, aus dem früher Schallplatten gepreßt wurden, sind inzwischen ausgetrocknet und zerbrochen. Doch dann siegt der Ehrgeiz.

Fotos der Pretiosen sind die einzige Orientierungshilfe bei dem Puzzle, das nun beginnt. Fast drei Jahre lang ordnet Tichomirow die Teile immer wieder neu an, ergänzt Fehlendes und fügt die Bruchstücke schließlich mit Spezialkleber aus einem zahntechnischen Labor wieder zusammen. Doch alle Mühe scheint vergeblich. Die Museen im postkommunistischen Rußland zeigen kein Interesse. Der Grund: leere Kassen. Rußland, das ein Drittel seines Bruttosozialprodukts für Rüstung verpulvert, läßt Wissenschaftler, Künstler und Museen am ausgestreckten

Arm verhungern. Sarianidi und Tichomirow können aus eigener Tasche nicht einmal das Geld für Abgüsse aus Kupfer zusammenkratzen. Eine Vergoldung gar, Voraussetzung für die Ausstellung der rekonstruierten Stücke, liegt völlig außerhalb ihrer Vorstellungskraft.

Auch dann noch, als das ZDF genau das vorschlägt. Beim ersten Telefonat tippt Tichomirow auf »Hochstapler oder Verrückte«. Und unsere persönliche Begegnung findet unter halb konspirativen Umständen statt. Wie in Sarianidis Agentengeschichten. Der Restaurator, der lange arbeitslos war, bangt um seinen Job in einem Rüstungsbetrieb. Ein Arbeitsplatz, an dem Kontakte zu Ausländern an sich tabu und zu Fernsehleuten aus einem NATO-Land gleichbedeutend mit Landesverrat sind.

Als wir ihn endlich überredet haben, droht das Unternehmen an der Bürokratie zu scheitern. Unser Mann hat keine Lizenz mehr für Arbeiten mit echtem Gold. Für uns hätte es notfalls auch Blattgold getan, doch Tichomirow wächst plötzlich über sich selbst hinaus. Die Formen können nur ein einziges Mal verwendet werden. Und sein eigenes Werk womöglich selbst mit Katzengold zu verhunzen ist offenbar entschieden zuviel für Tichomirows geschundene Restauratorenseele.

Und dann ist es soweit. Bis fast zum Rand hat Tichomirow die Galvanisierwanne mit einer türkisblauen Flüssigkeit gefüllt: Kupfersulfat, fein zerstoßen und in Wasser aufgelöst. Zwei Messingstäbe ragen tief in die Wanne hinein. Am linken, der Anode, hängt phosphathaltiges Kupfer, am rechten, der Kathode, die geflügelte Göttin. Noch als häßliche, mehrfach gekittete Negativform. In achtzehn Stunden wird sie wiederauferstehen. Dank der Elektrolyse, einem Verfahren, das auf Ionenwanderung beruht.

Sobald die Wanne unter Strom steht, wirkt die Anode als Pluspol. Die negativ geladenen Phosphatteilchen bleiben daran haften. Die positiv geladenen Kupfer-Ionen dagegen diffundieren durch die Kupfersulfatlösung, die als Leiter fungiert, zum Minuspol – der Kathode mit dem Abdruck der Göttin. Die Formmasse selbst hat keine eigene elektrische Ladung. Daher hat Tichomirow zuvor mit einem Haarpinsel eine leitfähige Schicht auf ihre Oberfläche aufgetragen. Sie besteht aus Bronzestaub, dem Klebstoffpartikel beigemischt wurden, um die Haftfähigkeit zu vergrößern. Eine Sisyphosarbeit. Hauchdünn muß die Bronzepaste aufgetragen werden. Andernfalls kaschiert sie die Feinheiten der Form, und heraus kommt ein plumper, grober Abguß.

Tichomirow weiß um die Tücken. Sein Herz klopft bis zum Hals, als am nächsten Tag die Stunde der Wahrheit schlägt. Behutsam nimmt er die Form aus der Wanne. Gut einen halben Millimeter dick ist die Kupferhaut, die dem Vinyl über Nacht gewachsen ist. Klirrend fallen Scherben auf den Arbeitstisch, als Tichomirow die Form mit einem Hämmerchen abschlägt. Fort mit Schaden! Das spröde Material hat seine Schuldigkeit getan.

Die kupferne Schöne sieht Anahita-Aphrodite schon bedeutend ähnlicher. Bis zu ihrem alten Glanz ist es aber noch ein gutes Stück Arbeit. Kupfer ist zwar ein Halbedelmetall, aber ein sehr aggressives. Ohne Pufferschicht würde das rotgoldene Metall oxydieren und der häßliche Grünspan bald schon die Vergoldung auffressen. Daher muß die Göttin ein zweites Mal baden gehen. Diesmal transportiert die türkisblaue Flüssigkeit Messingpartikel. Die Pufferschicht ist nur Bruchteile von Millimetern dünn, weswegen die Prozedur bloß fünfzehn Minuten dauert. Vorsichtig faßt Tichomirow die kleine Figur mit der Pinzette an den Rändern und legt sie ins Regal. Dort muß sie eine Nacht lang aushärten, bevor ihr eine dritte Haut wachsen kann. Diesmal aus Gold.

Ein Material, das Galvonotechniker gleichermaßen hassen und lieben. Gold ist supraleitfähig, zeigt aber wenig Neigung, mit unedleren Metallen eine dauerhafte Verbindung einzugehen. Daher riecht es plötzlich nach Wodka, obwohl alle stocknüchtern sind. Tichomirow hat der Elektrolytflüssigkeit etwas Äthanol beigemischt.

Als Aphrodite zum dritten Mal dem Bad entsteigt, ist sie schöner als ihr Urbild. Die Göttin, die Sarianidi in Tillya-tepe ausgrub, hatte bei ihrem fast zweitausendjährigen Dornröschenschlaf allerhand Kratzer abbekommen, und das einst gleißende Metall war stumpf und blind geworden.

Fast 70 Prozent jener 200 Abdrücke, die Sarianidi damals aus Afghanistan mitbrachte, hat der Mann mit den goldenen Händen inzwischen wiederauferstehen lassen.

Sarianidi weiß noch nichts von den fertigen Kopien. Noch unter dem Zeltdach im *çöl* hatten wir vorsichtig sondiert, wie er wohl reagieren würde, wenn er zum Geburtstag von uns eine Kopie seines Lieblings geschenkt bekäme. »Eine Kopie Anahitas auf meinem Schreibtisch? Das wäre eine unehrenhafte Kapitulation. Das würde bedeuten, daß ich jede Hoffnung aufgegeben habe, das Original je wiederzusehen.«

Ganz hat der Professor die Hoffnung also doch nicht aufgegeben... Vielleicht, meint er, würde der Film dafür sorgen, daß sich die Welt aufrafft, nach dem verschwundenen Gold Baktriens zu fahnden. Er selbst hat für den Verbleib des Schatzes eine optimistische und eine pessimistische Version: Bestenfalls sei das Gold an Privatsammler und Museen in aller Welt verscherbelt worden: »Weil ich aber aus Erfahrung klug geworden bin, rechne ich stets mit dem Schlimmsten«, sagt er dann. »Ich glaube, die Taliban haben das Gold einfach eingeschmolzen, um Waffen und Munition zu beschaffen.«

Ihr gestörtes Verhältnis zu vorislamischer Kunst offenbarten sie schon 1998, als ein buddhistischer Tempel im Kabul-Tal bei ihrem Übungsschießen als Zielscheibe herhalten mußte. Boris Litwinski, Sarianidis alter Freund und Mentor, hatte ihn lange vor den Ausgrabungen in Tillya-tepe gewarnt: Unglücklich ist der Archäologe, der Gold findet. Zu Recht, wie Sarianidi inzwischen meint: »Gold ist ein Fluch. Vor allem im Osten, wo es unter der weißen Sonne der Wüste besonders hell glänzt.«

Bernd Liebner

FREMDE TEUFEL AUF DER SEIDENSTRASSE

Ein epochaler Fund

Der nördliche und südliche Rand der Takla Makan, der »Wüste ohne Wiederkehr«, im Nordwesten Chinas, war für Karawanen, die von der alten chinesischen Hauptstadt Chang'an, dem heutigen Xi'an, zum Mittelmeer unterwegs waren, schon immer der gefährlichste Teil der alten Seidenstraße. Über tausend Jahre lang konnten sie die schreckliche Todeswüste nur bezwingen, weil es dort Stützpunkte gab, an denen sie sich mit Proviant und Wasser für Mensch und Tier versorgen konnten. Im Laufe der Jahrhunderte entwickelten sich einige dieser Oasen zu Marktflecken und zu reichen Handelsstädten, manche gar zu unabhängigen Königreichen. Diese kleinen Reiche entlang der Seidenstraße standen immer wieder im Mittelpunkt politischer Auseinandersetzungen, weil sie die Sicherheit des Handelsweges garantierten. Hunnen, Türken, Tibeter und Uiguren stritten sich mit den Chinesen um die Vorherrschaft in diesen lebenswichtigen »Außenposten«. Manche dieser Städte verschwanden plötzlich von der Landkarte, wurden in keiner Chronik mehr erwähnt. Die Karawanen mußten sich dann einen anderen Weg suchen. Bis heute konnte nicht endgültig geklärt werden, warum zum Beispiel Loulan, eine der berühmtesten Städte inmitten der Lop-Wüste, untergegangen ist und damit eine zentrale Route durch die Wüste aufgegeben wurde.

Der Überlieferung zufolge sollen viele Städte dem Kara Buran, einem verheerenden Sandsturm der Takla Makan, zum Opfer gefallen sein. Ungeahnte Kulturschätze und Reichtümer, heißt es, sollen dabei unter den gewaltigen Sandmassen begraben worden sein. In den Oasen am Rande der Wüste erzählt man sich bis heute die abenteuerlichsten Geschichten über Städte, die im Sandmeer versunken seien. Tausendundeine Stadt soll der Wüstensand bedeckt haben. Man behauptet, unter den Dünen lägen unvorstellbare Mengen von Gold und Silber, die sich jeder holen könne, der mutig genug sei, den Gefahren und den Geistern der Wüste ins Auge zu blicken. In den Ruinen der im Sand versunkenen Stadt Kharkhoto, an der Grenze zur Mongolei, vermutet man noch heute Schätze unter dem Wüstensand.

Der schwedische Abenteurer und Forscher Sven Hedin gibt in seinem Buch »Durch Asiens Wüsten« viele solcher Geschichten wieder. In einer dieser alten Legenden wird auch von einem angeblich mitten in der Wüste liegendem Ort »Takla Makan« berichtet: In seinen Türmen, Mauern und Häusern seien Gold und Silber in riesigen Barren aufgestapelt. Aber niemand könne sie fortschaffen, weil die Geister der Wüste jeden festhalten, der sie mitnehmen wolle. In den Ruinen einer anderen verlassenen Stadt soll ein Mann angeblich jede Menge Silber gefunden haben. Eine Schar Wildkatzen habe ihn jedoch in Angst und Schrecken versetzt, als er versucht haben soll, die Schätze wegzuschleppen.

Als im Jahre 1889 einheimische Schatzsucher in der Nähe von Kuqa in einen geheimnisvollen kuppelförmigen Stupa am Rande der Wüste eindrangen, in der Hoffnung, dort die immer wieder beschworenen Gold- und Silberbarren zu finden, sahen sie sich plötzlich mumifizierten Leichen von Tieren gegenüber, die vor ihren Augen zu Staub zerfielen, als sie sie berührten. In der Mitte des Raumes stießen sie auf nichts als einen Haufen beschriebener Birkenrindenblätter. An den Wänden entdeckten sie Inschriften in einer geheimnisvollen alten Schrift. Die Männer waren zwar enttäuscht, den erhofften Schatz nicht gefunden

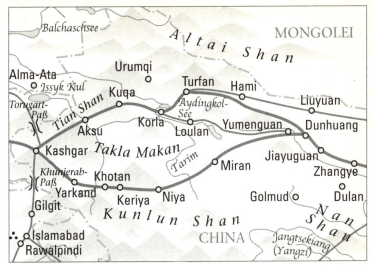

Routen der Seidenstraße um die Takla Makan

zu haben, nahmen aber einige der Manuskripte mit und brachten sie dem muslimischen Richter ihres Heimatortes. Zwei Tage später wurden die Texte von diesem Hadschi Ghulam Qadir untersucht, der sie zwar nicht entziffern konnte, den Schatzsuchern aber trotzdem einen Teil davon abkaufte. Obgleich heute niemand mehr den Namen der Entdecker dieser Texte kennt, ist diese phantastisch klingende Geschichte keine der vielen Legenden. Die Manuskripte existieren wirklich. Sie wurden später nach dem Mann, der sie bei einem muslimischen Richter in Kuqa gekauft und nach Kalkutta gebracht hat, »Bower-Handschriften« genannt.

Dem Engländer Rudolf Hoernle vom Institut der Asiatic Society of Bengal gelang es sogar, die in einer zentralasiatischen Variante der Brahmi-Schrift verfaßten Sanskrit-Texte zu entziffern: Sie stellen unter anderem frühe medizinische Erkenntnisse dar und erläutern, wie man durch »Tempelschlaf« auf Gräbern und durch direkte Beschwörung Verstorbener zu Wissen über das Jenseits und zu Voraussagen über die Zukunft gelangen kann. Ihre Verfasser waren wahrscheinlich buddhistische Mönche aus Indien. Man hat die Texte ungefähr auf das 5. Jahrhundert datiert. Damit sind diese Manuskripte die ältesten erhaltenen schriftlichen Zeugnisse des Buddhismus, älter als alles, was in Indien bis dahin zum Vorschein gekommen war. Daß sie nicht zerfallen sind, haben sie nur der extremen Trockenheit des Wüstenklimas der Takla Makan zu verdanken, das jenem Ägyptens vergleichbar ist.

Die Entschlüsselung von Botschaften aus der Welt des frühen Buddhismus Zentralasiens öffnete den Wissenschaftlern ein erstes Fenster in jene vergangene Zeit, in der ein Nebeneinander von unterschiedlichsten Religionen und Kulturen an der alten Seidenstraße existierte. In Europa stieß die Veröffentlichung der Übersetzungen auf ein reges Interesse, ja auf Begeisterung. Die Folge war, daß sich die Aufmerksamkeit der wissenschaftlichen Welt Zentralasien zuwandte, das nun zum Ziel zahlreicher archäologischer Expeditionen wurde. Im Laufe der Jahre wurden in der Wüste Tausende von Handschriften und Drucken entdeckt. Sie sind in den unterschiedlichsten, teilweise zunächst unbekannten Schriften abgefaßt und erlauben uns heute Einblick in eine der reichhaltigsten und vielfältigsten Kulturen, die die Menschheit je hervorgebracht hat.

Nach den ersten Berichten von Forschern und Abenteurern über die im Sand begrabenen Ruinen wuchs die Hoffnung auf spektakuläre Funde. Ein »run« auf diese »Schatzkammer Innerasiens« setzte ein, und so gelangten tonnenweise Skulpturen, Fresken und Handschriften in die Museen Rußlands, Schwedens, Englands, Indiens, Deutschlands, Frankreichs, Japans, Amerikas und anderer Länder.

Für diesen Zweig archäologischer Entdeckungen fehlt in der einschlägigen Literatur jedoch meist eine angemessene Darstellung, obwohl die ausgegrabenen Schätze den Funden in Ägypten und Babylonien kaum nachstehen. Liegt es vielleicht daran, daß die meisten dieser Funde von Einheimischen gemacht wurden, denen »ausländische Teufel« ihre Beute mit oft fragwürdigen Mitteln abjagten? Die Frage, ob es sich dabei wirklich um Forschungen handelte oder um Raubzüge, ist in Europa bisher selten gestellt worden.

Unterschiedliche Faktoren waren für das plötzliche Interesse der Europäer an Zentralasien zu Anfang des 20. Jahrhunderts ausschlaggebend: die militärische Präsenz der Westmächte in China, die den Forschern einen gewissen Schutz gewährten und ihnen finanzielle Mittel zur Verfügung stellten, um die letzten »weißen Flecken auf der Weltkarte« zu tilgen; die Schwäche des chinesischen Kaiserreichs, das fern von Peking kaum mehr über Macht verfügte und die Forscher daher nicht kontrollieren konnte; sowie die Wiederentdeckung erster Spuren der alten Seidenstraße und ihrer einmaligen kulturellen Vielfalt.

Last der Vergangenheit

Kaum in Peking gelandet, sitzen wir auch schon im nächsten Flieger nach Lanzhou, der Hauptstadt der chinesischen Provinz Gansu. Dort wartet auf dem Rollfeld ein Jeep der örtlichen »Waibans«, der Ausländerbetreuung. Noch bevor wir innerlich richtig in China angekommen sind, befinden wir uns wieder einmal auf der Seidenstraße, die zwar noch immer an gefährliche Wüsten und Kamelkarawanen, an gigantische Gebirgspässe, an pittoreske Oasen und reiche Handelsstädte denken läßt, doch diesmal zu einer nervenaufreibenden Route durch die Finsternis wird. Eile ist geboten. Wir müssen eine Drehgenehmigung für die buddhistischen Grotten in Dunhuang einholen, doch die Leiterin des zuständigen Instituts, Frau Professor Fan Jingshi, will für zwei Monate verreisen und ist für uns nur noch am Samstag zu sprechen. Die »Mogao Ku« aber, die »Höhlen der tausend Buddhas«, am Rande der Wüste Takla Makan sind einer der wichtigsten Schauplätze in unserem Film. Wir müssen Frau Professor Fan also auf jeden Fall rechtzeitig erreichen, soll unsere »Jagd nach einem verlorenen Schatz« nicht ein vorzeitiges Ende finden.

Einer ersten schlaflosen Nacht im Flugzeug folgt die nächste im Auto, und zwar auf einer Strecke, die nur bei Abenteuerurlaubern beliebt ist. Über zehn Stunden sind wir in völliger Dunkelheit unterwegs. Wegmarkierungen gibt es nicht. Immer wieder tauchen wie gespenstische Schatten aus dem Nichts unbeleuchtete Fahrzeuge, Gespanne oder auch Radfahrer auf, und dem Chauffeur gelingt es nur mit knapper Not, ihnen in letzter Sekunde auszuweichen. Ein Segen, daß ich nicht selbst am Steuer sitzen muß! Das einzige, was wir von der Strecke sonst noch bewußt wahrnehmen, ist, daß die Bauarbeiten, die auf unserer letzten Fahrt vor einem Jahr einen Jahrhundertstau auf der Seidenstraße verursacht haben, noch immer nicht beendet sind. Als wir gegen zwei Uhr nachts endlich in Zhangye ankommen, werden wir trotz der späten Stunde noch von örtlichen Behördenvertretern erwartet, die sogar ein Nachtmahl für uns vorbereitet haben.

Am nächsten Morgen geht es in aller Frühe weiter. Wir sind inzwischen so müde, daß wir uns kaum mehr aufrecht halten können. Was uns am Schlafen hindert, ist eine Nervosität, die zumindest bei mir in Panik auszuarten droht. Unsere Begleiter haben unsere Verhandlungspartnerin als äußerst launisch und unberechenbar geschildert. Vor gar nicht langer Zeit soll sie sogar dem größten staatlichen Sender Chinas eine Drehgenehmigung für die Grotten verweigert haben. Was, wenn auch uns ein solches Verdikt ereilt?

Um so angenehmer überrascht bin ich, als wir schließlich einer sehr freundlichen und zierlichen Dame gegenüberstehen, die keineswegs wie eine unberechenbare launische Gralshüterin wirkt. Im Gespräch gibt sich die Mittfünfzigerin eher vorsichtig und zurückhaltend, kommt aber sofort zur Sache. Warum wir von etwas erzählen wollen, möchte Frau Fan wissen, bei dem wir Europäer nicht gut wegkämen. Ich sage ihr, daß es eine spannende Geschichte sei, die in Europa kaum einer kenne und in den Darstellungen der großen archäologischen Entdeckungen unseres Jahrhunderts meist ausgespart werde.

Frau Professor Fan hält unser Vorhaben für unterstützenswert. Mein Drehbuch hat sie von drei anderen Professoren prüfen lassen, die offenbar keine sachlichen Einwände hatten. Nur ein politisches Problem gebe es: Wir sollten bitteschön nicht von »uigurischen Schatzräubern« sprechen. Ich hätte das ohnehin nicht getan, weil man sich im Westen Chinas besonders bemüht, das Verhältnis zu der nationalen Minderheit, die hier noch eine Mehrheit ist, nicht zu belasten. Man tut alles, um das Turkvolk der Uiguren nicht zu diskriminieren. Wir einigen uns deshalb auf die Formulierung »einheimische Schatzsucher«.

Außerdem fragt mich Frau Professor Fan, woher ich die Angaben über die Anzahl der geraubten Manuskripte hätte. Das wundert wiederum mich, da sie aus einer neueren chinesischen Veröffentlichung stammen. Frau Fan erklärt mir, daß dies eine der großen offenen Fragen sei, die ihr Forschungsinstitut immer noch nicht habe klären können, weil die Europäer am Anfang des 20. Jahrhunderts vor Ort ein großes Chaos hinterlassen hätten und die Manuskripte heute über die ganze Welt verteilt wären. Auf einem internationalen Wissenschaftlertreffen zum hundertsten Jahrestag der Entdeckung der Dunhuang-Bibliothek solle weiter darüber diskutiert werden. Unserem Antrag auf eine Drehgenehmigung werde sie zustimmen, versichert Frau Professor Fan, wir müßten uns nur noch über die Bedingungen unterhalten. Zunächst solle man uns aber die wichtigsten Grotten zeigen. Meine Einladung zu einem gemeinsamen Mittagessen, bei dem wir weiter reden könnten, lehnt sie freundlich, aber entschieden ab.

Nach dem ermutigenden Gespräch vom Vormittag und der Besichtigung einiger Grotten folgt die große Überraschung am späten Nachmittag. Der Preis für die Drehgenehmigung, der von der nationalen Verwaltung der chinesischen Kulturgüter auf einen festen Satz pro Quadratmeter festgesetzt wurde, liegt so weit über dem, was ein deutscher Fernsehsender dafür zu zahlen bereit ist, daß eine Realisierung unseres Projektes unmöglich erscheint. Frau Professor Fan verweist jedoch entschuldigend darauf, daß die Japaner diesen Betrag schon mehrmals akzeptiert hätten. Wir überlegen gemeinsam hin und her, sehen aber keine Möglichkeit, das Problem zu lösen. Ich kann mich bei den Dreharbeiten nicht von vornherein auf eine feste Mindestfläche beschränken, denn in den großen Grotten hat man bei jeder Totalen gleich Hunderte von Quadratmetern im Bild. Und die Chinesen wollen von ihren Preisen nicht abgehen. In großer Ratlosigkeit verabschieden wir uns voneinander, verabreden aber ein weiteres Gespräch für den nächsten Tag. Beide Seiten sollten unterdessen weitere Informationen einholen.

Unser Redakteur in Deutschland bekräftigt, daß der Sender nur einen Bruchteil der geforderten Summe ausgeben kann. Also müssen wir bei unserem nächsten Gespräch nach einem völlig anderen Ansatz suchen, denn auf der Ebene der Finanzen gibt es keinen Verhandlungsspielraum.

Ist es ein Zeichen für ernsthaftes Interesse, daß unsere nächste Unterredung sogar an einem Sonntag stattfindet? Unsere chinesischen Begleiter deuten es so. Auf jeden Fall muß an diesem Tag eine Entscheidung fallen, denn am Montag tritt Frau Fan ihre Dienstreise an; daran ist nicht zu rütteln.

Unser nächstes Gespräch beginnt entsprechend vorsichtig. Wir unterhalten uns über den daoistischen Mönch Wang Yuanlu, den Entdecker der Bibliothek von Dunhuang, der bei diesen Grotten mit den »fremden Teufeln« lange und hart verhandelt hat, bevor er die chinesischen Schätze »für ein Butterbrot« weggegeben hat. Der fromme Mann wollte damals die Wandgemälde der Grotten restaurieren lassen und brauchte dafür dringend Geld. Frau Fan stellt ihn als tragisches Opfer der Geschichte dar: In einer schwierigen politischen Situation, als ein schwaches China von den Westmächten geknebelt wurde, habe er sich ohne die Hilfe seiner Regierung der Fremden nicht erwehren können; sie seien ihm intellektuell haushoch überlegen gewesen, und so sei er ein Opfer ihrer Betrügereien geworden.

Als wir nach langwierigen Diskussionen als einzige mögliche Lösung unseres Problems eine Koproduktion vorschlagen, habe ich den Eindruck, daß Frau Fan in mir einen zweiten Aurel Stein sieht. Immer wieder spüre ich bei ihr ein tiefes Mißtrauen gegen uns Europäer. Später, als jedes Detail in einem Vertrag ausgehandelt wird, zeigt sich dieser Argwohn noch stärker. Auch während der Dreharbeiten soll ständig ein Aufpasser neben uns stehen und genau kontrollieren, daß wir nur das mit unseren Kameras aufnehmen, was vertraglich zugestanden wurde.

Ich habe zunächst große Schwierigkeiten, dieses Mißtrauen zu verstehen, denn als Koproduktionspartner müßten doch beide Seiten an einem bestmöglichen Resultat interessiert sein. Außerdem ist der Film wirklich eine große Werbung für die Region und wird viele Europäer neugierig machen. Den Grund für ihr abweisendes Verhalten deutet Frau Professor Fan später in einem Interview an. Als Hüterin der Dunhuang-Grotten fühlt sie sich durch den »Raub« eines der größten Schätze des Buddhismus noch heute, fast hundert Jahre danach, zutiefst in ihren Gefühlen verletzt.

Was sich damals ereignete, können Chinesen nun einmal nicht vergessen. Und vielleicht ist es unsere Tragödie, daß wir unsere eigene Geschichte zuwenig kennen und uns über ihre »Außenwirkung« keine weiteren Gedanken machen. Was unser Verhältnis zum Reich der Mitte betrifft, ist das mit Sicherheit ein Fehler.

Staatlicher Rauschgifthandel mit schlimmen Folgen

Seit 1825 exportierten die Engländer verstärkt Opium nach China, da hier die Verdienstmöglichkeiten deutlich höher lagen als bei den bisher ausgeführten Waren wie Wolle, Industrieprodukten und Luxusartikeln. Der rasche Anstieg des Opiumkonsums führte dazu, daß nun sehr viel Silber aus China ins Ausland abfloß und die Handelsbilanz immer negativer wurde. Die kaiserliche Regierung versuchte deshalb, den Opiumhandel zu unterbinden. Der Kommissar Lin Zexu wurde nach Kanton geschickt und untersagte dort im Jahre 1839 den Opiumhandel. Als Zeichen für die Ernsthaftigkeit seines Verbotes ließ er das in englischem Besitz befindliche Opium verbrennen. England nutzte diese »Provokation« zu militärischem Eingreifen.

China besaß keine Flotte, und die europäischen Waffen waren den chinesischen weit überlegen. So mußten die Chinesen 1842 kapitulieren, Hongkong an England abtreten, eine Kriegsentschädigung zahlen, weitere Häfen für den europäischen Handel öffnen und das Steuermonopol abschaffen.

1857 ergab sich für England erneut eine Gelegenheit, China mit Waffengewalt zu weiteren Zugeständnissen im Interesse des britischen Außenhandels zu zwingen. Diesmal griff auch Frankreich in den Konflikt ein, um sich ebenfalls ein Stück der Beute zu sichern. Als chinesische Beamte 1856 ein chinesisches Schmugglerschiff enterten, das unter englischer Flagge segelte, bot ihnen das einen Vorwand für eine neuerliche Militäraktion, die sich zum zweiten Opiumkrieg ausweitete. Als chinesische Truppen immer wieder versuchten, den Einfluß der Ausländer auf chinesisches Gebiet zu begrenzen, zerstörte eine alliierte Streitmacht 1860 den kaiserlichen Sommerpalast in Peking.

Neben den küstennahen Regionen Chinas, die wegen der Seehandelswege für die ausländischen Mächte besonders wichtig waren, gerieten auch weite Teile des Landesinneren in den Blickpunkt ihres Interesses. Im äußersten Westen Chinas und in Zentralasien waren es besonders England und Rußland, die in ständiger Konkurrenz um die Ausweitung ihrer Einflußsphären rangen. Bereits Mitte des 19. Jahrhunderts brachen daher immer wieder Geologen, Landvermesser und als Archäologen getarnte Armeeoffiziere in die noch unerforschten Weiten Zentralasiens auf, um einerseits das Gebiet kartographisch zu erfassen und die Bedingungen für ein weiteres Vordringen zu erkunden beziehungsweise andererseits den jeweiligen politischen Gegner auszuspionieren. Ausgangspunkt dieser Aktivitäten war in der Regel die Stadt Kashgar am Rande der Takla Makan. Hier hatten sowohl die Russen einen Gesandten stationiert, einen Mann namens Petrowski, als auch die Engländer, die durch ihren Generalkonsul Macartney vertreten waren. Über diese Gesandtschaften organisierten die beiden Großmächte ein Netz aus Spionen und Zuträgern und konkurrierten um Einfluß und Ansehen in der Region. Eifersüchtig kämpften Petrowski und Macartney um die Führungsrolle und suchten sich diese gegenseitig immer wieder streitig zu machen. Wer in ihrem Einflußbereich archäologische oder andere Forschungsarbeiten durchführen wollte, versäumte es daher nie, stets beiden Vertretern seine Aufwartung zu machen.

Von inneren Auseinandersetzungen geschwächt, wurde China damals zu einem Selbstbedienungsladen der europäischen Mächte. Da wollte auch das kaiserliche Deutschland nicht länger auf seinen Platz an der chinesischen Sonne und auf seine Rolle als Großmacht verzichten und eroberte 1898 seine erste Kolonie im Reich der Mitte. Schnell wurde es, nach England, zum zweitwichtigsten Handelspartner und die Firma Krupp zum bedeutendsten Waffenlieferanten Chinas.

Die überhebliche und rücksichtslose Art, mit der westliche Kaufleute und Missionare die Chinesen als Menschen zweiter Klasse behandelten, führte bald zu einer Zunahme der Fremdenfeindlichkeit. Aufschlußreich sind in diesem Zusammenhang alte Fotos aus Shanghai, auf denen man vor den Luxusbauten der

Europäer Schilder sieht wie: »Betreten für Hunde und Chinesen verboten!« Seinen Ausdruck fand der chinesische Volkszorn in der Bezeichnung »fremde Teufel« für alle Ausländer, die sich bald in ganz China verbreitete. Noch heute kann man in abgelegenen Gegenden hören, daß Kinder oder alte Leute dem Besucher »waiguo guizi«, »fremder Teufel«, nachrufen.

Damals formierte sich in Nordchina eine militante Bewegung, die man in Deutschland nach ihrem Slogan »Fäuste für Gerechtigkeit und Eintracht« schlicht »Boxer« nannte. Als diese 1900 damit begannen, ausländisches Eigentum zu zerstören und chinesische Christen zu töten, genügte ein unbedeutendes Geplänkel im Viertel der ausländischen Gesandtschaften in Peking, das von westlichen Journalisten zu einer »Belagerung« hochstilisiert wurde, um eine internationale Streitmacht als Strafexpedition gegen den »Boxeraufstand« auf den Plan zu rufen. Unter dem Motto »Germans to the Front« sollten deutsche Soldaten unter der Führung von Graf Waldersee als Teil eines internationalen Expeditionskorps die »eingekesselten« Diplomaten befreien und Rache nehmen für die Ermordung eines deutschen Gesandten. Doch der Graf kam zu spät. Alliierte Kolonialtruppen hatten in Peking den Kaiserpalast bereits geplündert. Noch heute stößt man in Europa bei Auktionen von Nachlässen auf wertvolle »Asiatica«, bei denen man sich wundert, wie sie in europäische Hände fallen konnten und zu welchen Spottpreisen sie verkauft werden.

»Wie auch immer die Geschehnisse von seiten der Chinesen gedeutet werden mögen, sie haben dazu beigetragen, in China abendländische Art und Bedeutung verständlicher zu machen«, heißt es in dem Versuch eines kaisertreuen deutschen Autors vom Anfang des 20. Jahrhunderts, die Intentionen deutscher Außenpolitik nachträglich zu verklären. Nüchterner sieht es Generaloberst von Moltke, der damals schrieb: »... wenn wir ganz ehrlich sein wollen, so ist es Geldgier, die uns bewogen hat, den großen chinesischen Kuchen anzuschneiden. Wir wollten

Geld verdienen, Eisenbahnen bauen, Bergwerke in Betrieb setzen, europäische Kultur bringen, das heißt in einem Wort ausgedrückt: Geld verdienen.«

Nachdem ihnen die Soldaten den Weg geebnet hatten und die Wirtschaft ein Vorbild geliefert hatte, marschierten auch europäische Abenteurer, Schatzsucher und Archäologen nach China ein. Worin der Unterschied zwischen den Soldaten, die 1860 den Sommerpalast in Peking plünderten, und den »Wissenschaftlern«, die tonnenweise wichtige Kulturgüter nach Europa verschleppten, bestand, wird noch zu klären sein. Viele Chinesen behaupten jedenfalls, es gebe keinen.

Die Schatzsucher unter den »fremden Teufeln« interessierten sich besonders für den Westen des Landes, für das Gebiet der alten Seidenstraße, fernab der Kontrolle durch die chinesische Regierung, wo auch immer wieder Aufstände gegen das Kaiserreich stattfanden. Vorreiter waren Russen, Engländer und der Schwede Sven Hedin. Erst dann kamen die Deutschen. Sie konzentrierten sich auf das Gebiet um Turfan. Finanziert wurden sie von Kaiser Wilhelm II. und dem Waffenproduzenten Friedrich Krupp.

Der Schwede Sven Hedin

Die meisten Schatzsucher waren keine ausgebildeten Archäologen, sondern eher abenteuerlustige Forscher und Entdecker, deren Reisen von Organisationen wie der »Royal Geographic Society« finanziert wurden. Sie waren, abgesehen von ihren persönlichen Motiven, immer auch bezahlte Helfer der jeweiligen Großmacht und ihrer kolonialen Ziele, zumal ihre wichtigste Aufgabe meist darin bestand, das Land, das sie auf der hastigen Suche nach Schätzen durchstreiften, sorgfältig zu vermessen. Selbst vom Schweden Sven Hedin sind neben unzähligen Abenteuergeschichten stapelweise Karten Zentralasiens überliefert.

Sven Hedin, ein Mann, der sein Leben lang das Abenteuer suchte, hatte nicht nur von den Geschichten über untergegangene Städte und verborgene Schätze gehört, er hatte auch die ersten englischen Übersetzungen der alten chinesischen Reiseberichte der buddhistischen Pilgermönche Faxian und Xuanzang gelesen. Beide hatten vor Jahrhunderten auf ihrem Weg nach Indien die Wüsten Chinas durchquert. In ihren Beschreibungen stimmen sie mit dem berühmtesten Reisenden des Westens, Marco Polo, in vielem überein: Alle erzählen von schrecklichen Stürmen, von Geisterstimmen und von Skeletten, die als grausige Wegweiser die Pfade durch die Wüste markieren. Daher erhielt sie den vielsagenden Namen »Takla Makan«, der meist mit »Wenn du hineingehst, kommst du nicht wieder heraus« übersetzt wird. Die Chinesen behaupten jedoch, das uigurische »Taklamakan« bedeute etwas ganz anderes, nämlich »alte Heimat«, und verweise auf eine uralte, verschwundene Kultur, die einst im Herzen der Wüste existiert haben soll.

Für Hedin stand fest: Auch an erfundenen Geschichten mußte etwas Wahres daran sein. Und das galt es herauszufinden. Außerdem lockte ihn das Abenteuer, als erster die Todeswüste zu bezwingen.

Sein Versuch endete in einem Debakel. Mit vier Männern und acht Kamelen zog Hedin im April 1895 los; mit nur einem Begleiter, dem er unter dramatischen Umständen das Leben gerettet hat, kehrte er zurück. Der Rest der Mannschaft, seine gesamte Ausrüstung und alle Kamele wurden Opfer seines Vorhabens. Dieses Abenteuer hat den Namen der »Wüste ohne Wiederkehr« auf tragische Weise bestätigt und gleichzeitig den Weltruhm des Autors begründet. In seinem erfolgreichen Reisebericht »Durch Asiens Wüsten« finden sich alle schlimmen Wüstenerfahrungen seiner berühmten Vorläufer und alle Geschichten, die man sich am Rande der Wüst erzählt, wieder.

Im September 1899 brach Sven Hedin zu seiner zweiten Expedition auf, um auf der Nordroute der Seidenstraße die Spuren von untergegangenen Königreichen in der Takla Makan zu verfolgen und das Rätsel des Lop-Nor zu lösen. Diese Reise bescherte ihm schließlich seinen größten archäologischen Triumph.

Für eine Wüstenexpedition wählte Hedin zunächst ein ungewöhnliches Fortbewegungsmittel: ein Schiff, mit dem er den Fluß Yarkand und dessen Fortsetzung, den Tarim, befuhr. Auf diese Weise konnte er bequem Vermessungsarbeiten durchführen und genaue Karten der Region erstellen. Als der Fluß zufror, zog er mit seinen Leuten zu Fuß weiter. Nach 21 Tagen entdeckten sie in der Einsamkeit der Wüste mehrere Reste von Holzhäusern. Es gab sie also wirklich, die Ruinen der alten Siedlungen, von denen die Legenden berichteten.

Sven Hedin konnte sich aber nur sehr kurz dort aufhalten, weil seine Wasservorräte knapp wurden. Als seine Karawane am nächsten Tag Rast machte, um nach Wasser zu graben, stellte man fest, daß Ördek, einer seiner uigurischen Begleiter, versehentlich den einzigen Spaten bei den alten Häusern liegengelassen hatte. Hedin schickte den Mann umgehend zurück, um dieses wichtige Utensil zu holen. Dabei verirrte sich Ördek während eines Sandsturms und entdeckte durch Zufall inmitten des Sandmeeres andere Ruinen, zwischen denen er prächtige geschnitzte Figuren fand. Als der Uigure mit einigen dieser Holzarbeiten zurückkehrte, war Hedin davon so begeistert, daß er mit seinen Leuten am liebsten zu den Ruinen aufgebrochen wäre. Doch dafür hätten seine Wasservorräte auf keinen Fall mehr gereicht. Der Umweg wäre kein Abenteuer mehr gewesen, sondern hätte den sicheren Tod bedeutet.

Erst im nächsten Winter kam er zurück, um Ausgrabungen vorzunehmen. Dabei hatte er das große Glück, daß einer seiner einheimischen Mitarbeiter ein Dokument fand, das den Namen des eben entdeckten Ortes nannte: Loulan!

Von dem, der dieses sagenumwobene Königreich wirklich entdeckt hatte, und vom Finder des Dokuments redete später niemand mehr. Alle feierten nur noch Sven Hedin.

Sven Hedin, der Wegbereiter, hatte sich als erster Europäer tief in die Takla Makan hineingewagt.

Das Rätsel des wandernden Sees

Im Winter 1901 fertigt Sven Hedin zunächst einen Plan der Fundstätte an. Dann läßt er seine Leute graben. Als Anreiz für diese »Knochenarbeit« stellt er jedem eine zusätzliche Belohnung in Aussicht, der »irgend etwas von Menschenhand Geschriebenes« findet. Schon bald kommt ein Stück Holz mit einer indischen Inschrift zum Vorschein, gefolgt von einer Reihe alter Papierblätter, auf denen chinesische Schriftzeichen zu erkennen sind. Diese Handschriften erweisen sich als sehr bedeutsam, denn durch sie läßt sich der Ort später eindeutig als »Loulan« identifizieren.

Einstmals war Loulan ein reiches und mächtiges Königreich, dessen Herrscher durch geschicktes Lavieren zwischen dem chinesischen Kaiserreich der Han-Dynastie (206 v. Chr. – 220 n. Chr.) und deren ärgsten Feinden im Westen, den Xiungnu, lange Zeit ihre Unabhängigkeit zu bewahren wußten. Doch schließlich wurde auch Loulan ein Opfer der Streitigkeiten der beiden verfeindeten Nachbarn. Eine Abordnung der chinesischen Armee machte sich mit kostbaren Geschenken auf den Weg nach Loulan und lockte den prunksüchtigen König damit in einen Hinterhalt, wo er ermordet wurde. Seinen abgeschlagenen Kopf schickte man an den chinesischen Kaiserhof und stellte ihn dort öffentlich zur Schau. Aus Loulan, der einstmals reichen Handelsstadt, aber wurde eine chinesische Garnison.

In den Chroniken der Epoche wird von der Gründung einer tausend Mann starken Militärkolonie berichtet. Siebzig Jahre später reißen die Nachrichten aus Loulan dann plötzlich ab. Nach 330 muß sich eine Katastrophe ungeahnten Ausmaßes ereignet haben, die eine Veränderung der Routenführung der Seidenstraße zur Folge hatte. War Loulan bis zu diesem Zeitpunkt der wichtigste Stützpunkt auf der mittleren Route, so blieb das Gebiet auf späteren chinesischen Karten ein weißer Fleck. Die Annalen schwiegen, und niemand konnte einen Grund für das Verlassen der bis dahin blühenden Oase an Fluß und See finden.

Erst die von Sven Hedins Männern entdeckten Texte lieferten neue, genauere Beschreibungen des Lebens von vor 1600 Jahren, als noch Häuser am Ufer des Sees Lop-Nor standen und die Stadt von blühenden Gärten und Wäldern umgeben war, in denen Tiger umherstreiften, während Fischer mit ihren Einbäumen auf den See hinausfuhren. Insgesamt fanden Hedins Männer 36 Handschriften. Sie künden von einem hochentwickeltem Gemeinwesen mit Schulen, Krankenstation, Post und Verwaltung. Die Zeugnisse umfassen alles, was im damaligen Leben eine Rolle spielte: von Hymnen an die Götter bis hin zu profanen Verzeichnissen über bestrafte Steuersünder oder Kindergekritzel zu der Frage, wieviel neun mal neun ergibt.

Seinen Abschied von dem versunkenen Königreich in der Wüste beschreibt Hedin betont stimmungsvoll: »Bei einem der Häuser, aus dem wir den Sand herausschafften, stand die Tür weit offen – gerade so, wie es die letzten Bewohner dieser alten Stadt vor mehr als 1500 Jahren verlassen haben müssen.«

Sieht man sich die Gegend von Loulan heute an, ist es nur schwer vorstellbar, daß dort einmal eine blühende Stadt existiert haben soll. Die erhaltenen Reste sind spärlich: Ein Erdhügel, das »Wahrzeichen Loulans«, könnte einmal eine große Pagode gewesen sein. Verfallene Mauerreste deuten auf vier ehemalige Häuser hin, zwei verwitterte Holzpfosten, die aus der Erde ragen und durch einen Balken verbunden sind, erinnern an die Tür, die Sven Hedin beschrieben hat. Sonst liegen nur Holzreste herum oder ragen aus dem Sand empor. Das Trümmerfeld macht eher den Eindruck, als hätte dort vor hundert Jahren ein Dorf gestanden. Es bleibt der Phantasie des Besuchers überlassen, sich vorzustellen, was alles unter dem Sand begraben liegt.

Da die Ruinen fernab von Routen und Pisten mitten in der Wüste liegen und von einem völlig unwegsamen Gelände umgeben sind, zu dem kein Fahrzeug gelangen kann, kommen nur sehr selten Menschen nach Loulan. Und sie können auch nur kurz dort bleiben, weil ihre Wasser- und Lebensmittelvorräte, die sie selbst dorthin schleppen müssen, nicht für einen längeren Aufenthalt reichen. Dadurch ist gewährleistet, daß der Mythos Loulan noch lange existieren wird.

Nur im Zusammenhang mit den alten Chroniken, den Textfunden und der Ausgrabung einiger Mumien, die man in letzter Zeit dort gefunden hat, läßt sich mutmaßen, daß der Ort einmal ein wichtiger kultureller Schauplatz gewesen sein muß. In den vielen chinesischen und japanischen Veröffentlichungen über Loulan steht deshalb meistens nicht die wechselvolle Geschichte der Stadt im Vordergrund, sondern die Frage: Warum mußte sie untergehen?

Immer wieder hat man darüber spekuliert. In China wurde es gar zu einem »Atlantis« der Wüste. Neuerdings wollen chinesische Experten Hinweise dafür gefunden haben, daß Loulan das Opfer früher Umweltsünden geworden sei. Sie behaupten, für einen noch rätselhaften Totenkult hätten die Bewohner für jedes Grab fast tausend Bäume gefällt und damit alle Wälder in ihrer Umgebung vernichtet – ihren einzigen Schutz gegen die Sandstürme.

Wahrscheinlich kam Sven Hedin der Realität viel näher, als er »das Rätsel des wandernden Sees« zu lösen versuchte. Ursprünglich war er nämlich nicht ins östliche Tarim-Becken gekommen, um eine verschwundene Stadt zu suchen. Ihm ging es vielmehr um den Nachweis der Richtigkeit seiner Theorie, daß der Tarim-Fluß und andere Gewässer des Gebiets im Laufe der Zeit ihr Bett und zum Teil ihre Richtung geändert hatten. Auf diese Weise, so die Erkenntnis Hedins, seien dem See Lop-Nor seine ursprünglichen Zuflüsse verlorengegangen, worauf er seine Position veränderte.

Die Entdeckung der Ruinen von Loulan lieferten ihm einen entscheidenden Hinweis: Sie lagen nicht mehr, wie in chinesischen Chroniken beschrieben, an einem See, sondern in einer Wüste. Allerdings ließen Muschel- und Schneckenschalen, Schilf- und Binsenstoppeln erkennen, daß die Stadt einst an einem See mit fruchtbaren, waldreichen Ufern gelegen haben muß.

Der Lop-Nor war, wie Sven Hedin vermutet hatte und nunmehr nachweisen konnte, ein wandernder See. Der Grund: Das Gebiet war so flach, daß die geringsten Strukturveränderungen der Landschaft zu gravierenden Veränderungen der vielfältigen Wasserflächen und Wasserläufe führen mußten.

Das könnte auch eine Erklärung für die Aufgabe Loulans im 4. Jahrhundert sein. Die Stadt hatte kein Wasser mehr, und das Land verlor seine Fruchtbarkeit. So wurde das Gebiet zunächst zu einem undurchquerbaren Sumpf, später zu einer schreckenerregenden Wüste voll unberechenbarer Gefahren.

Ganze 41 Jahre lang beschäftigte sich Sven Hedin mit dem Problem des »Wandernden Sees«, über den er auch ein Buch schrieb. Es gelang ihm nachzuweisen, daß der Lop-Nor sich im Verlauf von zwei Jahrtausenden ständig veränderte und schließlich wieder in seine alte Position zurückkehren werde. Sven

Hedins Vorhersage ist nicht eingetreten, obgleich seine Theorie stimmte. Der Lop-Nor, der 1950 noch eine Ausdehnung von ungefähr 2000 Quadratkilometern hatte, ist 1960 endgültig ausgetrocknet, weil man ihm das Wasser abgegraben hat.

Es ist jedoch erstaunlich, mit welch prophetischer Gabe der Schwede schon 1937 die neuere Entwicklung in diesem »Sandkasten des Teufels« beschrieben hat: »Dürre, Todesschweigen, Vergessenheit hatten sechzehn Jahrhunderte lang über diesem Gebiet geschwebt, das gerade jetzt plötzlich wieder bedeutsam wurde. Unserer Expedition war es vorbehalten, die flatternde Kette zu einem Ganzen zusammenzuknüpfen. Hinter uns lagen die zwei Jahrtausende, während derer der Lop-Nor den Chinesen bekannt gewesen war, und vor uns – uns schwindelte bei dem Gedanken an unzählige nebelhaft ferne Jahre, in deren Lauf neue Verkehrswege, Autostraßen, Eisenbahnen sowie strategische Verbindungen im Herzen Asiens gebaut, neue Stationen und Städte in einem Wüstenland erstehen würden, das ein und ein halbes Jahrtausend lang so arm war, daß es nicht einmal Skorpionen und Eidechsen zum Wohnsitz dienen konnte.«

Atomwaffenexperimente, Öl- und Erdgasfunde sowie die Entdeckung zahlreicher Kohle- und Erzlager haben die Chinesen dazu gezwungen, die Infrastruktur ihrer abgelegenen westlichsten Provinz zu verbessern. So wurde im Herzen der Todeswüste eines der schwierigsten Straßenbauprojekte der chinesischen Geschichte realisiert, der Bau des »Takla Makan Highway«. Er heißt offiziell Highway 312 und ist eine gut ausgebaute, zum Teil asphaltierte Straße, die auf einer Länge von 522 Kilometern quer durch die Wüste verläuft und das Kunlun- mit dem Tian-Shan-Gebirge verbindet. Im Dezember 1999 wurde außerdem eine durchgehende Eisenbahnverbindung für den Personenverkehr zwischen Lanzhou bis nach Kashgar auf der Route der alten Seidenstraße in Betrieb genommen.

Für den normalen Reisenden liegt Loulan aber noch immer unerreichbar im ewigen Sand.

Mit Vierradantrieb durch die Wüste

Wir haben uns mit sechzehn vierradgetriebenen Autos, die mit Zusatztanks, verstärktem Fahrwerk und modernster Technik ausgerüstet sind, in diese Wüste hineingewagt. In vier Wochen haben wir damit mehr als 6000 Kilometer fernab jeder Piste durch die Dünen zurückgelegt und nach Überresten untergegangener Städte gesucht. Auf die in allen berühmten Reiseberichten immer wieder beschriebenen Skelette als einzige Wegweiser sind wir nur an den Rändern der Wüste gestoßen.

Einmal haben wir drei Tage lang auf Hunderten von Kilometern keine Spur von Menschen, Tieren oder Pflanzen entdecken können. Nichts als unendlich weite graue Kies- und Schotterflächen oder riesige Dünen mit den wunderbarsten Sandformationen. Wir hatten das Gefühl, daß wir uns in Gebiete vorwagten, die noch kein Mensch vor uns betreten hat. In einer Zeit von Beobachtungssatelliten, amerikanischen Flieger- und russischen Generalstabskarten, die unsere Welt bis ins kleinste Detail genau darstellen, erscheint es uns unvorstellbar, daß es immer noch so große Flächen gibt, die vom Menschen völlig unberührt sind.

Erst im nachhinein wurde uns bewußt, was wir dort alles erlebt haben. In der Situation selbst waren wir viel zu beschäftigt mit unseren Dreharbeiten, dem Freischaufeln und Herausziehen unserer Autos, mit dem mühsamen Rauf und Runter über riesige Dünenkämme, der Suche nach fahrbaren Wegen durch die nicht enden wollenden Dünenfelder sowie dem Auf- und Abbauen unserer Zelte. Wenn der Sonnenuntergang nahte, wurde es besonders hektisch und anstrengend, denn dann war das Licht so wunderschön, daß wir am liebsten alles auf Video aufgenommen hätten. Trotzdem mußten wir weiterfahren, um irgendwo einen Rastplatz zu finden. Und darüber, was ein schöner Rastplatz ist, gab es meist so viele Meinungen wie Expeditionsteilnehmer. Denjenigen, die immer noch mehr Kilometer fressen wollten, war kein Plätzchen schön genug; sie wollten bis in die Dunkelheit weiterfahren und dann einfach irgendwo haltmachen. Einmal stellten wir erst in der Nacht fest, daß wir uns in der Nähe einer Wasserstelle befinden mußten, weil Schwärme von Mücken über uns herfielen. Das traf besonders diejenigen, die sich im Herzen der Wüste angewöhnt hatten, keine Zelte aufzubauen, sondern einfach mit dem Schlafsack im Freien zu schlafen.

Manchmal sahen wir erst am nächsten Morgen, wenn wir besonders früh aufgestanden waren, um uns auf Flugaufnahmen vorzubereiten, daß wir am trostlosesten Flecken der letzten Tagesreise genächtigt hatten, der so langweilig war, daß es sich nicht einmal lohnte, dort den Sonnenaufgang zu drehen, geschweige denn Flugaufnahmen zu machen. Dann war es aber meistens schon zu spät, um noch etwas länger zu schlafen, weil in der absoluten Stille jedes kleinste Geräusch die anderen Expeditionsteilnehmer aufweckte, die mit dem Aufgehen der Sonne ihr karges Frühstück herunterwürgen und dann schnell weiter wollten. Man denkt immer, Kilometerfresser könnten nur auf Autobahnen ein Problem sein. Das stimmt nicht. In der unendlichen Weite der Wüste, wo ihnen keiner im Weg ist, sind sie es noch viel mehr. Das Fahren durch die Dünen, das besonderen Mut und viel Geschicklichkeit erfordert, wenn man nicht immer wieder steckenbleiben will, kann zur Sucht werden. Aber auch die grandiosen Landschaften, auf die wir gestoßen sind, sobald es nur etwas hügelig oder bergig wurde, können süchtig machen.

Erstaunlicherweise ist es auf dieser langen Reise nie zu wirklichen Katastrophen gekommen. Unser Expeditionsarzt hatte nur leichte Verletzungen zu versorgen und mußte hauptsächlich Pillen gegen Durchfall verabreichen. Aber den Autos wurde das Letzte abverlangt. Immer wieder mußten einige von ihnen im tiefen Sand auseinandergenommen und repariert werden. Für unseren Monteur, der mit seinem Werkstattwagen als letzter hinterherfuhr, war es ein »full time-job«. Der Verschleiß an

Reifen, Stoßdämpfern und Federn war enorm. Wann immer wir in bewohnte Gegenden kamen, wurden alle Garagen und Werkstätten heimgesucht und deren Ersatzteillager geplündert.

Ein anderes Problem waren unsere begrenzten Kraftstoffvorräte. Obgleich fast alle Fahrzeuge große zusätzliche Tanks hatten und auf jedem Dach etliche Kanister festgezurrt waren, kam es immer wieder zu Engpässen, die uns in große Schwierigkeiten brachten. In den Weiten der Takla Makan, in der es kilometerlange Züge von bis zu 300 Meter hohen Dünen gibt, ist es auch mit dem Satelliten-Navigationssystem GPS und guten Karten sehr schwierig, eine Route zu finden, die die Fahrzeuge bewältigen können. 300 Meter hohe Dünen schafft kein Auto. Wenn der Sand sehr weich ist und die Räder bis zur Achse darin versinken, können auch kleinere Dünen den Wagen zum Verhängnis werden.

Einmal haben wir einen halben Tag gebraucht, um aus einem undurchdringlichen Dünenfeld wieder herauszugelangen, obwohl wir gute Karten und einen Flieger dabeihatten, der sich mit einem Gleitschirm und Motor auf dem Rücken nach wenigen Schritten in die Lüfte schwingen konnte, um von oben nach einer Durchfahrt Ausschau zu halten. Bei seinem Einsatz am frühen Morgen trug ihn ein plötzlich aufkommender Wind so weit weg, daß wir ihn nur durch Zufall in der Weite des Sandmeeres wiederfanden. Mehr als 150 Kilometer Umweg mußten wir an diesem Tag fahren. Die drei stärksten Maschinen mit den verwegensten Fahrern wurden als Pfadfinder in alle Himmelsrichtungen ausgeschickt. Sie entfernten sich aber so weit von uns, daß wir über Stunden den Funkkontakt zu ihnen verloren. Erst am Abend erreichten wir mit viel Glück ein ausgetrocknetes Wadi, das uns aus diesem Wüstenabschnitt entließ.

Wie wir aus diesem schlimmsten Abschnitt der Wüste herausgefahren sind, werde ich mein Lebtag nie vergessen. Leider existiert kein Bild davon, weil in dieser Situation niemand die Ruhe hatte, den Fotoapparat zu zücken oder eine Kamera aufzubauen: Rechts und links des Wadis standen auf den höchsten Dünengipfeln die Autos unserer »Pfadfinder« und gaben den sechzehn anderen Wagen, den »müden Kriegern«, Geleitschutz bei ihrer Rettung aus dem Sandmeer. Nie wieder sind alle Autos in einer solch geschlossenen Formation gefahren wie in diesem Augenblick.

Auf dem langen Umweg, den niemand vorher einkalkulieren konnte, war bei zweien unserer Autos der Kraftstoff ausgegangen, so daß wir über Nacht ein Fahrzeug losschicken mußten, um Nachschub zu besorgen. Für jede Kamelkarawane wäre ein solcher Umweg der sichere Tod gewesen.

Geheimnisvolles Loulan

Nicht nur die Jugend in aller Welt verschlang Anfang des 20. Jahrhunderts die Bücher Sven Hedins. Auch viele Erwachsene verfolgten seine Abenteuerreisen mit großem Interesse. Einer von ihnen war Marc Aurel Stein, ein Engländer ungarischer Abstammung, der schon lange auf seine Chance wartete, selbst eine Expedition nach Zentralasien unternehmen zu können. Nachdem Hedin bewiesen hatte, daß man sich ins Innere der Wüsten begeben konnte, versuchte Stein, Geld für sein Vorhaben zusammenzubekommen.

Seit seiner Jugend schwärmte er für Alexander den Großen. Besonders faszinierte ihn, wie durch dessen Kriegszüge die griechische Kultur nach Zentralasien gelangt war. Außerdem scheint er sich besonders mit der These einiger ungarischer Orientalisten beschäftigt zu haben, daß die Ungarn von den Hunnen abstammten, die ja ebenfalls aus dem zentralasiatischen Raum kamen.

Als Stein nach Abschluß seiner Studien 1888 in Lahore in den Schuldienst eintrat, setzte er seine Forschungen fort und bereiste Gebiete, in die nie zuvor ein Europäer gelangt war. In Lahore

Marc Aurel Stein, der geniale Schatzsucher ungarischer Herkunft, war in englischem Auftrag unterwegs.

lernte er den Vater Rudyard Kiplings kennen, der als Kurator am »Wonder House« tätig war. In diesem Museum aber befanden sich zahlreiche Kunstwerke aus der Gandhara-Zeit, jener buddhistischen Kunst, die stark von den Griechen beeinflußt war.

Von Rudyard Kiplings Vater lernte Stein viel über die Ikonographie Indiens und all das, was man zu jener Zeit über die buddhistische Kunst Zentralasiens wußte. Die Funde an der alten Seidenstraße, zum Beispiel die »Bower-Handschriften«, und die Entdeckungen Hedins gaben ihm schließlich stichhaltige Argumente dafür an die Hand, daß auch im Auftrag Englands eine Expedition nach Zentralasien unternommen werden müsse. In seinem Genehmigungsantrag legte er dar, daß das Territorium um Khotan einst ein buddhistisches Kulturzentrum war, das seinem Ursprung und Wesen nach eindeutig als indisch zu betrachten sei, und der südliche Teil von Chinesisch-Turkestan von Rechts wegen zur britischen Einflußzone gehöre. Deshalb kam er zu dem Schluß: »Wir sollten es nicht zulassen, daß andere sich verschaffen, was uns zusteht.« In seinem Vorhaben wurde Stein auch von dem renommierten Orientalisten Rudolf Hoernle unterstützt, der seinerzeit die berühmten »Bower-Handschriften« entziffert hatte.

Die Reise, zu der sich Aurel Stein im Mai 1900 endlich aufmachen konnte, nannte der Archäologe Leonhard Woolley nicht Expedition, sondern »den gewagtesten und abenteuerlichsten Beutezug, der je von einem Archäologen unternommen worden ist«. Wie sein Vorbild Sven Hedin schrieb auch Aurel Stein Bücher über seine Reisen. Bei der Lektüre dieser umfangreichen Werke erkennt der Leser allerdings bald, daß sich Stein im Gegensatz zu seinem Vorbild mehr als Forscher denn als Abenteurer verstand. In »Sand-Buried Ruins of Khotan« schildert er seine erste Begegnung mit der Takla Makan folgendermaßen: »Weit nach Süden hin erstreckte sich ein Meer von Sand, das mit seinen wellenartigen Dünen auf seltsame Weise dem Ozean ähnelte ... Die Sanddünen, die wir überqueren mußten, wurden ständig höher, und das Weiterkommen wurde immer schwieriger ... Die Beine der Ponys versanken tief im losen Sand, und das Ersteigen der zehn bis fünfzehn Meter hohen Erhebungen war jedesmal eine große Anstrengung. So quälte sich die Karawane durch den Sand, bis sie endlich auf einen Brunnen stieß. Doch das Wasser, das zwei Meter unter der Wüstenoberfläche lag, war so brackig, daß man es nicht trinken konnte.« Hochdramatische Rettungsaktionen und der Untergang einer Karawane kommen hier nicht vor. Steins Buch, das in England gerade wieder in einem Reprint erscheint, ist aber ein sehr detaillierter und informativer Reisebericht.

Dennoch weist Steins Persönlichkeit Ähnlichkeiten mit Sven Hedin auf. Er war ein kleiner, willensstarker Mann, der offenbar sehr selbstbewußt auftrat und aus einer gewissen »Herrenmenschen-Gesinnung« heraus erwartete, daß man ihn in China überall mit offenen Armen empfing. Auf die Idee, daß seine Helfer mehr sein könnten als Domestiken, scheint er nicht gekommen zu sein. Auf allen seinen Reisen nahm er, wie Sven Hedin, stets seinen Hund und einen Koch mit, da er selbst in der Wüste weder auf sein Haustier noch auf sein gewohntes Essen verzichten wollte. Wenn er mit seiner Karawane wie ein »Eroberer« in einen größeren Ort einzog und dort nach vorheriger Ankündigung durch einen vorausgesandten Boten nicht am Stadttor offiziell willkommen geheißen wurde, war er beleidigt. Regierungsbeamte hatten zu seiner Verfügung zu stehen. So ist es nicht verwunderlich, daß Stein auf seinen Reisen wahrscheinlich ziemlich einsam war. Nachts saß er meistens allein in seinem Zelt und arbeitete an seinen Manuskripten, oder er schrieb Briefe an Freunde in Übersee.

Schon auf seiner ersten Reise fielen Stein wichtige Fundstücke in die Hand, die Sven Hedin entweder übersehen hatte oder nicht hatte mitnehmen wollen. Seine erste Ausgrabungsstätte, zu der er von Khotan aus gelangte, war »Dandan-Uilik«, der »Ort der Häuser mit Elfenbein«, wie die Einheimischen ihn nannten. Sehr schnell erkannte Stein, daß es sich dabei nur um Hedins sagenhaftes »Takla Makan« handeln konnte, in dem dieser Spuren einer untergegangenen buddhistischen Zivilisation gefunden hatte. Stein verbrachte dort das Weihnachtsfest und wurde reich beschenkt. Innerhalb von drei Wochen wurden 150 Fundstücke, wie zum Beispiel buddhistische Wandgemälde, Skulpturen und Stuckreliefs, »geborgen« und für die lange Reise ins Britische Museum verpackt.

Die bemalten Holztäfelchen, Fresken und zahlreichen Handschriften, die in vierzehn Häusern zum Vorschein kamen, lieferten Stein seinen ersten großen Triumph und den Beweis für die Richtigkeit seiner Theorien, wie sich die »serindische Kunst« im Verlauf ihres allmählichen Vordringens nach Osten entwickelt hatte. Der Begriff »serindisch« wurde von Stein für die Verschmelzung chinesischer und indischer Kultur geprägt und findet sich auch im Titel eines seiner wichtigsten Werke wieder: »Serindia«.

In der alten Ruinenstadt Niya, seiner nächsten Station, machte er ebenfalls reiche Beute. Stein stieß auf einen jahrhundertealten Abfallhaufen, in dem seine Männer mit Tonsiegeln versehene

Holztafeln fanden. Auf einigen dieser Siegel war Pallas Athene mit Schild und Donnerkeil abgebildet. Auf anderen waren Porträts von Männern und Frauen mit »westlichen« Gesichtszügen zu erkennen. Diese Siegel bestätigten Steins These vom Vordringen westlicher Ikonographie auf der Seidenstraße nach Osten.

Auf seiner weiteren Reise fand er das eindrucksvollste Gebäude, das er bisher entdeckt hatte, den großen Stupa von Rawak. In nur neun Tagen ließ er dort insgesamt 91 Figuren freilegen, viele davon riesige Statuen, die Buddha und verschiedene Boddhisatvas, Nebengottheiten und Heilige darstellten, die in ihrer Ausführung dem frühen Gandhara-Stil sehr nahe kamen. Seine Ausbeute war so reichhaltig, daß er nicht alles mitnehmen konnte. Also wurden die Figuren fotografiert und wieder vergraben. Stein schreibt dazu in seinem Buch: »Es war eine traurige Pflicht, die ich dort erfüllen mußte, sie erinnerte an eine echte Beerdigung. Es bedeutete für mich fast eine Überwindung, zuzusehen, wie diese Skulpturen, die ich ans Licht gefördert hatte, wieder unter dem Leichentuch aus Sand verschwanden, das sie so viele Jahrhunderte lang verborgen gehalten hatte.«

Steins Buch »Sand-Buried Ruins of Khotan« wurde ein großer Erfolg und ermöglichte ihm, eine zweite große Reise zu unternehmen. Mitfinanziert wurde sie vom Britischen Museum und von der indischen Regierung, die sich die Ausbeute teilen wollten. Auch bei dieser Expedition im Jahre 1906 folgte Stein wieder den Spuren des Abenteurers Sven Hedin, wobei er aufgrund seiner archäologischen Gründlichkeit mehr zu finden hoffte als sein Vorbild.

Hatte Stein auf seiner ersten Reise am Rande der Wüste Erfahrungen gesammelt, so wollte er nun in das Innerste der Takla Makan eindringen. Auch Stein fühlte sich von der versunkenen Stadt Loulan magisch angezogen, die Sven Hedin im Jahre 1900 entdeckt hatte. Voller Ungeduld wartete er auf die behördlichen Genehmigungen – hatte er doch gehört, daß Deutsche unter der Leitung von Albert von Le Coq in der Gegend um Turfan mit Ausgrabungen begonnen hatten und der Russe Kochanowski auf der nördlichen Seidenstraße unterwegs war. Außerdem wartete der Franzose Paul Pelliot, der in Taschkent sein Gepäck verloren hatte, darauf, endlich weiterreisen zu können; und auch sein Ziel war Loulan. Die spärlichen Nachrichten beunruhigten Stein zutiefst.

Im Frühjahr 1906 konnte er endlich von Indien aus aufbrechen. Sein erstes Ziel in China war das englische Konsulat in Kashgar, wo er seine alten Freunde, die Macartneys, wieder traf und von ihnen genaue Informationen über seine Konkurrenten erhielt. Nach einem kurzen Aufenthalt machte er sich am 23. Juni 1906 mit fünfzig Hilfskräften und 25 Kamelen wieder auf den Weg, die südliche Seidenstraße entlang: über Yarkand, Kargilik, Khotan, Niya und Endere. Unterwegs ließ er immer wieder Ausgrabungen vornehmen, bis er sich schließlich im Dezember 1906 von Charklik aus, dem heutigen Ruoqiang, nach Loulan auf den Weg machte.

Aurel Steins Mannschaft war sich der Gefährlichkeit des Unternehmens durchaus bewußt. Die einzigen geographischen Anhaltspunkte über die untergegangene Stadt fanden sich bei Sven Hedin. Konnte man sich auf die Angaben dieses Abenteurers verlassen, der schon einmal den größten Teil seiner Karawane verloren hatte? Was würde geschehen, wenn Hedins geographische Daten nicht stimmten? Stein hatte keine Möglichkeit gehabt, große Proviantreserven ins Herz der Wüste transportieren zu lassen. Außerdem fehlten ihm Informationen über Wege durch den ewigen Sand. Hedin war von der Nordroute der Seidenstraße aus aufgebrochen, Stein kam mit seinen Leuten von Süden. Mit größter Sorgfalt kartographierten sie unter der Leitung Ram Singhs, eines Gurkha vom indischen Landvermessungsamt, das Gelände und protokollierten jeden Schritt. Einerseits brauchten sie diese Aufzeichnungen zu ihrer eigenen Sicherheit, andererseits waren sowohl Inder als auch Briten an genauen Karten dieses russischen Aufmarschgebietes interessiert.

Da seine Vorräte sehr knapp bemessen waren, durfte Stein nicht der geringste Irrtum unterlaufen. Wochenlang kämpfte er sich mit seinen Männern durch das endlose Sandmeer. Je weiter sie sich in die Wüste hineinwagten, desto höher wurden die Dünen und desto schwieriger wurde es, den richtigen Weg zu finden. Allmählich gingen die Wasservorräte zur Neige.

Erst seit unseren eigenen Wüstenerfahrungen können wir ermessen, wie gefährlich Steins Unternehmung damals gewesen sein muß.

Die Stimmung in seiner Mannschaft sank auf einen Tiefpunkt, obgleich der schwierigste Teil der Expedition, die Durchquerung der Lop-Wüste, noch vor ihnen lag. Auf ihrem Marsch kam die Karawane viel zu langsam voran, höchstens 23 Kilometer am Tag, doch auch das bedeutete für Mensch und Tier schon eine gewaltige Strapaze. Als sie endlich in die weitere Umgebung des Lop-Nor gelangten, liefen sich die Kamele auf dem steinharten, mit Salzkristallen übersäten Boden die Fußsohlen wund, und man mußte zu dem alten, aber bewährten Mittel greifen, sie zu »besohlen«, indem man ihnen Lederstücke auf die Haut nähte.

Stein gönnte sich und seinen Männern trotzdem keine Rast, denn er befürchtete, Pelliot könnte vor ihm die versunkene Stadt Loulan erreichen. In einem Brief an einen Freund schreibt er: »Wie Sie sich vorstellen können, ist es ein beunruhigender Gedanke, den Franzosen womöglich schon dort anzutreffen.«

Als am elften Tage in dem schwierigen Gelände noch immer nichts von Loulan zu sehen war und die Stimmung der Expeditionsteilnehmer umzukippen drohte, bot Stein dem ersten, der eine der Ruinen sichtete, eine hohe Belohnung an. Daraufhin beschleunigte sich das Tempo der Karawane merklich, und schon nach wenigen Stunden deutete ein Kameltreiber, der eine kleine Anhöhe erklommen hatte, aufgeregt nach Osten, wo sich am Horizont der »Turm« von Loulan zeigte. Auf diese Weise erreichten sie genau zu dem von Aurel Stein vorher berechneten Zeitpunkt »die abgelegenste aller historischen Stätten in der Wüste«.

Als erstes wurde Sven Hedins Ortsangabe überprüft: Sie wich nur 1,6 Kilometer von ihren eigenen Berechnungen ab. Zufällig entdeckten sie dabei ein metallenes Maßband, das Sven Hedin dort vergessen haben mußte. Sodann stellten sie erleichtert fest, daß der Franzose Pelliot noch nicht dagewesen war. Als Stein und seine Reisegefährten um sich blickten, konnten sie kaum glauben, daß diese absolut tote Gegend einmal Zentrum eines großen und blühenden Königreiches mit einer wechselvollen Geschichte gewesen sein sollte. An einen Freund schrieb Stein damals: »Welch trostlose Wildnis – überall spürt man den Hauch des Todes.«

Elf Tage lang gruben Stein und seine Leute zwischen den mit Sand gefüllten Gebäuden und machten dabei überraschende Funde, die ein völlig neues Licht auf die bewegte Geschichte Loulans warfen. In einem Abfallhaufen stießen sie auf militärische Dokumente, die wichtige Einblicke in den verzweifelten Grenzkrieg vermittelten, den das chinesische Kaiserreich im 3. Jahrhundert führte. Während der Grabungsarbeiten ahnte Stein noch nicht, welche Botschaft die Papierschnitzel und Holzsplitter enthielten. Was da zum Vorschein kam, waren erschütternde Zeugnisse eines kleinen, völlig vom chinesischen Reich abgeschnittenen Außenpostens, der, in nicht enden wollende kriegerische Auseinandersetzungen verwickelt, dem Untergang geweiht war.

Außer diesen offiziellen chinesischen Dokumenten und Papieren förderten sie auch zahlreiche Täfelchen mit indischen Sanskrit-Texten in der Kharoshthi-Schrift zutage, einer Schrift, die aus Nordwestindien stammt und sich im 3. und 4. Jahrhundert nach Christus bis nach Ostturkestan verbreitet hatte. Die Dokumente belegen, daß das am äußersten Rand Chinas gelegene Loulan irgendwann im Laufe seiner wechselvollen Geschichte auch als weit vorgeschobener östlicher Außenposten eines alten indischen Reiches gedient haben muß. Davon hatten die Gelehrten vorher noch keine Kenntnis.

Chinesische Historiker sind bis heute erbittert darüber, daß Stein diese einzigartigen Handschriften, wichtige Zeugen für eines der großen Rätsel der chinesischen Geschichte, aus China fortgeschafft hat, weil über diese Epoche wenig bekannt ist. Eine befreundete Autorin aus Peking erklärte uns, welche Schwierigkeiten daraus bis heute erwachsen. Zwei Jahre lang arbeitete sie an einem Projekt über Loulan; um aber zu brauchbaren Ergebnissen zu kommen, mußte sie nach Europa fliegen, um dort die einschlägigen Dokumente einzusehen. Welche Mühe es gekostet haben mag, Geld dafür aufzutreiben, kann nur nachempfinden, wer selbst häufig in China zu tun hat.

In den Ruinenstädten Ostturkestans

In den Jahren 1904 bis 1910 erreichte das »internationale Wettrennen« zu den Kulturschätzen in den Wüstengebieten der Takla Makan seinen Höhepunkt. Deutsche, Engländer, Franzosen, Japaner und Russen versuchten, sich gegenseitig zuvorzukommen. Erstaunlich nur, daß es zwischen den konkurrierenden Expeditionen an den wenigen Ausgrabungsorten nie tätliche Auseinandersetzungen gab. Die Europäer haben einander stets argwöhnisch aus der Ferne beobachtet und sich durch Mittelsmänner über die Aktivitäten und Erfolge der Rivalen informieren lassen, doch sind sie sich nie persönlich begegnet. Mit einer Ausnahme: Die Deutschen, die mit den Russen vor Beginn der Expedition das jeweilige Terrain abgesteckt hatten, bekamen »Grenzstreitigkeiten«.

Die Funde des russischen Archäologen Dimitri Klemenz im Jahre 1898 und Berichte über 130 buddhistische Höhlentempel in der Umgebung von Turfan, die Publikationen Sven Hedins über seine Wüstenabenteuer sowie Aurel Steins akribische Beschreibungen regten deutsche Forscher im Jahre 1902 zu einer ersten Reise an. Sie wurde von Krupp finanziert und von Albert

Albert von Le Coq, der lebensfrohe Weltmann, stand als stellvertretender Expeditionsleiter unter besonderem Erfolgsdruck.

Grünwedel geleitet. Nach über einem Jahr kehrte die Expedition mit 46 Kisten Fundstücken zurück, was sogar den deutschen Kaiser in helle Aufregung versetzte.

Das Interesse an Zentralasien war enorm. Auf dem internationalen Orientalistenkongreß, der im Herbst 1902 in Hamburg stattfand, legte Aurel Stein Proben seiner Funde aus Khotan vor. Daraufhin beschloß der Kongreß, einer schon im Jahre 1899 von Rußland ausgegangenen Anregung Folge zu leisten und eine Gesellschaft zur Erforschung dieser Gebiete auf internationaler Grundlage zu schaffen.

Durch Grünwedels erste Expedition wurde nämlich der Nachweis erbracht, daß Ostturkestan bis zum 8. Jahrhundert unserer Zeitrechnung keineswegs ein türkisches Land war. Bis dahin lebten im Norden dieses Gebietes iranische Sippen und sogar ein Volk europäischer Zunge, die Tocharer; im Südwesten wohnten Iraner und am ganzen Südrand bis zum Lop-Nor eine indische Völkerschaft.

Die Gelder für eine zweite deutsche Turfan-Expedition im Jahre 1904 stellte der deutsche Kaiser spontan aus seinem Dispositionsfonds zur Verfügung. Außerdem bewilligte das Preußische Abgeordnetenhaus dem Kultusministerium ohne Debatte die geforderte Summe für eine unmittelbar anschließende dritte Expedition. Albert von Le Coq wurde an Stelle des erkrankten Grünwedel zum Leiter gewählt.

Le Coq hatte zunächst, nach einer kaufmännischen Ausbildung in London und Amerika, wo er auch Medizin studierte, die familieneigene Weinhandlung übernommen, diese dann aber verkauft, um in Berlin orientalische Sprachen zu studieren und mit 42 Jahren als Volontär an die Indische Abteilung des Berliner Völkerkunde-Museums zu gehen. Nur zwei Jahre später wurde dieser »lebensfrohe, humorvolle und feinsinnige Weltmann« dann mit seinem Begleiter Theodor Bartus, dem Faktotum des Museums für Völkerkunde, auf die zweite deutsche Turfan-Expedition geschickt. Bartus war schon bei der ersten dabeigewesen und kannte sich deshalb in der Gegend gut aus. Der findige, äußerst kräftige und beherzte Mann erfreute sich bei den Uiguren großer Beliebtheit. Nicht zuletzt deshalb, weil sich alle seinen Namen gut merken konnten, der sehr ähnlich klingt wie das uigurische Wort für »Held«: *bätür*. Er erschien ihnen vielleicht auch deshalb als Held, weil er handwerklich begabt und in der Welt herumgekommen war. Früher hatte er als Matrose auf einem Segelschiff gedient und das Steuermannsexamen abgelegt. Reiten hatte er als Squatter im australischen Busch gelernt. Und sprachbegabt war er außerdem. Übrigens soll Bartus es tatsächlich geschafft haben, einigen Uiguren Plattdeutsch beizubringen.

Es ist ein Erlebnis, in den handgeschriebenen Unterlagen dieser Expedition zu blättern, die im Museum für indische Kunst in Berlin archiviert sind. Von Kalkulationen, Beschaffungslisten über Bittbriefe und Genehmigungen ist alles fein säuberlich geordnet. Selbst die Abrechnungen, in denen Le Coq sogar kleine Posten wie »Trinkgelder« aufgeführt hat, sind noch erhalten. Besonders aufschlußreich wird die Lektüre, wenn man sich zunächst seinen Expeditionsbericht »Auf Hellas Spuren in Ostturkestan« und sein zweites Buch »Von Land und Leuten in Ostturkestan« vornimmt, in dem er die Reise anschaulich und kurzweilig beschreibt.

Schon bei der Bahnfahrt durch Rußland kamen er und Bartus wegen der riesigen Gepäckmengen in Schwierigkeiten: »Ich sah, worauf es ankam, und nahm eine 50-Rubel-Note in meine Hand, die ich auf den Rücken hielt, und sanft mit diesem Schein wedelnd, ging ich mehrmals an dem Cerberus vorbei. Als ich drei- oder viermal vorbeigegangen war, fehlte der Schein und der Stationschef sagte: ›Nun, man wird machen!‹ Und richtig, ›man hat gemacht.‹«

Die ersten Reiseabschnitte in China scheinen für Le Coq beängstigend gewesen zu sein. Er gesteht, daß er grundsätzlich mit dem Gewehr in der Hand bei seinen Sachen saß. Auf den meisten alten Fotos sieht man ihn auch mit einem Revolver bewaffnet. Immerhin führte er 12 000 Rubel mit sich. Und seine Angst war durchaus begründet. China, dessen letzte Kaiserdynastie längst dem Untergang geweiht war, drohte im Chaos zu versinken. Wegen einer großen Hungersnot war es überall zu Volksaufständen gekommen. In Tibet, dessen Außen-, Militär- und Finanzpolitik China seit dem 19. Jahrhundert kontrolliert hatte, waren die Engländer einmarschiert. Im Nordosten des Reiches tobte der Russisch-Japanische Krieg um die Mandschurei, und im heutigen Xinjiang, das damals von den Deutschen als »Ostturkestan« bezeichnet wurde, bekämpften sich Mongolen und Kirgisen. Das Land war durch herumziehende Banden gefährdet, und es herrschten katastrophale Verhältnisse. Nach der Revolte der Uiguren unter Yakub Beg in den Jahren 1873 bis 1878 war diese westlichste Provinz Chinas weitgehend zerstört und nie wieder ganz zur Ruhe gekommen.

Anders als der Schwede Sven Hedin und der ungarische Brite Aurel Stein, scheinen die Deutschen außerdem ungeheuren Respekt vor der Wüste gehabt zu haben. Sie bewegten sich nur am

Rande der Takla Makan, auf der nördlichen Route der Seidenstraße. Le Coq schreibt dazu: »Ostturkestan stellt sich dar als eine ungeheure Mulde, deren Mitte von wandelnden Dünen erfüllt ist, eine furchtbare und an vielen Stellen wegen des Wassermangels unpassierbare Wüste. Es ist ringsum umgeben von ungeheuren Bergsystemen, nämlich im Norden vom Tianshan, im Westen vom Pamir, im Südwesten von den Ketten des Karakorum und im Süden vom Kunlun.«

Fast klingt es wie der Versuch einer Rechtfertigung dafür, daß er sich nicht in das Innere gewagt hat, wenn er den berüchtigten Sandsturm »Kara Buran« beschreibt: »Wer von solchem Sturm überfallen wird, muß sich trotz der Hitze ganz in Filze hüllen, um durch die mit rasender Gewalt herumgeschleuderten Steine nicht verletzt zu werden. Mann und Pferd müssen sich niederlegen und den Sturm, der oft stundenlang wütet, über sich hinbrausen lassen. Und wehe dem, der sein erschrecktes Reittier nicht fest am Zügel hält! Auch die Tiere verlieren den Verstand vor den Schrecken des Sandsturms und jagen in die Wüste hinaus, um dort zu verschmachten.«

An der Oasenstadt Turfan, dem Hauptquartier ihrer Expedition, begeistert ihn vor allem, wie es die uigurischen Bewohner durch ein raffiniertes, meist unterirdisches Bewässerungssystem geschafft haben, das trostlos öde Land in einen wundervollen Garten Eden zu verwandeln. Im Turfan-Gebiet gibt es mehr als 3000 Kilometer lange unterirdische Kanäle, die jährlich nahezu zwei Milliarden Kubikmeter Wasser verteilen. Auch die 70 Kilometer langen Zuleitungen, die das Schmelzwasser von den Gletschern des nördlich gelegenen Tian Shan herbeiführen, sind unterirdisch, um die Verdunstung des kostbaren Wassers zu vermeiden.

Le Coq schwärmt von den blühenden Bäumen, die im Frühjahr mit dem schweren, süßen Duft ihrer Blütendolden die Landschaft weithin erfüllen, von den herrlichen Obstgärten und den gutgepflegten Feldern, die reiche Ernten von Mohrenhirse, Mais,

Reis, Weizen, Krapp und Baumwolle liefern. Besonders angetan haben es ihm die fast 300 Weintraubensorten. Le Coq war denn auch höchst erfreut, auf Grabgemälden in der Nähe der Stadt Abbildungen von Weintrauben zu finden, wodurch sich der Weinbau in Turfan bis in die Tang-Zeit (618 -906) zurückverfolgen läßt. Außerdem preist er die dreißig Melonensorten, die fast das ganze Jahr über ein Hauptnahrungsmittel der Landesbewohner darstellen.

Auch wir haben Turfan für die zweite Drehphase unseres Films zu unserem Hauptquartier gemacht und freuen uns, dorthin zurückkehren zu können. Noch heute hat man hier das Gefühl, in die Welt des Orients einzutauchen, obgleich in der modernen, 540 000 Einwohner zählenden Stadt inzwischen immer mehr Chinesen leben. Offiziell wird ihre Zahl mit 123 000 Han-Chinesen angegeben. Auf Märkten und Basaren begegnet man außerdem einem bunten Völkergemisch; um die dreißig verschiedene nationale Minderheiten sind hier anzutreffen.

In den alten Vierteln und am Rande der Stadt säumen Pappeln, Maulbeerbäume und Rebstöcke Straßen und Bewässerungskanäle. Weinspalier spendet in der brütenden Hitze der heißesten Stadt Chinas, die zu Recht den Namen »Feuerofen« trägt, angenehmen Schatten. Das liegt einerseits daran, daß die umgebenden Berge jeden Windhauch abhalten und es bei 3200 Stunden Sonnenschein im Jahr zu Höchsttemperaturen von 47,8 Grad Celsius kommt; andererseits ist das Turfan-Gebiet nach dem Toten Meer die tiefste Senke der Erde. Der fast ausgetrocknete Salzsee Aydingkol unweit der Stadt liegt 154 Meter unter dem Meeresspiegel. Im Winter kann es dort jedoch auch empfindlich kalt werden, weshalb die Jahresdurchschnittstemperatur mit 13,9 Grad erstaunlich niedrig ausfällt.

Am 18. November 1904 gelangten Le Coq, Bartus und ihre einheimischen Helfer endlich an den ersten Ort ihrer geplanten Grabungen: die etwa 40 Kilometer östlich von Turfan gelegene Ruinenstadt »Chotscho«, die bei den Uiguren »Karachodscha«

und bei den Chinesen Gaochang heißt. Innerhalb der fast elf Meter hohen Stadtmauern sind heute noch die Reste zahlreicher Tempel, Stupas und dreier Stadttore zu erkennen.

Grünwedel war während der ersten Turfan-Expedition schon einmal dort gewesen und hatte Gaochang in einem Brief nach Hause folgendermaßen beschrieben: »In der Tat handelt es sich hier um eine vergessene asiatische Großstadt von außerordentlichem Interesse. Schon die Ausdehnung ist eine gewaltige; die innere heilige Stadt, die nur aus Tempeln und Palästen bestanden hat, hat an der breitesten Stelle der noch stehenden (Stadt-) Mauer eine Ausdehnung von 7400 englischen Fuß. Hunderte von Terrassentempeln und grandiose Gewölbebauten bedecken eine mächtige Fläche Land, in welche die heutigen Bewohner ihre Bewässerungskanäle leiten.«

Auch Le Coq kommt nach seinen Grabungen zu dem Schluß, daß es sich bei den erhaltenen Resten um eine Tempelstadt und Nekropole handeln muß: »Die Gebäude in der Stadt sind samt und sonders Tempel, Klöster, Grabmäler, kurz, lauter religiöse Bauten. Es ist uns nicht gelungen, einen einzigen Profanbau zu entdecken. Die Architektur ist in allen Gebäuden entweder iranisch oder indisch: chinesische Bauten kommen weder in der Oase von Turfan noch in den übrigen von uns besuchten alten Siedlungen vor.«

Die Arbeit vor Ort begann für Le Coq und Bartus mit der Entdeckung eines vor Jahrhunderten begangenen Massenmordes: Als sie den Eingang zu einer alten Bibliothek öffneten, stießen sie auf die vertrocknete Leiche eines buddhistischen Mönchs, der in seiner blutbefleckten Robe vor ihnen lag. Nachdem sie noch eine Tür aufgebrochen hatten, fanden sie die übereinandergehäuften Leichen von weiteren hundert buddhistischen Mönchen, von denen viele gräßliche Wunden aufwiesen. »Ein Schädel besonders«, schrieb Albert von Le Coq, »war durch die Stirn bis auf die Zähne mit einem furchtbaren Säbelhieb gespalten.« Seiner Einschätzung nach waren diese Mönche vor etwa eintausend Jahren Opfer religiöser Verfolgung durch die Chinesen geworden.

Bei ihrer weiteren Suche stießen die Deutschen auch auf Reste einer alten manichäischen Bibliothek, die durch schlammiges Berieselungswasser fast zerstört war. Le Coq notiert: »Das Löß-Wasser war in das Papier eingedrungen, hatte alles verklebt, und bei der furchtbaren Hitze, die des Sommers dort zu herrschen pflegt, hatten sich alle diese kostbaren Bücher in Löß verwandelt. Ich nahm Proben davon, trocknete sie sorgfältig und hoffte etwas von diesen Handschriften retten zu können. Aber die einzelnen Papierblätter schilferten ab und lösten sich in kleine Fragmente auf, auf denen die Reste kalligraphisch geschriebener Zeilen, unterbrochen von Spuren in Gold, Blau, Rot, Grün und Gelb ausgeführten Miniaturen noch hier und da erkentlich waren. Hier ist ein ungeheurer Schatz verlorengegangen.«

In einem andern Teil des Gebäudes machte Bartus bald darauf den ersten größeren Fund manichäischer Handschriften. So kam unter anderem eine Miniatur zum Vorschein, die einen Priester im vollen Ornat zeigt und einige Zeilen in spätsogdischer Schrift enthält.

Immer wieder weist Le Coq darauf hin, welch große Zerstörungen in der Zeit, die seit der ersten Expedition verstrichen war, durch das fortwährende Graben der Eingeborenen angerichtet worden seien. Ungeheure Kunstschätze seien bereits verlorengegangen, und den Europäern obliege es jetzt, die traurigen Reste zu bergen und zu retten.

»Die Ruinenstadt enthält nämlich mancherlei, das den heutigen Bewohnern nützlich ist. Da ist zunächst der im Laufe der Jahrhunderte in den Ruinen durch die Frühjahrsstürme aufgehäufte Lößstaub, der mit den darunterliegenden zertretenen und zerschlagenen Resten von Statuen usw. ein wertvoller Dünger ist. Noch kostbareren Dünger bilden die auf dem Lehmverputz der Wände aufgemalten Wandgemälde, die dem Muslim an und für sich ein Greuel sind und daher überall, wo er sie antrifft, wenigstens am Gesicht, beschädigt werden. Herrscht doch der Glaube, daß die gemalten Menschen und Tiere, wenn man nicht wenigstens Augen und Mund zerstört, des Nachts sich beleben, heruntersteigen und allerhand Unfug an Menschen, Vieh und Ernten verüben!«

Mani im Kreise seiner Jünger

Eines Tages führten Bauern die Deutschen am Rande der Ruinenstadt zu einem Fresko, das von einer imposanten männlichen Gestalt mit einem Heiligenschein beherrscht wurde. Wie im Falle des »Bower-Manuskripts« und der Entdeckung Loulans waren wieder Einheimische darauf gestoßen. Ihre Namen kennt heute zwar keiner mehr, aber das Bild machte damals Furore. Le Coq gelangte zu dem Schluß, daß es sich dabei nur um eine Darstellung Manis, des Gründers der manichäischen Religion, handeln konnte.

Die Expedition war also schon gleich am Anfang von einem großen Erfolg gekrönt: Die Deutschen hatten die weltweit erste bildliche Darstellung des mysteriösen Religionsgründers gefunden. Das einzigartige Wandgemälde aus dem 9. Jahrhundert, auf dem Mani im Kreise seiner Jünger dargestellt ist, gehört zu den größten Entdeckungen abendländischer Archäologen an der Seidenstraße. Auch später, nach all den spektakulären Funden in Zentralasien, war Le Coq noch der Auffassung, daß dieses Wandgemälde zu den bedeutendsten seiner Trouvaillen zählte.

Auch für uns Nachgeborene ist es von größtem Interesse. Flossen doch in der »Lichtreligion« des aus Persien stammenden Religionsstifters Mani zoroastrische und buddhistische Elemente mit christlichem Gedankengut ineinander. Hier fand eine echte Verschmelzung von Kulturen statt.

Mani wurde um 215/16 n. Chr. in der damals persischen Provinz Babylonien geboren. Er war der Sproß einer angesehenen persischen Familie königlichen Ranges. Schon als Kind empfing er »Mitteilungen« übernatürlicher Art vom »König der Paradiese des Lichts«. Als er das 24. Lebensjahr erreicht hatte, erschien ihm wieder ein himmlischer Bote und forderte ihn auf, seine Lehre zu verkünden.

Die Grundlage seiner Religion ist ein mit unerbittlicher Konsequenz durchgeführter Dualismus: ein Kampf des guten Prinzips, des Lichtes, mit dem Bösen, der Finsternis. Das Manitum war eine streng asketische Religion. Aller Geschlechtsverkehr, der Genuß von Fleisch und Wein und der Besitz weltlicher Güter waren den »vollkommenen Jüngern« strengstens untersagt, weil das den Menschen an die dämonische Welt fessele. Als Manis Lehre sogar am Königshof viele Anhänger fand, stachelte die persische Priesterschaft den König gegen Mani auf. 273 n. Chr. wurde er gekreuzigt.

Auch die Anhänger Manis wurden verfolgt und flüchteten besonders in Richtung Osten bis nach China. Im 8. Jahrhundert glückte es ihnen, einen Uiguren-König zu ihrer Religion zu bekehren. Danach war der Manichäismus lange Zeit Staatsreligion bei den Uiguren. Bis zu den Entdeckungen Grünwedels und Le Coqs kannte man sie aber fast nur aus den antimanichäischen Streitschriften ihrer Gegner.

Le Coq war sich deshalb der Bedeutung dieses Fundes schnell bewußt und rang sich zu einer Ungeheuerlichkeit durch: Er wollte das Bild unbedingt nach Deutschland bringen! Das hieß aber, es von der Wand zu entfernen. Es begann eine noch heute heftig umstrittene Aktion, die nicht nur in China immer wieder als schlimmstes Beispiel für das barbarische Vorgehen europäischer »Schatzsucher« bezeichnet wird.

In seinem Buch beschreibt Le Coq den Vorgang in allen Einzelheiten: Zunächst ritzten er und seine Kollegen mit einem scharfen Messer einen Rand um jedes Gemälde, so tief, daß er die unter der Farbe liegenden Schichten aus Lehm, Kamelmist, gehacktem Stroh und Stukko durchtrennte. Neben dem Ge-

Albert von Le Coq und Theodor Bartus in einer ausgeräumten Höhle.

mälde schlugen sie dann mit einer Hacke oder mit Hammer und Meißel ein Loch in die Wand, als Ansatzpunkt zum Sägen mit einem Fuchsschwanz. »Bei sehr schlechter Beschaffenheit des Verputzes wurden zuweilen Leute angestellt, die mit Filz bedeckte Bretter gegen die herauszusägende Gemäldeplatte pressen mußten.«

Sodann wurde das Gemälde aus der Wand gesägt und, wie Le Coq schreibt, »das Brett vorsichtig mit dem oberen Rand zuerst von der Wand abgerückt: die abgesägte Platte muß auf dem zuletzt horizontal mit dem unteren Rand noch an die Mauer anstoßenden Brett liegen ... Die mit dieser Arbeit verknüpfte körperliche Anstrengung ist ungemein groß.« Das größte Problem dabei war der alles durchdringende Staub, den die Hilfskräfte bei ihren Aktionen immer wieder in dichten Wolken aufwirbelten.

Überhaupt muß ihr Aufenthalt in China eine große Strapaze gewesen sein. Um vier Uhr oder noch früher begannen sie mit den Grabungen und arbeiteten bis sieben Uhr abends. Weder brütende Hitze noch Eiseskälte konnte sie davon abhalten. Nach Einbruch der Dunkelheit wurden die Funde dann noch katalogisiert und verpackt.

Obgleich die Deutschen ihr Quartier nicht fern der paradiesischen Turfan-Oase aufgeschlagen hatten, bestand ihre nur schwer genießbare Verpflegung meist nur aus »Reis mit Hammelfett oder ... Hammelfett mit Reis«, wie Le Coq berichtet, wobei das Hammelfett im Sommer oft noch ranzig gewesen sein soll.

Die Grotten von Bezeklik und Kizil

Nachdem die Expedition aus Berlin den ganzen Winter über in den Ruinen von Gaochang gegraben hatte, schienen sich die Funde dort zu erschöpfen. Le Coq, der ja nur in Vertretung Grünwedels der Expeditionsleiter war, wußte, daß er jederzeit abgelöst werden konnte und nur eine begrenzte Zeit zur Verfügung hatte, um sich einen Namen zu machen. Er suchte deshalb fieberhaft nach einem anderen Ausgrabungsort. Dabei behinderte ihn allerdings die Anweisung Grünwedels, die aussichtsreichsten Fundstätten zunächst unberührt zu lassen. Als ihm eines Tages mitgeteilt wurde, daß Grünwedel später kommen werde, beschloß er Ende Februar 1905, trotz gegenteiliger Anweisungen zu einem buddhistischen Höhlenkomplex weiterzuziehen. »Der Ort, an dem es Gemälde gibt«, war sein vielversprechender Name, auf uigurisch: »Bezeklik«.

In dem wildromantischen Tal richtete sich Le Coq mit Bartus und einigen einheimischen Helfern ein Lager in einer Grotte des versteckten Felsentempels ein. Die einstmals bemalten Wände der Grotte waren geschwärzt vom Rauch der Lagerfeuer der Ziegenhirten, die den heiligen Ort seit Jahren als Unterkunft genutzt hatten. Andere Grotten waren jedoch unberührt, da sie im Laufe der Jahrhunderte vollständig von heruntergerieseltem

Sand zugeschüttet worden waren. Die losen Sandhaufen kamen leicht ins Rutschen, wie Le Coq bei einem Erkundungsgang erfahren mußte, so daß er, »im Sande gewissermaßen wassertretend, viele Zentner dieser Anhäufungen abstürzen ließ«. Aber die Mühe lohnte sich.

»Plötzlich, wie durch eine Geistererscheinung, erblickte ich auf den auf diese Weise freigelegten Mauern rechts und links vor mir prachtvolle Gemälde in so frischen Farben, als ob der Maler sie soeben erst vollendet hätte. (...) Ich schwenkte den Hut und rief nach Bartus, der auf der anderen Seite arbeitete; er kam herbei, und wir schüttelten uns erfreut die Hände. Wenn wir diese Bilder retten konnten, war der Erfolg der Expedition gesichert.«

Je weiter sie in den Tempel vordrangen, desto mehr dieser wunderbaren Wandgemälde entdeckten sie: riesengroße Darstellungen des Buddha, Bilder von Menschen, die eindeutig verschiedener Nationalitäten waren – von persischen und indischen Prinzen bis zu einer Figur mit roten Haaren, blauen Augen und europäischen Gesichtszügen. Daneben indische Götter, Bilder von Dämonen, Vögeln mit Menschenköpfen und eines königlichen Jagdausflugs. Alle Darstellungen zeigten das Bemühen um eine realistische Wiedergabe der Personen und keinesfalls die mit Hilfe von Schablonen gemalten schematischen Gesichtszüge.

Le Coq und Bartus beschlossen, diese einzigartigen Gemälde nach Berlin zu transportieren. »In langer und mühsamer Arbeit gelang es, diese Bilder sämtlich herauszuschneiden. Sie kamen nach zwanzigmonatiger Reise auch glücklich nach Berlin, wo sie einen ganzen Saal füllen. Es ist einer der wenigen Tempel, dessen Gemälde in ihrer Gesamtheit nach Berlin gelangt sind.«

Leider wurden diese Bilder im Zweiten Weltkrieg zum großen Teil zerstört oder verschleppt, so daß nur noch einige alte Fotos, die leeren Wände von Bezeklik und die Verbitterung der Chinesen übriggeblieben sind.

Die einzige Abwechslung von ihrer anstrengenden Arbeit bot den deutschen Schatzsuchern die beeindruckende, manchmal auch beängstigende Atmosphäre im Tal von Bezeklik. Le Coq schreibt dazu:

»In der Totenstille, die stets dort herrscht, hörte man das Plätschern des Baches, der unten am Fuß des Ausschnittes in schnellem Gefälle einherbrauste, wie ein verspottendes Lachen. Wenn auch die Landschaft von fabelhafter, unbeschreiblicher Schönheit war, so entbehrte sie, zumal wenn dieses gespenstische Lachen an das Ohr drang, nicht eines gewissen Elements des dämonisch Unheimlichen.

Man begriff, warum überall in diesen Tempeln die Dämonenfratzen an den Wänden erschienen.

Mitten in die Totenstille einer solchen Nacht erschallten plötzlich schauerliche Laute, als ob hundert Teufel auf einmal losgelassen seien. Wir sprangen erschrocken auf, ergriffen unsere Büchsen und liefen auf die Terrasse. Da sahen wir zu unserem Schrecken den ganzen hufeisenförmigen Ausschnitt mit Wölfen besetzt, die, die Nase in die Luft gehoben, mit langgezogenem Geheul den Mond begrüßten. (...) Nach einigen Schüssen, von denen einer einen der Besucher traf, verließen uns die Tiere, nachdem sie ihren angeschossenen Kameraden verzehrt hatten.«

Nachdem sie in Bezeklik so reiche Beute gemacht hatten, fuhr Le Coq mit den bisherigen Funden nach Urumqi, um den Weitertransport mit der Eisenbahn zu organisieren. Diese zweite Turfan-Expedition hatte eine Ausbeute von 103 Kisten zu 100 bis 160 Kilogramm ergeben.

Auf seiner Fahrt hatte er ständig Angst, daß ihm die 6000 Rubel, die er bei sich trug, gestohlen werden könnten. Wenn er irgendwo in einer Karawanserei übernachtete, legte er sie beim Schlafen stets unter sein Kopfkissen und fand nur mit Mühe seine Ruhe. Tatsächlich schnitten eines Nachts Diebe ein Loch in die Lehmwand seines Schlafraums und stahlen seinen Sattel und einige Kleidungsstücke. Seine geraubten Schätze rührten sie nicht an, und sein Geld hatte er mit dem Gewicht seines Körpers beschützt.

Anfang August 1905 konnten Le Coq und Bartus die glühende Hitze in der Turfan-Senke nicht länger ertragen. Beide litten unter einem juckenden Hautausschlag. Um ihn loszuwerden, beschlossen sie, zum 320 Kilometer weiter östlich gelegenen Hami zu ziehen.

Dort wurde ihnen von einer sensationellen Entdeckung berichtet, die ein taoistischer Mönch schon im Jahre 1900 in den Grotten von Dunhuang gemacht habe. Er sei durch Zufall auf eine umfangreiche Bibliothek mit uralten Handschriften gestoßen, die hinter einer Mauer versteckt gewesen sei. Die Nachricht war in den Wirren des Boxeraufstandes untergegangen und wurde ihnen nur durch einen Zufall von einem Händler, der in der Gegend umherreiste, zugetragen.

Diese vielversprechende Spur wollten sie natürlich überprüfen. Doch da erreichte sie ein Telegramm, in dem Grünwedel sich ankündigte und sie bat, sich mit ihm in sechs Wochen in Kashgar zu treffen. Sollten sie der Weisung Folge leisten oder nach Dunhuang gehen? Für beides würde die Zeit nicht reichen. Le Coq entschloß sich, einen chinesischen Silberdollar in die Luft zu werfen und den Zufall entscheiden zu lassen: »Kopf gewinnt, Schwanz verliert!« Der Silberdollar zeigte den Schwanz. Also machten sie sich nach Kashgar auf – und brachten sich dadurch um eine der bedeutendsten Entdeckungen an der alten Seidenstraße.

Anderthalb Monate dauerte ihre Reise, und fast zwei weitere mußten sie in Kashgar auf ihren Chef warten. Erst am ersten Weihnachtstag 1905 konnten sie gemeinsam mit Grünwedel und dessen Mitarbeiter Pohrt zur nächsten Etappe aufbrechen, die als dritte deutsche Turfan-Expedition bezeichnet wurde.

Bis zum Mai 1906 arbeitet die vierköpfige deutsche Mannschaft in Kizil und stößt auf die schönsten Wandbilder, die sie in ganz Xinjiang gesehen hatte. Albert Grünwedel, der eigentliche Expeditionsleiter, schreibt in einem Brief über diesen Aufenthalt: »Was ich hier gesehen habe, geht über alle Begriffe. Hätte ich nur Hände genug, um all das zu kopieren, denn hier bei Kizil sind mehr als 300 Höhlen mit sehr schönen alten Fresken.«

Ende Juni 1906 mußte Le Coq wegen einer immer schlimmer werdenden Krankheit die Ausgrabungen aufgeben und nach Berlin zurückkehren. Aber die anderen vermochten die »Höhle mit den ringtragenden Tauben« fast vollständig zu »bergen« und nach Deutschland zu verfrachten. Ein kleiner Trost für den entgangenen Schatz – den größten, den die Seidenstraße zu vergeben hatte: die Bibliothek von Dunhuang.

Der Welt ältestes Papierarchiv

Am 12. März 1907 erreichte der Orientalist und Archäologe Aurel Stein während eines eisigen Sandsturms Dunhuang. Kurz nach seiner Ankunft hörte auch er die Geschichte, die man Jahre zuvor schon Le Coq erzählt hatte: Ein taoistischer Mönch namens Wang Yuanlu, der sich selbst zum Hüter der Mogao- Grotten ernannt hatte, sei am 22. Juni 1900 zufällig auf einen riesigen Schatz von alten Handschriften gestoßen, der in einer der Höhlen eingemauert war. Entschlossen, dem Gerücht nachzugehen, verlor Stein keine Zeit und machte sich auf den zwanzig Kilometer langen Weg zu den Höhlen.

Fachleute haben die Tempel dieser alten Oasenstadt später als »Kunstgalerie in der Wüste« oder auch als »eines der reichsten Museen der Welt« bezeichnet. Jedenfalls sind die mehr als 730 Grotten mit ihren über 3000 Figuren die größte Anlage dieser Art in Zentralasien. Und, was für uns heute wichtig ist, sie sind besser erhalten als viele andere buddhistische Kulturstätten in China. Bekannt geworden sind sie weltweit durch den Fund des ältesten geretteten Papierarchivs der Welt, das in einer der Grotten lagerte.

Seit mehr als 2000 Jahren war das kleine Dunhuang, heute eine Stadt mit 160 000 Einwohnern, für die vorbeiziehenden Karawanen eine lebenswichtige Station auf der alten Seidenstraße. Dunhuang war die letzte Raststätte vor der gefährlichen Takla Makan, »der Wüste ohne Wiederkehr«. Zwei Routen, eine nördliche und eine südliche, führen den Reisenden am Rand dieser unwirtlichen Ödnis vorbei. Bei Kashgar treffen dann beide Wege wieder zusammen. Während der Blütezeit der Seidenstraße war Dunhuang militärische Festung, strategischer Verkehrsknotenpunkt und die letzte große Wasserstelle, an der sich die Karawanen mit allem Lebensnotwendigen versorgen konnten. Und eine wichtige buddhistische Pilgerstätte, an der die Menschen beteten, ehe sie sich einem ungewissen Schicksal aussetzten. In jüngster Zeit kommen wieder sehr viele Besucher in die Stadt, jährlich ungefähr 130 000. Allerdings sind es keine durchreisenden Kaufleute, sondern Touristen, die sich die alten buddhistischen Grotten ansehen wollen.

Dunhuang galt schon bei den Missionaren, die den Buddhismus von Indien nach China brachten, als heilige Stätte. Im 4. Jahrhundert wurde es Mittelpunkt ihrer missionarischen Tätigkeit. Im Jahre 366 begann ein buddhistischer Mönch namens Lezun damit, eine Grotte in einer 1600 Meter langen Sandsteinwand anzulegen. Andere kleine Grotten mit Wand- und Deckenmalereien entstanden, in deren Zentrum man jeweils eine große Buddha-Figur aus Ton stellte, um die herum man zahlreiche kleinere Buddha-Figurinen gruppieren konnte. Zehn Jahrhunderte lang spendeten Händler und reiche Kaufleute als Opfergabe vor oder nach der Durchquerung der gefährlichen Wüste Geld und Kunstgegenstände. So wurden die Höhlen ständig erweitert, ausgeschmückt und hießen bald schon »Tausend-Buddha-Höhlen«.

Dargestellt wurden buddhistische Gottheiten und Personen aus dem Leben Buddhas oder Geschichten aus der Jataka-Literatur, Märchen, die aus den früheren Leben des Buddha berichten.

Als Vorbilder dienten den Künstlern jedoch damals lebende Menschen. Das reale Leben der damaligen Zeit schlug sich in ihren Formen und Motiven nieder. Darüber hinaus zeigen die Bilder auch charakteristische Merkmale verschiedener Perioden der kulturellen, militärischen und politischen Geschichte.

Was sich hier an Kunstwerken erhalten hat, reicht von naivsten Darstellungen volkstümlicher Frömmigkeit bis zu künstlerisch hochstehenden Gemälden. Sie zeigen auf eindrucksvolle Weise das Leben auf der Seidenstraße und sind für Historiker eine wahre Fundgrube. Nicht nur der Tagesablauf der Mönche oder die Verhaltensregeln für Nonnen und Mönche, sondern das religiöse Leben überhaupt ist hier illustriert. Daneben finden sich immer wieder auch historische oder Alltagsszenen, Kostüme, Kultobjekte, Tänze, Musikinstrumente, kurzum: alles, was in einer bestimmten Epoche von Bedeutung schien.

Dabei entwickelten die Maler von Dunhuang einen ganz besonderen Stil, der sich besonders gut in den Darstellungen von Musikanten, Tänzerinnen und Tänzern sowie fliegenden Himmelswesen, Apsaras genannt, nachvollziehen läßt. In der Tang-Dynastie wurden diese Apsaras nicht mit normalen Flügeln gemalt wie unsere Engel: Sie schweben vielmehr durch die Lüfte – ein Eindruck, der durch herumwirbelnde Tücher und entsprechende Körperhaltungen erzeugt wird. Diese buddhistischen Himmelsgestalten sind zu einem Wahrzeichen von Dunhuang geworden.

Schon Anfang der vierziger Jahre hat der bekannte Maler Zhang Daqian die Grotten neu durchnumeriert und viele Reproduktionen der Wandmalereien angefertigt, um sie der Nachwelt zu erhalten. Seit 1949 bemüht sich die chinesische Regierung um die Konservierung dieses einmaligen Kulturdenkmals und richtete dafür das Forschungsinstitut für die Kunst Dunhuangs ein. Daraus wurde später das Dunhuang-Institut, das heute mehr als 120 Mitarbeiter beschäftigt. Es ist als zentrales Forschungsinstitut Chinas sowohl für den Schutz der Höhlen und Dokumente als auch für deren Studium zuständig und besteht aus neun Abteilungen: unter anderem dem archäologischen Institut, dem Institut für Denkmalschutz, dem Kunstinstitut und dem Institut für Dokumente. 1987 wurden die einzigartigen Höhlen mit ihren insgesamt 60 000 Quadratmetern bemalter Wandfläche und über 3000 Plastiken zum Weltkulturerbe erklärt. Doch es bleibt noch viel zu tun, um diesem Anspruch zu genügen.

Über die Jahrhunderte waren die Höhlen und die darin enthaltenen Kunstwerke dem Einfluß von Wasser, Sand und Luftfeuchtigkeit ausgesetzt, so daß sie teilweise stark beschädigt sind. Durch ihre Wiederentdeckung zu Anfang des Jahrhunderts verschlimmerte sich ihr Zustand noch, denn sowohl Schatzsucher als auch normale Besucher richteten beträchtliche Schäden an, indem sie Teile der Bilder und Figuren entfernten oder sich an den Wänden zu verewigen suchten. Das Dunhuang-Institut hat deshalb die schwierige Aufgabe, Besucher anzulocken und die Grotten gleichzeitig vor den Besuchern zu schützen. Einerseits braucht Dunhuang das Geld der Touristen und Sponsoren, um die Grotten zu erhalten. Die kommen jedoch nur, wenn die Höhlen weltweit bekannt gemacht werden.

Andererseits sind diese Besucher aber eine große Gefahr für die Kunstschätze. Jeder, der in den Grotten die Malereien und Plastiken bewundert, schadet durch die Feuchtigkeit in seiner Atemluft dem Putz, der abzubröckeln beginnt. Messungen in einer großen Höhle haben ergeben, daß die Luftfeuchtigkeit nach dem Besuch von vierzig Touristen doppelt so hoch ist wie zuvor. Außerdem fällt bei jedem Öffnen der Türen Tageslicht auf die Bilder, was zur Zerstörung der Farbpigmente führt.

Seit Beginn der Öffnung Chinas zum Westen waren mehr als zwei Millionen Besucher in Dunhuang: sowohl Chinesen als auch Ausländer aus über achtzig Ländern, unter ihnen Staatsoberhäupter, hohe Staatsbeamte, Wissenschaftler, Studenten und Touristen. Das Dunhuang-Institut gibt deshalb immer nur dreißig bis vierzig Höhlen für Besucher frei, und das in ständigem

Wechsel, damit nicht einzelne überbelastet werden. Außerdem veranstaltet es in einem neuerrichteten Gebäude Ausstellungen mit den wichtigsten Wandbildern, die von berühmten chinesischen Künstlern originalgetreu reproduziert wurden.

Die Akademie hat bereits zahlreiche Ausstellungen realisiert. Dazu gehörten die Dunhuang-Kunstschau, die Ausstellung von Wandgemälden aus Dunhuang und eine Ausstellung »Dunhuang in der Wüste«, mit Reproduktionen von Funden, Wandgemälden und Figuren. Diese Ausstellungen wurden mit großem Erfolg auch im Ausland gezeigt.

Eine der Hauptaufgaben des Dunhuang-Instituts besteht darin, die Wände zu konservieren. Dabei versucht man, die alte Form zu erhalten und nicht durch neuen Putz und neue Farben zu ersetzen, wie es früher gemacht wurde. In den letzten zehn Jahren konnten auf diese Weise 1860 Quadratmeter bemalter Wandfläche gerettet und 223 Figuren restauriert werden.

Als Aurel Stein im Jahre 1907 beschloß, nach Dunhuang zu ziehen, hatte er zunächst nicht die Absicht, dort Forschungen anzustellen oder Ausgrabungen vorzunehmen. Die Mogao Ku, die Grotten von Dunhuang, waren seit langem bekannt. Schon der russische General Nikolaj Prževalski, einer der Pioniere der Erforschung Zentralasiens, hatte sie schon 1879 besucht und in seinem Expeditionsbericht begeistert darüber geschrieben. Auch die Mitglieder einer ungarischen geologischen Expedition hatten die Grotten besucht und Aurel Stein einen Besuch empfohlen. Er war deshalb sehr gespannt auf den berühmten Ort. Doch als er ihn endlich erreichte, war die für ihn wichtige Höhle zugesperrt.

Man kann sich die Enttäuschung Steins gut vorstellen, als er erfuhr, daß Wang Yuanlu nicht anwesend war. Auch damals wurden die Grotten schon bewacht. Diese Aufgabe oblag einem jungen buddhistischen Mönch, der Stein einige Grotten zeigte. Aber den Schlüssel zu der Höhle, in der die Handschriften lagerten, hatte Wang Yuanlu mitgenommen. Der freundliche junge

Buddhist ließ Stein jedoch einen Blick auf eine Handschrift werfen, die sich zufällig in seiner Klause befand. Stein erkannte sofort, daß es sich um ein sehr wertvolles altes Manuskript handelte, das sehr gut erhalten war. Er ließ durch seinen chinesischen Assistenten Jiang sofort Nachforschungen über die alte »Bibliothek« anstellen. Das Ergebnis: Es mußte sich um mehrere Wagenladungen von Papieren handeln, die Wang auf Anweisung der Provinzregierung unter Verschluß hielt.

Da der Hüter der Grotten erst in einigen Wochen zurückerwartet wurde, nutzte Stein die Zeit zur näheren Erkundung von geheimnisvollen Mauerresten und Turmruinen, auf die er während der Reise von Miran nach Dunhuang gestoßen war. Doch in der Oasenstadt Dunhuang hatte er große Schwierigkeiten, Hilfskräfte für seine Ausgrabungsarbeiten zu finden, weil die meisten Männer bei Aufständen ums Leben gekommen waren. Die übriggebliebenen mußten in der Armee dienen. Stein schreibt in seinem Buch »Ruins of Desert Cathay«: »Ich machte mich mit der unmöglichsten Mannschaft auf den Weg, die ich je zu Ausgrabungsarbeiten geführt habe, die Leute waren träge und vom Opium geschwächt.«

Trotzdem gelang es ihm schon bald, anhand von beschriebenen Schrifttafeln, die er bei einer der Turmruinen fand, den Beweis zu erbringen, daß es sich bei den verfallenen Bauten in der Nähe Dunhuangs um Überreste der westlichen Verlängerung der 2000 Jahre alten Großen Mauer handelte. Weitere Funde bestätigten seine These.

Nach wochenlanger Suche stieß er schließlich auch auf die Ruinen des berühmten Jadetores, das von zahllosen Dichtern des alten China besungen worden war, sowie auf Reste des alten Versorgungslagers für die Festung Yumenguan. Der amerikanische Schatzsucher Langdon Warner spricht in diesem Zusammenhang von »einer der dramatischsten Entdeckungen unserer Zeit und einem kaum zu überschätzenden Beitrag zur Erhellung der frühen Geschichte Chinas und Zentralasiens«.

Die gewaltige Festung Yumenguan markierte einstmals den äußersten westlichen Rand des chinesischen Reiches. Wer durch das berühmte Jadetor schritt, verließ die Sicherheit des Reiches der Mitte und begab sich auf ungewisse Wege durch die Wüste des Todes. Jahrhundertelang hatte der Reise- und Handelsverkehr entlang der Seidenstraße von und nach China dieses gewaltige Tor passieren müssen.

Bereits im Jahre 200 v. Chr. war Yumenguan unter den Han-Kaisern zu einer Garnison ausgebaut worden. Aufgabe der hier stationierten Soldaten war es, den Handel auf der Seidenstraße zu kontrollieren und zu schützen. Gleichzeitig hatten sie die Grenze des chinesischen Kaiserreiches gegen die Xiongnu, die »fremden Teufel« des chinesischen Altertums, zu verteidigen, die im Laufe der Jahrhunderte immer wieder versuchten, den Chinesen die Kontrolle über diese für den Handel so wichtige Region zu entreißen. Die hier stationierte Garnison war auch dafür zuständig, bei Überfällen durch Nomaden den Schutz Dunhuangs und damit der ganzen Provinz Gansu zu übernehmen.

An Freunde in England schreibt Stein: »Wenn ich diese Mauer entlangreite, um weitere Türme zu untersuchen, habe ich manchmal das Gefühl, ich inspizierte noch immer von lebenden Soldaten besetzte Außenposten. Wenn man sieht, daß der Kehricht aus den Hütten der Soldaten jetzt praktisch vor den Türen an der Erdoberfläche liegt, erscheinen einem 2000 Jahre als eine recht kurze Zeitspanne.«

Am 21. Mai 1907 gelang es Stein schließlich, den taoistischen Mönch Wang bei den Grotten anzutreffen. Er hatte sofort den Eindruck, daß es schwierig sein würde, den mißtrauisch und verschlagen wirkenden Mann zu überzeugen, ihm Einblick in die versteckte Bibliothek zu gewähren. Gemeinsam mit seinem chinesischen Mitarbeiter Jiang entwickelte er eine Strategie, um langsam das Vertrauen Wangs zu gewinnen. Da er erfahren hatte, daß Wang unterwegs gewesen war, um Geld für die Erneuerung der Grotten zu sammeln, heuchelte er reges Interesse für diese

Restaurierungsbemühungen, obwohl er sie in Wahrheit geschmacklos fand. Als nächstes gewann er Wangs Sympathie dadurch, daß er auf den buddhistischen Mönch Xuanzang zu sprechen kam, der auf seiner Pilgerfahrt wichtige buddhistische Originaltexte aus Indien geholt hatte. Stein war in den Räumen des Hüters der Grotten ein Wandbild aufgefallen, das Xuanzang zeigte. Er schloß daraus, daß Wang den chinesischen Pilgermönch verehrte, der während der Tangzeit (618-906) gen Westen gepilgert war. Stein gab sich deshalb als Schüler Xuanzangs aus, der seinem hochverehrten Schutzpatron in allem nacheifere; aus diesem Grund habe er dessen Reiseroute von Indien nach China verfolgt und sich auch auf die Suche nach den ursprünglichen Schriften des Buddhismus gemacht, die Xuanzang einst nach China gebracht hatte.

Der Hinweis auf den chinesischen Pilgermönch tat sofort seine Wirkung. Noch am selben Abend erschien Wang mit einer Schriftrolle, die er unter seiner Robe versteckt hielt, und überreichte sie Steins Assistenten Jiang zur Einsichtnahme. Der konnte sie als eine der chinesischen Übersetzungen buddhistischer Sutras identifizieren, die Xuanzang seinerzeit aus Indien mitgebracht hatte. Jiang tat sehr überrascht. Die Tatsache, daß der Hüter der Grotten gerade dieses Manuskript mitgebracht hatte, müsse ein Hinweis aus dem Jenseits sein. Er erklärte dem erstaunten Wang, Xuanzang selbst müsse ihn geleitet haben, ausgerechnet diesen Text auszusuchen, um Stein, diesen Bewunderer und Jünger Xuanzangs aus dem fernen Indien, auf die heiligen Texte in Dunhuang aufmerksam zu machen, damit er diese dorthin zurückbringen könne, woher sie einst gekommen seien.

Der taoistische Mönch, ein einfacher Mann bäuerlicher Herkunft, war zutiefst von dem gebildeten Herrn aus dem Westen beeindruckt. Die Mauer, hinter der die Handschriften verborgen waren, wurde beseitigt, und mit Hilfe von Wangs Öllampe warf Stein einen ersten Blick in die geheime Höhle – ein Ereignis, das verglichen wurde mit dem ersten Blick, den Howard

Carter fünfzehn Jahre später im flackernden Licht einer Kerze in die Grabkammer Tut-ench-Amuns tat.

Ähnliche Gefühle bewegten auch Stein. Er schrieb: »Was ich in dem kleinen Raum zu Gesicht bekam, ließ mich die Augen aufreißen. Übereinandergeschichtet, aber ungeordnet erblickte ich im trüben Licht der kleinen Lampe des Mönchs einen etwa drei Meter hohen Berg aus gebündelten Handschriften, der, wie spätere Messungen ergaben, ein Volumen von fast 500 Kubikfuß hatte.«

»The Times Literary Supplement« berichtete ausführlich über Steins Erfolg und kommentierte: »Nur selten hat ein Archäloge eine so wunderbare Entdeckung gemacht.«

Die Höhle selbst, dieses »schwarze Loch«, wie Stein sagte, war natürlich viel zu klein, um darin arbeiten zu können, so daß die Begutachtung der Schriften, die Wang nun nach und nach anschleppte, in einem kleinen Raum in der Nähe stattfand. Stein hatte dem Mönch inzwischen auch eine Spende für seine Restaurierungsarbeiten versprochen und verleitete ihn allmählich von einem Zugeständnis zum nächsten. »Wir sorgten dafür, daß ihm nicht viel Zeit zum Nachdenken blieb«, gestand Stein in seinem Buch.

Bei dem, was ihnen Wang nun nach und nach vorlegte und nach der Besichtigung immer wieder mitnahm, handelte es sich in der Tat um einen wirklichen Schatz. Das Ganze wurde später zu Recht mit dem Auffinden der Schriftrollen vom Toten Meer verglichen. Nach vorsichtigen Schätzungen enthielt die berühmte Bibliothekshöhle von Dunhuang, Canjing Dong, jetzt Höhle 17, wahrscheinlich mehr als 45 000 Schriftrollen mit buddhistischen Texten, alten administrativen Papieren, Webarbeiten und Malereien. Es waren Stücke, die in der Zeit vom 3. bis zum 11. Jahrhundert entstanden sind und wertvolle Informationen über Politik, Ökonomie, Militärwesen, Kultur, Religion, Literatur, Musik, Tanz, Kalligraphie, Architektur und Medizin enthielten.

Allerdings hat weder die Fachwelt noch die breite Öffentlichkeit ihre große Bedeutung bisher richtig wahrgenommen, obwohl es sich nachweislich um das älteste Papierarchiv der Menschheit handelt: Unzählige Manuskripte in Chinesisch, Sanskrit, Sogdisch, Tibetisch, in alttürkischer Runenschrift, Persisch und unbekannten, längst ausgestorbenen Sprachen erzählen vom Siegeszug der buddhistischen Mission zu Beginn unserer Zeitrechnung, von einem indischen Großreich, das bis an die Pforten Chinas reichte, von christlichen Sekten und Abtrünnigen der Lehren Zarathustras und von chinesischer Geschichte. Es fand sich darin auch eines der wichtigsten Zeugnisse der gerade erst erfundenen Kunst des Blockdrucks: eine gedruckte Version des »Diamant-Sutra«, mit der Jahreszahl der Herstellung versehen, das älteste Buch der Welt, aus dem Jahre 868. Es besteht aus sieben zusammengehefteten Papierstreifen und enthält auf dem ersten Blatt eine mit großer Kunstfertigkeit geschnittene Illustration.

Dabei fand Stein auch Bilder, die bewiesen, daß der Einfluß griechischer Kultur und die erste »multikulturelle«, die »serindische« Kunst sich sogar bis nach China ausgebreitet hatten.

In der Eile konnte Stein die einzelnen Dokumente nicht genau analysieren lassen, um eine gezielte Auswahl zu treffen. Er selbst vermochte die chinesischen Texte überhaupt nicht zu entziffern, und sein Assistent Jiang verstand sehr wenig vom Buddhismus. Deshalb wählte er manche Texte mehrfach aus, andere nur in Teilen. Als Stein den Hüter der Grotten schon fast davon überzeugt hatte, daß er eine Auswahl der Objekte mitnehmen dürfte, standen er und Jiang eines morgens vor verschlossenen Türen und erfuhren, daß Wang ohne die geringste Vorankündigung abgereist sei.

Sie hatten nichts in Händen, denn Wang hatte alle Schriften immer wieder zurück in die Höhle getragen. Wochenlang sahen sie ihre Bemühungen in Frage gestellt. Verzweifelt suchten sie überall nach Wang und erhielten die verschiedensten Hinweise. Er war überall in der Stadt aufgetaucht und hatte sich mit vielen Menschen unterhalten, aber niemand wußte, wo er sich gerade aufhielt. Eine ganze Woche lebten Stein und Jiang in völliger Ungewißheit, bis sich die Situation schließlich aufklärte: Wang erschien plötzlich wieder, als sei nichts geschehen. Er hatte befürchtet, daß Steins Mitarbeiter etwas über das heimliche »Geschäft« ausgeplaudert haben könnten. Nachdem er beruhigt zurückgekehrt war, lieferte er die Manuskripte ohne große Diskussion, aber in aller Heimlichkeit aus.

Wie Diebe in der Nacht bargen Stein und seine engsten Mitarbeiter die ersehnten Schätze. Heimlich mußten sie sich Kisten für den Transport beschaffen und etwa 7000 vollständige Texte und etwa 6000 Fragmente unter größter Geheimhaltung verpacken.

Die Szene, wie Aurel Stein mit seinem wertvollen Gepäck Dunhuang schließlich als großer Sieger des Wettrennens um die Schätze der Seidenstraße verließ, hat ein junger chinesischer Dichter folgendermaßen beschrieben: »Es war Abend, als Steins Karawane mit zwölf großen Kisten loszog und einen letzten Blick in die blutrot untergehende Sonne warf, in die blutende Wunde einer ganzen Nation.«

Bei seiner Heimkehr nach Indien erwartete ihn ein triumphaler Empfang. Der König bekleidete ihn mit der Würde eines »Companion of the Order of the Indian Empire« und erhob ihn zwei Jahre später in den Adelsstand. Die Universitäten Oxford und Cambridge verliehen ihm die Ehrendoktorwürde, die Royal Geographical Society die Goldmedaille, und die Deutschen ließen ihm für seine Leistungen eine beträchtliche Geldprämie überreichen. In Budapest wurde er als ein Sohn des ungarischen Volkes gefeiert, der seinem Vaterland Ehre gemacht hatte.

Voller Befriedigung berichtete Stein später in einem Brief an einen Freund, daß dieser wichtige Teil des ältesten Papierarchivs der Welt den englischen Steuerzahler lediglich 130 Pfund gekostet habe.

Räuber oder Archäologen?

Eines der zentralen Probleme der Dunhuang-Forschung ist, daß die Dokumente aus der antiken Bibliothek über viele Länder verstreut sind. In einer chinesischen Veröffentlichung haben wir Zahlen gefunden, die zwar nach Angaben von Frau Professor Fan, der Leiterin des Dunhuang-Instituts, keinesfalls als gesichert gelten können, meiner Meinung nach die Fakten jedoch ziemlich realistisch widerspiegeln. Danach sollen sich in China etwa 20 000, in Großbritannien 13 700, in Russland 12 000, in Frankreich 6000, in Indien 2000 und in Japan 45 Texte befinden. Außerdem soll es noch Texte in Taiwan, in den USA, in Deutschland, in Dänemark, in Finnland, in Korea, in Australien und in Schweden geben.

Zwei Hauptprobleme machen eine genaue Bestimmung der Anzahl der Dokumente unmöglich. Erstens kann man nicht sagen, wie viele Texte in wie viele unterschiedliche Teile zerpflückt worden sind, und zweitens weiß man nicht, wie viele noch in Privatarchiven versteckt gehalten werden.

Ein Jahr nachdem Stein den großen Fang in Dunhuang gemacht hatte, erschien der Franzose Paul Pelliot bei Wang Yuanlu in den Mogao-Grotten. Er hatte den großen Vorteil gegenüber Stein, daß er Chinesisch sprach. Es war für ihn kein Problem, Wang zu überzeugen, ihn in seine Bibliothek einzulassen. Als Pelliot die noch vorhandenen Texte einmal durchgesehen hatte, schätzte er, daß es sich immer noch um ungefähr 15 000 bis 20 000 Handschriften handeln mußte. Er kam aber zu der Einschätzung, daß der taoistische Mönch in den acht Jahren nach Entdeckung der Bibliothek schon viele herausgegeben hatte. Pelliot selbst war zum Beispiel durch einen Text, den ihm ein Freund in Urumqi geschenkt hatte, auf die Dunhuang-Bibliothek aufmerksam geworden, und schloß daraus, daß viele davon in Umlauf seien. Am Ende seines Besuchs nahm Pelliot ungefähr 6000 Schriftstücke mit.

Als nächste erschienen die Japaner bei den »Höhlen der tausend Buddhas« und erhielten von Wang etwa 600 Texte. Dann kam Stein zum zweiten Mal und zog mit sechs Kisten voller Handschriften davon. Ihm folgte der Russe Sergei Oldenburg. Als letzter tauchte auch noch der Amerikaner Langdon Warner auf, dem es sogar gelang, dem taoistischen Mönch eine Plastik abzuschwatzen und mitten im Winter in den Grottenwänden einige Wandbilder abzulösen. Später wurde die Fremdenfeindlichkeit in China so groß, daß kein »Westler« mehr dort arbeiten konnte.

Seit das Forschungsinstitut seine Arbeit aufgenommen hat, versucht man geduldig, die Dokumente aus der antiken Dunhuang-Bibliothek zurückzuerhalten. Das Stadtmuseum in Dunhuang hat damit begonnen, in Privatbesitz befindliche Texte aufzukaufen. Man bekam einige Stücke von Chinesen zurück, doch es war so gut wie unmöglich, mit Ausländern zu verhandeln. Als einziger hat 1991 ein Japaner etwas freiwillig zurückgegeben: Er schenkte dem Museum acht Texte, die er von seinem Vater geerbt hatte.

Als die alten Mitarbeiter des Dunhuang-Instituts vor Jahren beim Frühlingsfest zusammensaßen, entwickelten sie folgende Idee: Wenn es schon nicht möglich ist, die Papiere zurückzubekommen, dann sollte man einige wenigstens für eine Ausstellung zum hundertjährigen Jubiläum ihrer Entdeckung bei den ausländischen Institutionen ausleihen. Doch nicht einmal das war möglich. Kein Museum und keine Bibliothek der Welt würde eine solche Menge von Texten für so lange Zeit weggeben.

Deshalb forschen die beiden chinesischen Autoren Song Jiayu und Zhang Gong monatelang in London und begannen, chinesische und tibetische Schriften für eine möglichst vollständige Veröffentlichung zu fotografieren. Den Bericht über ihre Arbeit konnten sie zum Jubiläum am 22. Juni 2000 vorlegen; die Buchveröffentlichungen werden allerdings noch etwas auf sich warten lassen, da dabei sehr hohe Kosten anfallen.

Im November 1997 trafen sich viele Dunhuang-Forscher in Peking, um auf einer Tagung über die Möglichkeiten einer Rückgabe von Dokumenten zu diskutieren. Ein reicher Geschäftsmann erklärte sich damals bereit, Geld für die Bezahlung eines international renommierten Anwalts zu spenden, der in den jeweiligen Ländern Klage auf Rückgabe der Texte führen sollte. Der Gedanke wurde allerdings rasch wieder verworfen, da die meisten Dokumente vom Hüter der Schätze, von Wang Yuanlu, verkauft worden waren. Man kam damals zu dem Schluß, daß sich das Problem nur durch freundschaftliche Gespräche und im gegenseitigen Einvernehmen lösen ließ. Mit den ausländischen Institutionen sollten Vereinbarungen getroffen und mit den verschiedenen Regierungen Verträge geschlossen werden.

Der Bericht der beiden Autoren, die über ein halbes Jahr in London recherchiert und fotografiert hatten, war zumindest sehr aufschlußreich. Als sie in der British Library ihr Anliegen vortrugen, waren sie völlig überrascht, daß man ihnen sofort und problemlos die Erlaubnis erteilte, die alten Dokumente abzulichten. Damit hatten sie nicht gerechnet. Uns hat man es bei den Dreharbeiten in China jedenfalls nicht so leicht gemacht, weil es dort eben immer noch eine Verletztheit und ein tiefes Mißtrauen gibt.

In dem Interview mit der Leiterin des Dunhuang-Instituts kommt das sehr deutlich zum Ausdruck. Frau Professor Fan argumentierte folgendermaßen: »Im Jahre 1900 entdeckte der Mönch Wang zufällig die Cang Jing Dong, die Höhle Nummer 17. Er machte damit eine Entdeckung von Weltbedeutung. Die chinesische Regierung ließ daraufhin die Höhle vollständig sperren. Als Aurel Stein sich die Dokumente unter Umgehung des offiziellen Weges aneignete, hat er gegen bestehendes Gesetz verstoßen.

Steins Vorgehen war außerdem betrügerisch. Er hat Wangs Respekt vor Xuanzang geschickt ausgenutzt, um dessen Zweifel zu zerstreuen. Er hat sich sein Vertrauen erschlichen, indem er ihm Geld für seine Renovierungsarbeiten anbot.

Stein hat bei seinem Vorgehen behauptet, er sei Wissenschaftler, Archäologe. Tatsächlich hat er sich aber keineswegs entsprechend verhalten. Er hat vielmehr ein großes Durcheinander in der Bibliothek angerichtet, was von keinerlei Sachverstand zeugt. Durch sein unwissenschaftliches Vorgehen wissen wir heute noch nicht, wie es damals in der Höhle 17 wirklich ausgesehen hat und in welchem Originalzustand die Dokumente waren.

Außerdem hat er für die wertvollen Texte einen lächerlichen Preis bezahlt. Jedes einzelne Stück, das er mitnahm, ist mehr wert als der Betrag, den er für sämtliche Stücke bezahlt hat. Das war kein ehrliches Geschäft, das war Betrug.

Das Problem der Rückgabe muß man von mehreren Seiten betrachten: Wir Chinesen empfinden den Diebstahl der Dokumente als Verletzung unserer Gefühle. Damit hat man uns bedeutende Kulturgüter, wichtige Bestandteile unserer Kulturtradition, entwendet.

Für die Erforschung der Dunhuang-Dokumente stellt der jetzige Zustand eine große Behinderung dar, denn sie konnten immer noch nicht vollständig erfaßt werden, weil sie über die ganze Welt verstreut sind. Man weiß nicht einmal, wie viele Stücke es überhaupt gibt. Manche Wissenschaftler sprechen von 40 000, andere von 50 000 – wir haben keine genauen Zahlen. Inzwischen wurden zwar in vielen Ländern schon Kataloge angefertigt, doch es gibt nach wie vor keine vollständige Übersicht über den Bestand. Denn nicht nur Stein, sondern auch der Franzose Pelliot, der Japaner Tachibana und der Russe Oldenburg haben je einen Teil der Dokumente an sich genommen; viele wurden dabei auseinandergerissen. Es gibt Fälle, da befindet sich ein Teil in Großbritannien, ein Teil in Frankreich und ein Teil in China. Mit Teilstücken läßt sich jedoch keine Forschung betreiben. Chinas Wissenschaftler hoffen deshalb, daß alle Dokumente in ihre Heimat zurückkehren.

Andererseits muß man auch bedenken, daß Stein ein Stück der Kultur unseres Landes in den Westen gebracht hat.

Natürlich sind nicht nur wir Chinesen an der Erforschung dieser Kulturgüter interessiert, auch im Westen interessieren sich viele Wissenschaftler dafür. Der chinesische Wissenschaftler Ji Xianren hat das so formuliert: Dunhuang liegt zwar in China, aber die Dunhuang-Forschung findet in der ganzen Welt statt. In der Tat sind nicht nur chinesische Wissenschaftler glücklich über neue Forschungsergebnisse. Darum halten wir es auch für wichtig, daß die Wissenschaftler Chinas und die Wissenschaftler anderer Länder zusammenarbeiten. Aber das Problem der Rückführung der Kulturschätze in ihre Heimat läßt sich natürlich nicht auf wissenschaftlicher Ebene lösen. Eine Rückgabe wird offizielle Abkommen zwischen den Regierungen vieler Länder erforderlich machen.«

Ähnliche Gefühle, wie sie Frau Professor Fan beschreibt, sind in der Geschichte immer wieder geäußert worden. In seinem Buch »Kunstraub« zitiert Wilhelm Treue einen nicht namentlich genannten französischen Gelehrten um 1895 mit folgenden Worten:

»... solche Eroberungen sind mehr als nur die Beleidigung einer Generation – einer Generation, die schnell vergeht und noch schneller vergißt; sie sind vielmehr eine Wunde, die man dem geschichtlichen Empfinden eines ganzen Volkes zugefügt hat. Der Besiegte verbindet damit eine ebenso brennende wie dauernde Vorstellung: die Verwandlung einer Niederlage in eine ewige Kränkung.«

Ähnliche Diskussionen wurden eigentlich nur nach kriegerischen Auseinandersetzungen geführt, denn immer schon waren die Kunstschätze der Besiegten Gegenstand von Plünderungen, Raub und Zerstörung, sei es aus Geldgier, aus reiner Zerstörungswut oder weil man den besiegten Gegner erniedrigen wollte. Eine archaische Form, die Macht über den Besiegten zu demonstrieren, indem man ihn wichtiger persönlicher Gegenstände beraubt.

Spätestens seit den Raubzügen der Beauftragten Napoleons spielte die Absicht der Sieger eine wesentliche Rolle, die Kunstschätze dorthin zu bringen, wo sie »eigentlich« hingehörten: in das Zentrum der »zivilisierten« Welt. Oft ist es zwar nicht erklärte Absicht, wohl aber ein unbewußtes Motiv gewesen, den Raub von Kunstwerken auch als eine Art von Sieg über die Kultur des Schwächeren zu manifestieren, als Ergänzung des militärischen Triumphes. Fast immer war der Hochmut des Stärkeren im Spiel, der sich auch gleichzeitig als der Zivilisiertere betrachtete und wertvolle Kunstschätze vor dem Zugriff von »Barbaren« schützte, um sie in die Hände derer zu geben, die sie auf Grund ihrer Kultiviertheit richtig zu schätzen wußten.

Bei der Argumentation der Chinesen ist heute noch zu spüren, daß sie mit der Entführung ihrer wertvollen Kunstschätze die Erinnerung an die schlimme Erfahrung mit den Europäern am Anfang des 20. Jahrhunderts verbinden, als das »Reich der Mitte« zutiefst gedemütigt wurde. Sie wollen deshalb keinen Unterschied machen zwischen den Soldaten, die den alten Sommerpalast in Peking plünderten, und den Archäologen, die ihnen die Schätze der Seidenstraße raubten.

China wurde im Verlauf seiner 5000 Jahre langen Geschichte mehrfach besiegt und von barbarischen Nachbarvölkern beherrscht. Es blieb dabei aber immer ein chinesisches Reich, in dem der Kaiser, der Sohn des Himmels, sich als Herrscher über alle Menschen verstand. Daran haben auch die fremden Machthaber nichts geändert. Sie übernahmen diese Rolle und wurden sehr schnell zu chinesischen Herrschern; viele von ihnen waren sogar konfuzianischer als andere chinesische Kaiser.

Die westlichen Industriestaaten hingegen haben durch ihr Auftreten als Kolonialherren das chinesische Weltbild zerstört. Sie haben den Chinesen sehr deutlich gezeigt, daß sie nicht bereit waren, vor dem Sohn des Himmels auf die Knie zu fallen. Damit brach das Selbstverständnis Chinas als »Weltreich« in sich zusammen. Übrig blieb ein Entwicklungsland. Die ausländischen Archäologen konnten deshalb auch nicht als Wissenschaftler wahrgenommen werden, die mit ihren chinesischen Kollegen gemeinsam archäologische oder geschichtswissenschaftliche Probleme lösen wollten, sondern nur als Repräsentanten von Kolonialmächten, die sich das Recht nahmen, alles mitgehen zu lassen, was ihnen gefiel.

Keiner der Reisenden oder Forscher aus dem Abendland hatte jedoch das Gefühl, etwas Unrechtes zu tun. Sie waren vielmehr alle engagierte Spezialisten, die meist mit großer Liebe zu dieser Kultur und mit umfassenden Kenntnissen ans Werk gingen. Unter den gegebenen schwierigen Bedingungen arbeiteten sie, so gut sie es vermochten. Sie konnten auch deshalb kein Unrecht empfinden, weil sie von ihren Regierungen motiviert, unterstützt und nach ihrer Rückkehr als Helden gefeiert wurden. Man darf auch nicht vergessen, daß ihre Reise- und Forschungsberichte jahrzehntelang als einzigartig dastanden: Chinesische Wissenschaftler hatten alldem nichts entgegenzustellen. Erst in jüngster Zeit haben die Chinesen angefangen, sich »fachgerecht« und nach modernen wissenschaftlichen Standards mit ihrem kulturellen Erbe auseinanderzusetzen. Beispielsweise wurde über den rätselhaften Untergang Loulans immer wieder wortreich geredet, aber kein Chinese hätte es gewagt, dort zu graben. Den Bann haben erst die Europäer gebrochen.

Außerdem darf man bei der Diskussion um die Rückgabe der Texte nicht vergessen, daß Aurel Stein sich keinen persönlichen Vorteil verschaffen wollte, als er die Texte in Dunhuang so billig wie möglich erwarb, sondern für den englischen Steuerzahler Geld zu sparen versuchte. Wie sich später herausstellen sollte, waren die Preise, die andere Archäologen zahlten, sehr ähnlich und wurden von Wang Yuanlu zumindest mitbestimmt. Es gibt also keinen Grund, Stein persönlich an den Pranger zu stellen. Er war eine von vielen Figuren im Spiel der internationalen Politik und im zeitgenössischen Wissenschaftsbetrieb.

Vielleicht sollte man ihm gerade in Dunhuang sogar dankbar sein, daß er die Stadt durch seinen großen Coup als eine »Pilgerstätte des nationalen Unrechts« auch international berühmt gemacht hat. Es gibt sehr viele Höhlenanlagen in China, über die man kaum spricht und in deren Konservierung kein Geld fließt.

Auch all die anderen Forscher, die zu Beginn des 20. Jahrhunderts Zentralasien erforschten, haben dazu beigetragen, den alten Mythos »Seidenstraße« wiederaufleben zu lassen und auf diese Weise wichtige touristische Ziele Chinas zu entdecken.

Wahrscheinlich ist es auch kein Zufall, daß die »fremden Teufel« nicht das Grab des Ersten Kaisers, sondern die »Schätze der Seidenstraße« geplündert haben. Diese einzigartigen Zeugnisse multikultureller Vielfalt wurden im Land der Mitte nie als ursprünglich chinesisch angesehen, sondern als Hervorbringungen fremder Religionen aus dem Westen und Süden. Deshalb wurden diese Kulturschätze im äußersten Grenzbereich auch nicht sonderlich geschützt. Die Regierung in Peking hat zum Beispiel durch Paul Pelliot von den Texten erfahren, jedoch keine geeigneten Maßnahmen ergriffen, um den Mönch Wang Yuanlu daran zu hindern, sie weiterhin zu verkaufen. Andererseits war das Interesse vieler Nationen an diesen Schätzen genauso groß wie das der Chinesen, weil auch die Völker des Westens darin Züge ihrer eigenen Kultur entdeckten.

Leider hat die Tatsache, daß viele Völker diese Kultur hervorgebracht hatten, dazu geführt, daß kein Volk sie als ihr ureigenstes Erbe angesehen hat. Für eine »Weltkultur« fühlte sich im Zeitalter der Nationalstaaten niemand verantwortlich. Vielleicht ist das eine Erklärung dafür, daß man sie bis heute nicht in die Reihe großer archäologischer Entdeckungen aufgenommen hat.

Wie konnte es geschehen, daß das »Diamant-Sutra«, das älteste gedruckte Buch der Welt, als einer der größten Schätze des British Museum gefeiert wurde und ein Großteil der von Aurel Stein beschafften Schätze lange unbearbeitet in den Depots des Hauses herumlagen? Auch in anderen Ländern dämmerten wichtige Zeugnisse dieser untergegangenen Kultur Jahrzehnte in der Dunkelheit der Archive vor sich hin und wurden der Öffentlichkeit nicht angemessen zugänglich gemacht.

Erst in jüngster Zeit erinnert man sich wieder an die Schätze, die vor fast hundert Jahren unter unsagbaren Mühen nach Europa gebracht wurden. Im Museum für indische Kunst in Berlin-Dahlem wurde soeben die »Höhle mit den ringtragenden Tauben« aus Kizil der Öffentlichkeit übergeben. Darin werden die von der deutschen Turfan-Expedition herausgesägten Fresken im originalgetreu rekonstruierten Zusammenhang mustergültig präsentiert.

Außerdem hat sich in den letzten Jahren deutlich gezeigt, welchen ungeheuren Wert die Schätze der Seidenstraße noch heute haben: Das Fraunhofer-Institut für Graphische Datenverarbeitung in Darmstadt hat in Zusammenarbeit mit der Zhejiang Universität in Hangzhou eine dreidimensionale Animation entwickelt, bei der man sich mit der Computer-Maus in der Hand in alle vier Richtungen durch eine der Dunhuang-Höhlen bewegen kann. Sie wurde auch auf der Expo 2000 gezeigt.

Damit könnten Computer in der Zukunft helfen, den einmaligen Kulturschatz der Dunhuang-Grotten zu bewahren. Überall in der Welt könnten Besucherströme die Fresken in virtuellen Höhlen besichtigen, ohne die echten Wände zu beschädigen.

Vielleicht läßt sich mit Hilfe von Digitalisierungen auch das komplizierte Problem der Zusammenführung der Dunhuang-Bibliothek lösen? Vor einigen Jahren wurde in England mit der Gründung des »International Dunhuang Project« ein erster Schritt dazu unternommen. Sein Auftrag ist es, die Teile des ältesten Papierarchivs der Welt, die in britischem Besitz sind, allen Menschen im Internet zugänglich zu machen. Mit Hilfe von Spendengeldern läßt man in der British Library die alten Originaltexte digitalisieren und ins Internet stellen. Unter der Web-Adresse »http:idp.bl.uk« kann sich heute jeder die Kunstwerke auf seinem Bildschirm ansehen. In diesem Rahmen würdigen die Briten auch Aurel Stein, indem sie die von ihm gezeichneten Karten und seine alten Expeditionsfotos zeigen.

ldfund im Unterschlamm des Amu Darya (o.li.). Das »Goldene Vlies« (o.re.):
ngt man ein Schaffell in die Fluten, so sammelt sich dort binnen kurzem Goldstaub an.
ldene Scheide eines Zeremonialdolchs mit eingelassenen Türkisen:
achen verraten die räumliche Nähe zur Seidenstraße.

*Goldbestückte Tunika eines baktrischen Königs (o.).
Auch im Jenseits sollte eine tote Prinzessin nicht auf den
gewohnten Luxus verzichten müssen. Ihr wurde mit ins Grab
gelegt, was ihr im Leben wert und teuer war.*

*Gewandnadel. Baktrische Version von Dionysos und Ariadne.
Der Panther ist zur Chimäre geworden, der Trunkenbold zum Wilden.
Zusammenfaltbare Goldkrone. Sie konnte in einer Satteltasche
untergebracht werden, ohne daß der Behang Schaden nahm.*

Margiana war lange vor den Achämeniden eine hochentwickelte Provinz. Man baute mit luftgetrockneten Lehmziegeln und sorgte für Luftzirkulation in den Gebäuden. In Toprak kale, der irdenen Festung, herrschten Könige, deren Namen wie Zauberformeln klingen.

f der Suche nach untergegangenen Städten ziehen europäische Archäologen in die
kla Makan, die »Wüste ohne Wiederkehr«.
1e der berühmten, im Sand versunkenen Städte ist Kharakhoto, die »schwarze Stadt«,
der noch immer versteckte Schätze ruhen sollen.

Einer der wichtigsten Ausgrabungsorte der deutschen Turfan-Expedition: die Ruinen der alten Nekropole und Tempelstadt Gaochang.
Der große Buddha der Mogao-Grotten, in der Höhle 130, eine 26 Meter hohe Statue des Shakyamuni aus der Tangzeit.

...andbild aus den Grotten von Kizil bei Kuqa, das einen Gott mit einer Musikantin zeigt ...eute in Berlin-Dahlem).

...as Wahrzeichen von Dunhuang, die neunstöckige Pagode, inmitten der größten ...hlentempelanlage Ostasiens.

Die einzige jemals gefundene Darstellung des Religionsstifters Mani, der hier im Kreise seiner Jünger gezeigt wird.
Die Grotte Nummer 16 (u.), in der der taoistische Mönch Wang Yuanlu im Jahre 1900 den Zugang zum ältesten Papierarchiv der Welt fand.

ie Staatskrone Ludwigs XV. von
ankreich war geschmückt mit
m »Régent« (über dem Stirnband)
d dem »Sancy« (Spitze). Ihn soll
arl der Kühne zusammen mit dem
Florentiner« und einem weiteren,
bekannten Diamanten in der
hlacht von Nancy (1477) verloren
ben.

s Marie Antoinette den »Florentiner« als Hochzeitsgeschenk ihrer Mutter mit nach
rsailles brachte, waren zwei der drei Diamanten des Burgunderherzogs wieder an
em Hof vereint. Mit seinen 137,2 Karat war der golden schimmernde Diamant
mals neben dem »Régent« der größte in Europa.

Als Überraschung und Zeichen ihrer Liebe ließ Kaiserin Maria Theresia ihrem Gemahl, Kaiser Franz I., 1760 dieses Juwelenbouquet in einer Vase aus Bergkristall in das von ihm gegründete Mineralienkabinett stellen. Die Blumen sind aus über 1200 Diamanten und 1500 Farbedelsteinen geformt.

Gegenzug zur Kaiserkrönung Napoleons rief Franz I. im Jahre 1804 das alle Lande umfassende Kaisertum Österreich aus. Angesichts der inneren Auflösung des Heiligen Römischen Reiches Deutscher Nation, dessen Krone er als Franz II. trug, erklärte er die römische Kaiserwürde für erloschen.

1981 wurde in Genf ein namenloser gelber Diamant von 81,56 Karat versteigert.
Vermutungen, daß es sich dabei um ein Reststück des 1918 in die Schweiz verbrachten
und dort verschollenen »Florentiners« handelte, konnten weder erhärtet noch widerlegt
werden. Das Rätsel bleibt ungelöst.

er britische Forscher Ian Sayer tdeckte nach über zwanzig Jahren echerche zwei Goldbarren aus dem eichsbankschatz in der Bank von gland. Sie gehörten zu jenen 730 rren, die als Reichsbankgold in n Bergen um den Walchensee rgraben worden waren.

ch eingehenden Studien von Dokumenten, Karten und Inventaraufzeichnungen cht sich der Schatzjäger auf die Suche nach dem verschwundenen Rest. dolf Elender (re.) zeigt Ian Sayer den Weg. Eine spannende bayerisch-britische operation.

»Stirnlampen anknipsen, und bitte!« Für das ZDF-Filmteam, das die Schatzsuche dokumentiert, beginnt die Arbeit am Berg schon vor Sonnenaufgang.
Auf steilen Pfaden müssen Ausrüstung und Verpflegung in 1500 Meter Höhe gebracht werden. Die Spurensuche ist mühsam und gefährlich.

ans Schlegel vermißt schwieriges Gelände entlang abgesteckter Bahnen.
as mehrfach erfolgreich getestete Gerät weist Feldanomalien nach.
nschlägige Fundstücke – wie Muli-Hufeisen und eine Patrone aus dem
veiten Weltkrieg – nähren die Hoffnung auf wertvollere Hinterlassenschaften ...

Grandiose Kulisse für ein historisches Abenteuer: Im Estergebirge und am Walchensee erhoffen sich Schatzjäger Beute aus dem Reichsbankschatz. Belohnt werden sie in jedem Fall mit reichen Eindrücken.

Wenn andere Länder diesem Beispiel folgen, wird vielleicht eines Tages im Internet, auf einer »virtuellen Seidenstraße« der Zukunft, die älteste Bibliothek der Welt vollständig zugänglich sein. Dadurch könnten alle »geraubten Schätze« den kulturellen Rang erlangen, der ihnen bisher verwehrt geblieben ist.

Auch in China trifft man immer häufiger aufgeklärte Intellektuelle, die im Zusammenhang mit den Schätzen der Seidenstraße nicht mehr von »Beutekunst« und von »Raub« reden wollen, weil sie das für ein veraltetes Denken halten. Sie meinen, diese Kunstwerke seien ein »Weltkulturerbe« und gehörten allen Menschen.

Wolfgang Meyer-Hentrich

DES KAISERS DIAMANT

Versteigerung des »Namenlosen«

Genf, November 1981: Im vornehmen Hotel Richmond findet wie jedes Jahr die Herbstauktion von Christie's statt. Es ist eine der exklusivsten Schmuckversteigerungen der Welt, für viele Händler und Käufer der Höhepunkt des Jahres. Versteigerungserlöse von über einer Million Franken sind keine Seltenheit. Schon der Katalog versetzt die Liebhaber edler Geschmeide in Verzückung. Wer hier im Großen Saal des Hotels oder aus der Ferne per Telefon mitbietet, gehört unbestreitbar zum internationalen Geldadel oder arbeitet zumindest für ihn.

Die Stimme des Auktionators ist ernst und konzentriert, aber nicht laut. Stück für Stück wird aufgerufen. Die Beschreibung der Pretiosen ist knapp und sachlich: »Position 707. Ein Diamantring von 19,64 Karat. Eingerahmt von sechs kleinen Diamanten in einem Baguetteschliff...« Die Besucher blättern in ihrem Katalog und können darin lesen, daß dieser Diamant die Farbqualität »H« und die Klarheitsstufe »VVS« aufweist. Nummerntafeln werden in die Höhe gehalten, adrette junge Damen in roten Kostümen nehmen Angebote entgegen oder informieren über den Stand der Gebote. Nach kurzer Zeit ist das Stück verkauft.

Position 708 ist ein Diamantenkollier von Cartier aus den zwanziger Jahren, bestehend aus 200 kleinen Diamanten von einem Gesamtgewicht von 248 Karat. Die Bieter werden munterer, die Nummerntafeln entschiedener emporgereckt. Schlachten werden geschlagen, die dem unvoreingenommenen Betrachter ein Rätsel sind. Ab 1,5 Millionen Franken wird es im Saal wieder ruhiger. Die Pausen des Auktionators werden länger. Bei 1,7 Millionen fällt der Hammer zum dritten Mal. Jede Auktion hat ihre Dramaturgie. Das Kollier von Cartier war zweifellos einer ihrer Höhepunkte.

Position 709 besteht aus zwei tropfenförmigen Diamantohrringen von Bulgari mit je neun Karat. Es wird wieder etwas ruhiger. Nach wenigen Minuten hat auch dieser Schmuck einen Käufer gefunden. Es scheint, als ob den Bietern Zeit zum Durchatmen gelassen werden solle.

Position 710. »Namenloser, gelber Diamant von 81,56 Karat, eingerahmt von vierzehn kleinen Brillanten, an einer goldenen Kette mit goldenem Rückverschluß.«

Das Anfangsgebot beträgt 350 000 Franken. Kein Name eines bedeutenden Juweliers reizt zum Bieten. Gelbe Diamanten sind zu dieser Zeit nicht gerade begehrt. Lupenreine, glasklare Diamanten sind in Mode, so wie der Siebzig-Karäter, den Richard Burton seiner Frau zum Hochzeitsgeschenk machte und dazu bemerkte: »Ich hätte ihr gerne den Taj Mahal gekauft, aber der Transport wäre zu teuer gekommen.« Nach der letzten Scheidung von ihm hat Liz Taylor den Stein dann für fünf Millionen Dollar verkauft.

Natürlich findet auch der »namenlose gelbe Diamant« Interessenten. Man hat sich eher darüber gewundert, daß ein so hochkarätiges Stück anonym daherkommt. Vermutungen werden angestellt. Sollte es sich bei diesem Objekt, das so lieblos angeboten wird, gar um einen Teil des einst größten und seit sechzig Jahren verschollenen Diamanten handeln, der als »Schicksalsstein« der Habsburger galt?

Raymond Sancroft-Baker, bei Christie's zuständig für die Bewertung von Diamanten, kam es merkwürdig vor, daß er von diesem makellosen Stein noch nie etwas gehört hatte. Auch in der einschlägigen Literatur wurde er nicht fündig, obwohl ihm klar war, daß es sich um einen alten indischen Diamanten handelte. Doch weshalb trug er keinen Namen? Normalerweise haben Diamanten dieser Größe Bezeichnungen, die auf ihre früheren Besitzer, den Ursprungsort oder eine Eigenschaft verweisen. Gelbe Diamanten sind selten, und es kommt sogar bei Christie's nicht oft vor, daß ein Diamant dieser Größe zum Kauf angeboten wird.

Auffällig ist ferner, daß das Halsband über keinerlei Hinweis auf den Mann verfügt, von dem es angefertigt wurde. Kein bedeutender Juwelier der Welt würde es sich bei einem solchen Stück nehmen lassen, durch einen diskreten Prägestempel auf der Schließe auf sich aufmerksam zu machen. Aber nichts davon in diesem Fall! Auch die Gründe, die den Eigentümer dazu bringen mochten, sich von diesem kostbaren Schmuck zu trennen, sind schleierhaft.

Bei rechtem Licht besehen, erscheint alles, was mit diesem Stein zusammenhängt, merkwürdig. Raymond Sancroft-Baker hat von Anfang an den Eindruck, daß damit etwas nicht stimmt. Manches deutet darauf hin, daß dieser Diamant irgendwann einmal umgearbeitet worden ist und von einem anderen, größeren abstammt. Weltweit existieren aber nur ganz wenige, die als »Vorgänger« in Frage kommen.

Die »klassischen« Diamanten – fünfzig vielleicht – kennt selbstverständlich jeder Experte. Auch Mr. Sancroft-Baker, der zu den besten seines Fachs zählt, weiß über die Herkunft, Beschaffenheit, Farbe, über Schliff und Gewicht, auch über die Geschichte des lange Zeit größten Diamanten der Welt genauestens Bescheid. Ist das, was hier funkelt, wirklich ein Reststück jenes ominösen gelben Diamanten, der im Zenit und beim Untergang eines Imperiums eine Rolle gespielt hat und von den mächtigsten Menschen ihrer Epoche begehrt wurde?

Dieser war ein Diamant von perfekter Schönheit und majestätischer Größe. Sogar sein Name war aristokratisch: Als »Großherzog der Toskana« kam er im 18. Jahrhundert an die Habsburger; Maria Theresia vereinfachte ihn zum »Florentiner«. In Europa aufgetaucht war er aber schon im Spätmittelalter. Nur wenigen seiner Besitzer hat er Glück gebracht, und zuweilen wurde sogar behauptet, daß er mit einem Fluch belegt gewesen sei. Wer immer ihn besaß, war unweigerlich dazu verdammt, sich auf Ränkespiele des europäischen Machtpokers einzulassen. Manch einer hat versucht, ihn für wichtige politische Ziele einzusetzen. Seit seinem Verschwinden gibt es noch mehr Gerüchte und Legenden über ihn als je zuvor. Niemand kann mit Sicherheit sagen, was aus ihm geworden ist.

Aber Vermutungen zu äußern oder Fragen über Eigentumsverhältnisse an die Öffentlichkeit zu bringen zählt nicht zu den Aufgaben von Herrn Sancroft-Baker. Sein Auftrag lautete, ein realistisches Anfangsangebot für die Versteigerung zu ermitteln.

»Position 710« wechselt für nur 600 000 Schweizer Franken den Besitzer. Bei Christie's hat man sich mehr versprochen. »Hätte der Verkäufer sich als Mitglied eines europäischen Herrscherhauses zu erkennen gegeben, wäre sicherlich mehr drin gewesen«, lautet später der Kommentar. Position 710 ist von einem unsichtbaren Bieter am Telefon ersteigert worden. Glaubt er daran, daß es sich um den »Großherzog der Toskana« handelt? Oder hat er nur an ein angemessenes Weihnachtsgeschenk für seine Frau gedacht.

Möglicherweise hat er das Kernstück eines der faszinierendsten und ältesten Diamanten Europas gekauft – einen Stein mit einer Geschichte, die heute vergessen ist. Vielleicht hat er aber auch »nur« einen namenlosen gelben Diamanten von 81,56 Karat erworben, während der »Großherzog der Toskana« immer noch in einem Tresor liegt und darauf wartet, eines Tages wieder an die Öffentlichkeit zu kommen. Gibt es ihn noch, oder bleibt er auf immer verschwunden? lautet die spannende Frage bei der Jagd nach diesem verlorenen Schatz.

Der Großherzog der Toskana

Am 25. Februar 1730 schrieb der Earl of Waldgrave, englischer Gesandter in Wien, in einem Bericht an seinen Staatssekretär in London, Erzherzogin Maria Theresia sei offenbar liebeskrank; sie könne die lange Abwesenheit ihres Bräutigams nicht ertragen. Zu diesem Zeitpunkt war die österreichische Thronfolgerin noch nicht einmal dreizehn Jahre alt. Den für sie vorgesehenen Ehemann, der immerhin neun Jahre älter war, kannte sie seit ihrer frühesten Kindheit. Als Fünfzehnjähriger war Franz Stephan, der Sohn des Herzogs von Lothringen, an den Wiener Hof gekommen.

Kaiser Karl VI., der ohne männlichen Nachfolger war, hatte sich seinen zukünftigen Schwiegersohn nach Maßgabe der politischen Opportunität ausgesucht. Das Herzogtum Lothringen war seit fast drei Jahrhunderten ein Zankapfel zwischen dem französischen König und dem Haus Habsburg gewesen. Eine Ehe zwischen der Erbin Karls und dem Erben Lothringens konnte daher nur von Vorteil sein. Eigentlich sollte der ältere Bruder Franz Stephans der Kaisertochter Maria Theresia zugesprochen werden, dieser aber war als Kind den Blattern erlegen, so daß die Wahl auf Franz Stephan fiel. In der Wiener Hofburg wurde der junge Herzog aus Lothringen sorgfältig erzogen. Vor allem aber hatte er es verstanden, sich allseits beliebt zu machen, sich keine Feinde zu schaffen und die Anerkennung der kaiserlichen Familie zu gewinnen.

Als im Jahre 1733 der Polnische Thronfolgekrieg ausbrach und die Franzosen in Lothringen einmarschierten, bekamen die heiratspolitischen Absichten des Kaisers plötzlich einen höchst aktuellen Stellenwert. Ludwig XV., der für seinen Schwiegervater, den polnischen König Stanisław Leszczyński, eine neue Aufgabe suchte, setzte im Konzert der europäischen Mächte durch, daß dieser zum neuen Herzog von Lothringen ernannt und Franz Stephan zu einem Herzog ohne Land wurde. Abgefunden wurde er mit der Anwartschaft auf das Großherzogtum Toskana, das ihm beim Tod des letzten Medici auch de facto zufallen sollte. Territorien des Heiligen Römischen Reiches Deutscher Nation, die von einem Landesherrn geführt wurden – in diesem Fall von den Medici –, waren Lehen, die vom Kaiser vergeben und in Erbfolge weitergetragen wurden. Wenn eine Familie ausstarb, die ein solches Leben innehatte, stand dem Kaiser das Recht zu, es neu zu verteilen. So mutierte Franz Stephan 1735 vom Herzog von Lothringen zum Großherzog der Toskana. Frankreich hatte sich durchgesetzt, Europa hatte einen Krisenherd ausgeräumt, und Österreich war zufrieden, seine Territorien nach Süden arrondieren zu können.

Im Februar 1736 fand in Wien die feierliche Trauung von Maria Theresia und Franz Stephan statt, und im Juli 1737 starb in Florenz Gian Gastone, der letzte Großherzog der Toskana, der dem ruhmreichen Geschlecht der Medici entstammte. Seine Witwe, Anna Maria Francesca de' Medici, eine Tochter des Herzogs von Sachsen-Lauenburg, hatte sich schon zu Lebzeiten ihres Gemahls, von ihm und der Welt enttäuscht, zurückgezogen. Und so konnte der bisherige Herzog ohne Land die Regierungsgeschäfte in Florenz ungestört übernehmen.

Der Ausgleich, den Franz Stephan für das verlorene Lothringen erhalten hatte, erwies sich als großer Gewinn. Statt einem wirtschaftlich maroden Gebilde, das weniger von den erzielten Einnahmen als vielmehr von permanenten Krediten gelebt hatte, stand Franz Stephan jetzt einem gut geführten Lande vor, dessen materieller und kultureller Reichtum in Jahrhunderten gewachsen war. Allein der Palazzo Pitti enthielt eine Ansammlung unglaublicher Werte. Bei seinem ersten Besuch im Pitti soll Franz Stephan immer wieder in die großherzogliche »Kunst- und Raritätenkammer« gegangen sein und seinem Entzücken Ausdruck verliehen haben. Neben den Kunstschätzen enthielt diese Sammlung zahlreiche Beutestücke der florentinischen Flotte, eine riesige Münzsammlung, eine Bibliothek voll seltener Kostbarkeiten sowie eine Kollektion der erlesensten und prächtigsten Edelsteine. Als Prunkstück dieser Sammlung galt ein Diamant, der genannt wurde wie er selbst: »Großherzog der Toskana«.

Im Oktober 1740 starb Karl VI. Seine Tochter Maria Theresia wurde zur Herrscherin über die Territorien der Habsburger. Obwohl ihr Vater versucht hatte, mit der »Pragmatischen Sanktion«, der alle Großmächte Europas und die Fürsten des Reiches zugestimmt hatten, die Anerkennung der weiblichen Erbfolge und einen reibungslosen Thronwechsel zu sichern, fiel Friedrich II., selbst gerade Kurfürst von Brandenburg und König von Preußen geworden, ohne Kriegserklärung in Schlesien ein; der vom Zaun gebrochene österreichisch-preußische Dualismus kam nie mehr zur Ruhe. Der bayerische Kurfürst Karl Albrecht machte seinerseits Ansprüche auf das habsburgische Erbe geltend und stürzte die Nachbarn in eine üble Situation. Mit allerlei Bündnissen innerhalb des Reiches schaffte er es aber immerhin, 1742 zum Kaiser gewählt zu werden.

Lange konnte er sich seiner neuen Würde freilich nicht erfreuen: Er starb 1745. Noch im September desselben Jahres kam es in Frankfurt wieder zur Wahl. Und diesmal wurde Franz Stephan von Lothringen, Großherzog der Toskana und Mitregent in Wien, von den Kurfürsten (beziehungsweise von deren Abgesandten) zum Kaiser gekürt. Aus dem Herzog ohne Land war einer der mächtigsten Männer Europas geworden.

Als er in Frankfurt zur Krönung schritt, trug er die Hauskrone der Habsburger, in die er den »Großherzog der Toskana« hatte einfügen lassen. Der majestätische Stein hatte in der Krone eines der ruhmreichsten und mächtigsten Adelsgeschlechter Europas den ihm angemessenen Platz gefunden.

Man sagte Franz Stephan zwar keine überdurchschnittliche Intelligenz nach, aber er entwickelte überraschende Fähigkeiten in geschäftlichen Dingen und ein lebhaftes Interesse an technischen und naturwissenschaftlichen Entdeckungen. Er interessierte sich für neue Produktionstechniken und investierte sogar mit

Gewinn darein. Er kaufte heruntergewirtschaftete Landgüter auf und erzielte mit besseren Verwaltern und geschickteren Anbaumethoden Überschüsse, die in die Familienkasse flossen. In dem von ihm gegründeten Mineralienkabinett ließ er komplizierte Brennspiegel konstruieren, um zu ergründen, ob Diamanten bei hohen Temperaturen zusammenschmelzen würden. Das Ergebnis war ernüchternd. Franz Stephan mußte feststellen, daß Diamanten sich bei Überhitzung in Asche auflösen. Immerhin war damit im praktischen Experiment nachgewiesen, daß Diamanten aus reinem Kohlenstoff bestehen – eine Erkenntnis, die zwar teuer erkauft, aber enttäuschend war.

Doch auch in anderer Hinsicht sorgten Diamanten für Ärger. Es störte die Kaiserin, daß auf den Straßen und in den Ballsälen Wiens wohlhabende Damen ungeniert und in üppiger Weise neuartigen, unechten Diamantschmuck zur Schau stellten. Der für diese wundersame Diamantenvermehrung verantwortliche Übeltäter war schnell ausgemacht: Dem Wiener Goldschmied Josef Strasser war es gelungen, eine bleihaltige Glasmischung herzustellen, die sich wie Diamanten schleifen ließ. Die Erfindung, zufälliges Ergebnis alchimistischer Experimente in Strassers Werkstatt, war verblüffend. Mit bloßem Auge waren falsche von echten Diamanten nicht zu unterscheiden. Strassers Steine waren ein riesiger Erfolg, und er machte ausgezeichnete Geschäfte. Die Rezeptur seines bleihaltigen Glases vermochte er geheimzuhalten, so daß das Monopol zur Herstellung der falschen Diamanten in seinen Händen blieb.

Mitte des 18. Jahrhunderts bestätigte Maria Theresia ein altes Gesetz, das Angehörigen des städtischen Bürgerstandes verbot, sich mit edlen Steinen zu schmücken, und der Landbevölkerung das Tragen von Schmuck überhaupt untersagte. Doch das Gesetz ließ sich nicht durchsetzen. Die Steine, die Strasser herstellte, waren ja Imitationen. So gruben die kaiserlichen Hofjuristen ein Gesetz Karls VI. aus, das die Herstellung von Fälschungen unter Strafe stellte.

Dagegen war Strasser machtlos. Er verließ Wien und siedelte nach Paris über, wo er seinen Schmuck ohne Schwierigkeiten verkaufen konnte. Offensichtlich verfuhren die Franzosen in dieser Frage liberaler, als es die Wiener getan hatten. Auch in Paris war Strasser mit seiner Erfindung rasch erfolgreich. Die »pierres de Strass« wurden von den Damen der Pariser Gesellschaft mit Entzücken angenommen, ohne daß es dem französischen König Verdruß bereitete. Strasser wurde durch seine Erfindung ein reicher Mann. Der »Strass« hielt seinen Siegeszug durch Europa und erinnert bis heute an den Namen seines Entdeckers. Den echten Diamanten schadeten die preiswerten Glasimitationen in keiner Weise. Im Gegenteil: Die massenhafte Vermehrung des falschen Schmucks ließ den Besitz echter Diamanten noch exklusiver erscheinen.

Was aus Franz Stephans Ambitionen geworden ist, läßt sich im Naturhistorischen Museum und in der Schatzkammer der Hofburg zum Teil heute noch besichtigen. Ganz besonders hervorzuheben ist ein Juwelenbouquet in einer Vase aus Bergkristall mit über 1200 Diamanten und 1500 Farbedelsteinen, das Maria Theresia ihrem Mann als Überraschung und Zeichen ihrer Liebe 1760 in das von ihm gegründete Mineralienkabinett hatte stellen lassen.

Noch mehr Erfolg hatte Franz Stephan damit, die kaiserlichen Finanzen zu ordnen, indem er die unüberschaubare Verquickung von Staatseigentum und Privateigentum auflöste. Ihm war es zu verdanken, daß die privaten Besitztümer der kaiserlichen Familie fortan vom staatlichen Eigentum sorgfältig getrennt wurden. Das Denken Ludwigs XIV., der den Staat als sein Eigentum betrachtete, war dem Wiener Hof jedoch auch vorher schon fremd gewesen. Zudem richtete Maria Theresia einen Familienfonds ein, in den sie sechs Millionen Gulden zur besseren Versorgung und zum standesgemäßen Unterhalt ihrer Kinder und Kindeskinder für alle Zeit einzahlte. Aus diesem Fonds sollten zwei Drittel als Rücklagen dienen und nur jeweils ein Drittel zur Auszahlung kommen. Angesichts des Kinderreichtums der Familie war dies eine weise, vorausblickende Maßnahme, die es auch Abkömmlingen in fernen Zeiten ermöglichen sollte, den Namen Habsburg mit Würde zu tragen. Zum privaten Eigentum der kaiserlichen Familie gehörten die Hofbibliothek, die schon damals opulent bestückte Bilder- und Gobelinsammlung sowie zahlreiche Liegenschaften und Schlösser. Vor allem aber besaß Maria Theresia einen riesigen Juwelenschatz, mit dem sich zu dieser Zeit in Europa höchstens die französische Königsfamilie messen konnte. Und dazu zählte »einer der größten und schönsten Diamanten der abendländischen Christenheit«: ebenjener, der den Namen mit ihrem Gemahl teilte. Der Einfachheit halber nannte Maria Theresia den Stein herkunftsbezogen aber nur »Florentiner«. Er besaß einen gelben Farbton und »übertraf eine Walnuß an Größe«. Vor allem hatte er eine aufregende Geschichte, an die Maria Theresia um so lieber glaubte, als sie bis zum Haus Burgund zurückführte, dessen Erbtochter Maria als Gemahlin Maximilians I. zu ihren Vorfahren zählte.

In der Schlacht verloren?

Karl V., Herzog von Burgund, war der erste Fürst in Europa, der Edelsteine demonstrativ als Ausdruck aristokratischer Macht verstand. Er herrschte von 1467 bis 1477 und pflegte an seinem Hof eine selbstbewußte Prachtentfaltung, wie sie in Europa bis dahin unbekannt war. Sein Prunkgewand, mit Perlen und Edelsteinen verziert, wurde auf die ungeheuerliche Summe von 200 000 Dukaten geschätzt. An seinem Paradehut waren über siebzig Perlen, fünf helle Spinelle, fünf große Diamanten und Rubine angebracht. Sogar sein Helm und Schwert waren über und über mit Diamanten und anderen Edelsteinen besetzt. Die Schatzkammer seines Herzogtums war prall mit Gold, Perlen und Edelsteinen gefüllt.

Politisch verfolgte er, von Frankreich und Deutschland unbeeindruckt, eigene Ziele: einen mächtigen Mittelstaat, der zwischen den angrenzenden Großmächten weitgehend selbständig agieren konnte. Innerhalb kurzer Zeit war es ihm durch mehrere Eroberungskriege gelungen, die Grenzen seines Territoriums in alle Richtungen zu erweitern. Die erfolgreichen und wagemutigen Schlachten, durch die er sein Reich weit über die Grenzen des Stammlandes hinaus vergrößerte, trugen ihm schon zu Lebzeiten den Beinamen »der Kühne« ein.

Zu den zahlreichen angeschlossenen Territorien zählten Flandern, Brabant, Luxemburg und Lothringen, also einige der reichsten Regionen Europas. Die Bürger so wohlhabender Städte wie Gent, Brügge und Antwerpen waren seine Untertanen. Reich geworden waren sie durch den Überseehandel.

Brügge nannte man nicht nur wegen seiner zahlreichen malerischen Kanäle das Venedig des Nordens, sondern auch wegen einer bedeutenden Niederlassung venezianischer Kaufleute, die alle Arten Luxusgüter einführten. Die Dogenstadt war damals der Hauptumschlagplatz für Rohdiamanten, auf deren Bearbeitung sich die Flamen immer besser verstanden. Es waren Goldschmiede aus Brügge, die herausfanden, daß ein Diamant nur mit einem anderen Diamanten veredelt werden kann: denn nur der Diamant besitzt die notwendige Materialhärte, um einen Edelstein zu schleifen und zum Funkeln zu bringen. Diese Erkenntnis führte zur Herausbildung eines neuen, selbständigen Handwerksberufs. Die besten und bekanntesten Edelsteinschleifer kamen zunächst aus Brügge und später, nach dem Versanden der Zwijn und dem Verlust des Zugangs zum Meer, aus Antwerpen.

Nachdem Vasco da Gama den Weg nach Indien über das Meer entdeckt hatte und Goa portugiesische Kolonie geworden war, traten die Handelsbeziehungen nach Venedig in den Hintergrund. Indische Diamanten wurden auf dem Seeweg über Lissabon nach Antwerpen verschifft.

Karl der Kühne konnte sich also aus seinem eigenen Territorium mit den prächtigsten Edelsteinen versorgen, und er war eitel genug, seinen Reichtum überall freizügig zur Schau zu stellen. Auch auf Kriegszügen führte er stets Teile seines sagenhaften Juwelenschatzes mit sich und trug, an antike Traditionen anknüpfend, sogar während der Schlacht die kostbarsten Geschmeide an seinem Körper. Wollte er seine Feinde dadurch beeindrucken? Oder brachte ihn der Glaube an die geheimnisvolle Wunderkraft der Edelsteine dazu? Auch in dieser Hinsicht erwies sich der Burgunder als machtbesessener Renaissancefürst, der immer mit vollem Einsatz spielte, um seine politischen und militärischen Ziele durchzusetzen.

Bei dem Versuch, sein Reich zu arrondieren, stieß er dann allerdings auf einen Gegner, der schon den Habsburgern gezeigt hatte, daß er in der Lage war, seine Unabhängigkeit mit aller Kraft und Entschlossenheit zu verteidigen. 1474 erklärte die Schweizer Eidgenossenschaft den Burgundern den Krieg. In drei Schlachten – bei Héricourt, Grandson und Murten – schlug die kampferprobte Schweizer Infanterie die Burgunder in die Flucht und machte reiche Beute: Goldene und silberne Trinkgefäße, Purpurkleider, Zelte, prächtige Gobelins und andere Kostbarkeiten fielen ihnen in die Hände; ferner die Kanzlei und die vollständige Sakristei des Herzogs sowie 2000 Frauen, die das Heer der Burgunder begleitet hatten. Über ihr Schicksal geben einige Zeichnungen Aufschluß, die die Eidgenossen zur Feier ihres Sieges anfertigen ließen.

In ihrer Siegeszuversicht hatten sich die Schweizer sogar vorab über die Verteilung der Beute geeinigt: Nach einem festen Schlüssel bekamen alle Kantone etwas davon ab. Einige der burgundischen Kostbarkeiten sind noch heute in Schweizer Museen zu bewundern.

Alle diese Niederlagen hinderten Karl den Kühnen jedoch nicht, noch einmal ein gewaltiges Heer aufzustellen. Vor den Toren von Nancy ließ er 12 000 Söldner aufmarschieren, denen nun

20 000 Kämpfer auf seiten der Eidgenossen gegenüberstanden. An einem eiskalten Wintertag kam es im Morgengrauen des 5. Januar 1477 zur Schlacht. Die Schweizer begannen mit einem Überraschungsangriff. Bald war die Lage der kämpfenden burgundischen Fußtruppen hoffnungslos. Schonungslos machten die eidgenössischen Landsknechte ihre Feinde nieder. Nur wenige konnten entrinnen. Als Karl der Kühne einsah, daß die Schlacht verloren war, entschloß er sich zur Flucht. Doch Berge von Leichen und die Leiber von toten Pferden erschwerten ihm den Abzug. Die nachrückenden Schweizer rissen ihn vom Pferd und erschlugen ihn. Erst drei Tage später fand man seine entstellte Leiche: eingefroren in einen Tümpel. Die Identität des Toten wurde von seinem Leibarzt bestätigt.

Karl der Kühne hatte alles verloren. Sein Vorhaben, ein starkes Reich in der Mitte Europas zu etablieren, war gescheitert. Europa war zu eng geworden, um die Entstehung eines Mittelstaates zwischen den Blöcken zu ermöglichen. Dennoch war der Burgunderherzog ein moderner, in die Zukunft weisender Herrscher gewesen. Als er starb, war der italienische Staats- und Machttheoretiker Niccolò Machiavelli noch ein Kind. Seine berühmten Betrachtungen über den Umgang des Fürsten mit der Macht hatte Karl von Burgund durch seine Herrschaft in der Praxis vorweggenommen. Wahrscheinlich war er der erste Fürst, der einen absolutistisch regierten Staat in Europa durchsetzen wollte. Seine kriegerischen Umtriebe waren so kühn wie seine politischen Visionen. Auch sein Gefallen an Schmuck und absolutistischem Pomp nahm das Verhalten später geborener Monarchen vorweg.

Die Überlieferung besagt, daß Karl der Kühne in der Schlacht von Nancy drei große Diamanten mit sich führte. Bei dem ersten soll es sich um den »Florentiner« gehandelt haben, jenen gelben Diamanten, der mit 137 Karat damals als der größte in Europa galt. Der zweite, so die Legende, soll der »Sancy« gewesen sein: ein weißer Diamant von 55 Karat, der später in den Besitz der französischen Herrscherfamilie überging und nach einer wechselvollen Geschichte heute im Louvre zu bewundern ist. Über das Aussehen und die Größe des dritten Diamanten ist nichts bekannt. Er ist angeblich nach der verlorenen Schlacht von Nancy nicht wieder aufgetaucht und liegt vielleicht noch immer in lothringischer Erde. Es ist nie geklärt worden, was es mit dieser Legende auf sich hat. Tatsache ist zwar, daß Karl der Kühne Diamanten von einzigartiger Schönheit und eindrucksvoller Größe sein eigen nannte, doch ist der Besitz weder des »Florentiners« noch des »Sancy« einwandfrei verbürgt.

Große Diamanten haben ihre Geschichte und ihr Schicksal. Dies trifft um so mehr zu, je weniger eindeutig ihre Herkunft ist. Wenn sich die Geschichte eines Diamanten mit dem Schicksal seiner Eigentümer vermengt, werden zumeist beide mystifiziert. So war es mit dem »Florentiner«, so war es mit dem »Sancy«. Vielfach wurde behauptet, daß auf solchen Steinen ein Fluch liege und daß ihr Besitz dem Eigentümer unweigerlich zum Verhängnis werde.

Zu den Irrwegen des »Florentiners« sind sogar überraschend konkrete Angaben überliefert. So soll ein ahnungsloser Schweizer Landsknecht den Stein auf dem Schlachtfeld gefunden haben. In der Meinung, daß es sich um ein Stück Glas handle, habe er ihn aufgehoben und für einen Gulden an den Pfarrer von Montaigny verkauft, von dem ihn die Berner Bürgerschaft für drei Franken erhielt. Einige Jahre später soll dann Bartholomäus May, ein reicher Kaufmann aus Bern, den »Florentiner« für 5000 Gulden gekauft und für 7000 Gulden nach Genua weiterverkauft haben; für 11 000 Dukaten sei er an den Herzog Ludovico Sforza von Mailand, genannt »il Moro«, gegangen, von wo er in die Hand des Papstes Julius II. gelangt und bis zum Pontifikat Pius' V. im Besitz des Vatikans geblieben sei. Danach gehörte er den Medici.

Nach einer anderen Version ist der »Florentiner« nach der Schlacht von Nancy in die Verfügungsgewalt des Rats der Stadt

Basel gelangt, der ihn unter Umgehung des Teilungsvertrags der Eidgenossen an die Augsburger Handelsgesellschaft der Fugger verkauft habe. Dafür gibt es jedoch genauso wenig Belege wie für die Behauptung, daß der »Florentiner« seinen Weg vom Schweizer Landsknecht direkt zu Papst Julius gemacht habe. Eine weitere Version besagt, daß die Fugger den Diamanten an den englischen König Heinrich VIII. verkauft haben; durch die Heirat von dessen Tochter Maria mit dem Habsburger Philipp II. von Spanien (1554) sei der Stein dann nach Wien gekommen.

Worin der wahre Kern dieser Überlieferungen auch bestehen mag, im »Führer durch die Schatzkammer des allerhöchsten Kaiserhauses von Österreich« von 1914 wird die Geschichte so dargestellt, als ob es keine Zweifel daran geben könne, daß der »Florentiner« der erbeuteten Hinterlassenschaft Karls des Kühnen entstammte. Möglicherweise haben die Habsburger die Mythenbildung sogar gefördert und die geheimnisvolle Vergangenheit ihres schönsten Diamanten verklärt. Maria Theresia jedenfalls hat an die komplizierte Herkunftsgeschichte aus der Heimat ihres Gemahls und der Maria von Burgund geglaubt.

Böse Zungen behaupten übrigens bis heute, daß der Reichtum der Schweiz mit dem Burgunder Beutegut seinen Anfang nahm.

Rätsel und frühe Expertisen

Die Frage, über die sich Experten bis heute nicht einig sind, lautet: Ist der »Großherzog der Toskana« jener Diamant, den Karl der Kühne in seinem Kampf gegen die Schweizer verloren hat? Der italienische Historiker N. Tarchiani bestreitet dies vehement. »Der Stein«, so schreibt er 1923, »stammt nicht, wie meistens behauptet wird, aus dem Besitz Karls des Kühnen, sondern er wurde in rohem Zustand gekauft und in den florentinischen Ateliers von dem venezianischen Diamantenschleifer Pompeo Studendoli in vierjähriger Arbeit geschliffen.«

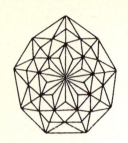

Frühe Darstellungen des im 17. Jahrhundert noch größten Diamanten Europas:

Vorderansicht, 1615, aus dem Archiv der Medici

Rückseite, 1657, gezeichnet von Jean-Baptiste Tavernier

Die Eindeutigkeit dieser Aussage scheint keinen Zweifel zuzulassen, und vieles spricht für die Richtigkeit dieser Darstellung. Danach wäre der Diamant in rohem Zustand im 16. Jahrhundert dem indischen König von Vijayanagar (Narsingha) durch portugiesische Truppen aus Goa als Kriegsbeute weggenommen worden. Der Gouverneur von Goa, Ludovico Castro, Graf von Montesanto, soll ihn für 35 000 Escudos an Ferdinand I., Großherzog der Toskana, verkauft haben. Und dessen Sohn Cosimo II. (1609–1621) hätte den Rohdiamanten dem Schleifer Studendoli in Auftrag gegeben, der ihn 1615 fertigstellte. Tatsache ist, daß die Existenz des »Großherzogs der Toskana« zweifelsfrei belegt wird: Eine Zeichnung aus dem Archiv der Medici, die aus ebendiesem Jahr datiert, zeigt jenen Diamanten genau in der Form, in der er später als »der Florentiner« berühmt wurde.

Sonst aber sind brauchbare Informationen höchst selten. Diamanten waren in Europa bis ins ausgehende Mittelalter so gut wie unbekannt. Ausdrücklich verwiesen wurde auf einen solchen Stein zum ersten Mal im Jahre 1352, als der französische König seine Krone damit schmücken ließ.

Doch zu dieser Zeit verfügte man noch nicht über Techniken, um Diamanten ihr »Feuer« zu geben, sie zum Glitzern zu bringen. Und im Naturzustand haben sie ein eher unscheinbares, glasartiges Aussehen.

Im Mittelalter wurden Edelsteine »gemuggelt«. Das heißt, man polierte sie in ihrer ursprünglichen Form, so gut es ging. Ein besonders eindrucksvolles Beispiel dafür ist die mit Smaragden, Saphiren und Amethysten besetzte Krone, mit der Otto II. im Jahr 962 zum Kaiser gekrönt wurde.

Ins Abendland gelangten zunächst auch nur kleinere, unscheinbare Diamanten, da die schönen und wertvollen entweder in Indien blieben oder in den arabischen Ländern des Orients Abnehmer fanden. Interessant ist, daß Diamanten schon in ihrem Ursprungsland zu den seltenen und wertvollsten Luxusgütern gehörten, deren Besitz in manchen Regionen Maharadschas und Moguln vorbehalten war. Oft waren sie die Eigentümer und Betreiber der Minen, in denen Kulis die Steine zutage förderten. Noch im 18. Jahrhundert mußte jeder Diamant über zehn Karat, der in der Goloconda-Mine im südlichen Indien gefunden wurde, an den Herrscher von Hyderabad abgeführt werden. Der Besitz weißer oder farbloser Diamanten, die als die edelsten angesehen wurden, war allein der obersten Kaste, den Brahmanen, vorbehalten.

Unendlich viele Mythen und Legenden ranken sich um den sagenhaften Reichtum der indischen Fürsten. Sir Thomas Rowe, der Vertreter der britischen Krone in Indien, gibt in seinen Aufzeichnungen über das Aussehen des Mogul Jahangir (1569–1627) wieder, was er mit eigenen Augen gesehen hat: »Auf dem Kopf trug er einen großen Turban, der mit nicht sehr dichten, aber langen Reiherfedern verziert war. Auf der einen Seite steckte ein ungefaßter, nußgroßer Rubin, auf der anderen Seite ein nicht weniger großer Diamant, und in der Mitte ein viel größerer Smaragd in Form eines Hirsches. Seine Schärpe war mit einer Reihe großer Perlen, Rubine und geschliffener Diamanten besetzt. An den Ellbogen trug er mit Diamanten besetzte Ringe.«

Vielleicht hätte Sir Thomas Rowe nicht einmal so weit reisen müssen, um diese opulente fernöstliche Pracht bewundern zu können. Denn schon gab es in Europa eine Reihe von Monarchen, die dem reichen indischen Mogul in dieser Hinsicht um nichts nachstanden. So ließ sich Elisabeth I., deren Untertan Sir Rowe war, auf zeitgenössischen Gemälden gern mit einer überladenen Ausstattung an Perlen und Edelsteinen abbilden.

Richtige Expertisen über bedeutende Diamanten, die sich in Europa befanden, tauchten in Europa erst in der zweiten Hälfte des 17. Jahrhunderts auf. Die zuverlässigsten verdanken wir Jean-Baptiste Tavernier, Sohn eines Kaufmanns aus Antwerpen, der geographische Karten zum Kauf anbot. Schon als junger Mann bereiste er viele Länder Europas. Dabei legte er ein enormes Sprachverständnis an den Tag. Die wichtigsten europäischen Sprachen lernte er in kurzer Zeit und beherrschte sie fließend. Aber er hatte noch andere Begabungen. Das Zeichnen hatte er bereits im Geschäft seines Vaters gelernt, und auch im kaufmännischen Denken brachte er es zu einer erstaunlichen Gewandtheit. Frühzeitig machte er sich überdies mit dem Handel und der Bearbeitung von Diamanten vertraut.

Zwischen 1631 und 1668 unternahm er sechs lange und mühselige Reisen nach Persien und Indien. Als Kenner und Liebhaber edler Steine erlangte er bei den Herrschern des Ostens hohes Ansehen. Die bedeutendsten unter ihnen gewährten ihm Einblick in ihre Schatzkammern. Was Tavernier dort sah, hatte er vorher nirgendwo in Europa erblickt: Diamanten in einer Menge und Schönheit, in einer Reinheit und Vollendung, die für europäische Verhältnisse kaum vorstellbar erschienen. Tavernier zeichnete sie ab, fertigte regelrechte Protokolle über sie an und brachte mehrere Skizzenbücher mit nach Europa. Auf diese Weise bekamen die Europäer Kenntnis von den wertvollsten und größten Steinen Asiens.

In Taverniers Reisegepäck befanden sich stets auch reichlich Diamanten. Neben vielen kleinen brachte er aus Indien an die zwanzig große zwischen 30 und 50 Karat mit. Nie hatte der Hof von Versailles eine solche Ansammlung von Kostbarkeiten zu sehen bekommen. Sogar Ludwig XIV., der Sonnenkönig, konnte seine Bewunderung nicht unterdrücken. Trotz seiner chronisch knappen Finanzlage und ohne Rücksicht auf den Schlaf seines Finanzministers Colbert kaufte er den »Großen Blauen Diamanten« und ließ ihn in die französische Krone einarbeiten, in der er bis 1793 blieb.

Auch andere Diamanten, die Tavernier in Indien gezeichnet, beschrieben oder dort erworben hatte, wurden in Europa zu Klassikern, die man in den Kronen der mächtigen Monarchen bewundern konnte. So der »Koh-i-Noor«, der »Berg des Lichts«, der im Abendland durch Taverniers detaillierte Aufzeichnungen bekannt wurde und frühzeitig Begehrlichkeiten weckte. Erstmals erwähnt wurde der »Koh-i-Noor« 1304 in einer indischen Chronik als Eigentum des Radschas von Malwa. Voller Sagen und abenteuerlicher Besitzerwechsel ist seine einzigartige Geschichte. Vielen gilt er als der Stein der Steine. 1849 brachte ihn die Britische Ostindien-Kompanie in ihren Besitz und machte ihn Königin Victoria zum Geschenk. In ihrem Auftrag wurde dieser schönste Diamant, den die Welt je gesehen hat, umgeschliffen, wodurch er über 40 Prozent seines Gewichts einbüßte (ursprünglich hatte er 186 Karat). Er hat dadurch viel an Schönheit und Reinheit verloren. Ein schäbiges Beispiel von Ignoranz, Geschmacklosigkeit und Barbarei! Der Beuteschmuck ziert bis heute die englische Königskrone.

Tavernier ließ es aber nicht dabei bewenden, mit Diamanten zu handeln oder die Prachtstücke des Orients zu beschreiben. Mit akribischer Energie spürte er auch in Europa bedeutende Diamanten auf, um ihre spezifischen Eigenarten zu bestimmen und sie in seine Aufzeichnungen aufzunehmen. Ähnlich wie Botaniker seiner Zeit exotische Pflanzen suchten, sie abzeichneten, beschrieben und kategorisierten, verfuhr Tavernier mit Diamanten. Eine seiner Reisen führte ihn nach Florenz, wo er den Medici-Diamanten begutachtete. Es ist deshalb nicht verwunderlich, daß die ersten präzisen Zeichnungen und Vermessungen des »Großherzogs der Toskana« Tavernier zu verdanken sind. Er beschreibt ihn als einen gelben Diamanten mit einem Schliff von 144 Facetten und 137 Karat. Sogar für Tavernier dürfte es einer der größten Diamanten gewesen sein, die ihm jemals vor die Augen gekommen sind.

Begleiter einer unglücklichen Königin

Von den sechzehn Kindern Maria Theresias und Franz Stephans erreichten nur zehn das Erwachsenenalter. Als fünfzehntes war 1755 Erzherzogin Maria Antonia zur Welt gekommen, die als argloses und fröhliches Mädchen aufwuchs. Die Kleine, die viel von der natürlichen Unbekümmertheit ihrer Mutter ererbt hatte, entwickelte sich rasch zum Liebling des Hofes. Als sie das Alter von dreizehn Jahren erreichte, wurde für Maria Antonia eine politisch höchst bedeutsame Heirat vereinbart. Die Erzherzogin sollte den nicht einmal zwei Jahre älteren französischen Kronprinzen heiraten und so einen diplomatischen Ruhezustand mit Frankreich festigen und vertiefen.

Ludwig XV. hatte zwar eine riesige Schar anerkannter und nicht anerkannter Abkömmlinge, aber nur einen Sohn, der einer standesgemäßen Ehe entstammte und als Thronfolger in Frage kam. Dieser Sohn war in jungen Jahren verstorben, doch war ihm zuvor noch ein Thronerbe geboren worden, der das Königtum der Bourbonen fortführen konnte.

Über das ausschweifende Leben Ludwigs XV. war man in Wien ebenso unterrichtet wie an allen anderen Königshäusern. Man wußte auch, daß die Mätressen versuchten, Einfluß auf die Politik zu gewinnen. Neben diesen Damen gab es noch Kindfrauen, mit denen der König sich zu amüsieren pflegte; eine davon war in Maria Antonias Alter. Man störte sich in Wien auch nicht daran, daß der österreichische Botschafter aus Paris berichtete, der Dauphin sei nur mit dem Allernötigsten an Verstand ausgestattet. Derlei hatte man früher auch über Franz Stephan gesagt, und die Ehe war trotzdem glücklich geworden.

Maria Theresia gab ihrer Tochter zahlreiche gutgemeinte Mahnungen und Warnungen mit auf den Weg. Außerdem wurde ein Postdienst eingerichtet, damit Maria Antonia nach Wien schreiben konnte, ohne befürchten zu müssen, daß ihre Briefe gelesen wurden. Einmal im Monat wurde ein Kurier nach Paris geschickt, der der jungen Thronfolgerin Nachrichten überbringen und die ihren nach Wien befördern sollte. »Déchirez mes lettres«, zerreißen Sie meine Briefe, hatte ihr die Mutter empfohlen.

Als der Tochter eines deutschen Kaisers angemessenes Hochzeitsgeschenk, das die Bedeutung des Bundes unterstreichen sollte, trug Maria Antonia den »Florentiner« bei sich. Die Mutter hatte ihn in eine Halskette einarbeiten und mit Brillanten umrahmen lassen.

In Versailles wußte man diese Mitgift durchaus zu schätzen, gehörten die größten und schönsten Diamanten Europas zu dieser Zeit doch bereits der französischen Krone. Schon Ludwig XIV. hatte als Liebhaber edler Steine Unsummen aufgewendet, um seine Diamantensammlung zu vervollständigen. Wie er zu dem »Großen Blauen« kam, wurde bereits erwähnt. Zudem hatte er das Glück gehabt, die Diamantensammlung Kardinal Mazarins zu »erben«, in der sich der »Sancy« befand. Und 1717 hatte Herzog Philipp von Orleans einen Diamanten gekauft, der für den noch unmündigen Prinzregenten Ludwig XV. vorgesehen war. Nach seinem ersten englischen Besitzer, der ihn in Indien erworben hatte, trug dieser Stein zunächst den Namen »Pitt«. Er kostete damals die ungeheure Summe von 135 000 Pfund und war mit 140,5 Karat der größte Diamant Europas: gerade mal drei Karat mehr, als der »Florentiner« aufweisen konnte. Nach seinem zukünftigen Eigentümer in Frankreich erhielt er dann den Namen »Régent«. Mit dem »Sancy« und dem »Florentiner«, die über viele Umwege und Schicksale nach Versailles gelangten, waren also zwei der Diamanten, die Karl der Kühne der Legende nach auf dem Schlachtfeld verloren hatte, wieder an einem Hof vereint.

Bei seiner Krönung im Jahr 1770 trug Ludwig XVI. den »Régent« und den »Sancy« in seiner Krone, während Marie Antoinette der »Florentiner« schmückte. Es war eine Pracht, die in krassem Gegensatz zur Armut großer Teile des Volkes stand.

Wie sein Vorgänger hatte Ludwig XV. ohne Maß und Vernunft die Staatsfinanzen geplündert. Das Erbe, das Ludwig XVI. antrat, war ein bankrotter Staat, in dem der Adel sich auf Kosten der Bauern bereicherte und die Pfründen unter sich aufteilte. Und der junge König verfügte weder über die Reife noch über die intellektuellen und politischen Gaben, um jene politischen Reformen durchzuführen, die notwendig gewesen wären, um die sich anbahnende Katastrophe abzuwenden.

Marie Antoinette hatte auf die politischen Geschehnisse kaum Einfluß. Das Verhältnis zu ihrem Gatten war kühl und distanziert. Zeitlebens hatte sie Schwierigkeiten, sich an die Spielregeln und Bräuche in Versailles zu gewöhnen, und man gab ihr auch wenig Gelegenheit dazu. Sie kam von Fall zu Fall ihren ehelichen Pflichten nach, wie man es von einer Königin erwarten mochte. Mehr aber eben auch nicht.

Sie sei unter keinem guten Stern geboren, hieß es. Und tatsächlich hatte im Jahr 1755, am Vorabend ihrer Taufe, ein schreckliches Erdbeben die Stadt Lissabon in Schutt und Asche gelegt und mehr als 50 000 Einwohner getötet. Die Astrologen hatten notiert, daß Maria Antonia in ihrem Geburtshoroskop den gefürchteten Planeten Uranus stehen habe, der an diesem Tag besonders unheilvolle Wirkungen entfaltete. Und war nicht bei einem Fest anläßlich ihrer Hochzeit ein gigantisches Feuerwerk außer Kontrolle geraten? Was als Feier geplant war, endete in einer Katastrophe. Raketen zischten ziellos in die Menge. Pferde und Gespanne gingen durch. Es kam zu einer Massenpanik, bei der Menschen in die Seine gedrückt wurden, kopflos Fliehende über gestürzte Körper stolperten oder von nachrückenden Massen erdrückt wurden. 139 Tote wurden in der Nacht aufgefunden. Und wieder kursierten in Paris düstere Andeutungen, daß die Österreicherin unter einem schlechten Stern geboren worden sei und ihr das Schicksal nichts Gutes verheiße.

Doch es kam noch schlimmer. Viele sehen in einer Betrugsaffäre, an deren Zustandekommen die junge Königin völlig unschuldig war, das Vorspiel zur Großen Revolution. Der Pariser Juwelier Blömer hatte für Ludwig XV. ein Diamanthalsband angefertigt, war aber nach dem Tod des Königs darauf sitzengeblieben. Seine Versuche, es an andere Höfe zu verkaufen, waren erfolglos. Eine Gräfin Valoise de La Motte schaltete den Kardinal von Rohan, Erzbischof von Straßburg, ein, gab vor, im Namen der Königin zu handeln, und beauftragte ihn, den Kauf des Halsbandes zu übernehmen. Und dann überstürzen sich die Ereignisse: Rohan, der sich bei Hof beliebt machen will, bemüht sich nach allen Kräften, den Auftrag in die Tat umzusetzen. Ein gefälschter Brief der Königin legitimiert ihn, die Verkaufsverhandlungen zu führen. Der Juwelier arbeitet einen Vertrag aus, in dem er sogar einen Preisnachlaß von 200 000 Francs gewährt. Rohan übergibt diesen Vertrag der Valoise de La Motte und erhält ihn mit der gefälschten Unterschrift »bon – Marie Antoinette de France« zurück. Böhmer händigt dem Kardinal das Kollier aus und läßt sich den Empfang quittieren. In diesem Moment erscheint ein angeblicher Kammerdiener der Königin, übernimmt den Schmuck für die Königin und verschwindet auf Nimmerwiedersehen. Rechnet man den Preis des Halsbandes auf heutige Verhältnisse um, so hätte dieser bei über dreißig Millionen Mark gelegen.

Die Dinge nahmen ihren unvermeidlichen Lauf. Als der Juwelier sein Geld sehen wollte, flog die Affäre auf. Die Gräfin wurde verhaftet, zu öffentlicher Auspeitschung und lebenslänglicher Haft verurteilt. Ihr Mann aber war mit dem Schmuck nach England geflohen und wurde in Abwesenheit verurteilt.

Zwei Jahre später gelang auch der Gräfin La Valoise de La Motte auf nie geklärte Weise die Flucht nach England.

Marie Antoinette aber sah sich hoffnungslos diskreditiert. Ihrem Bruder Joseph II. teilte sie mit: »... zur Seite eines jeden (Artikels) ist das Wort ›approuve‹ (genehmigt) von der gleichen Handschrift, die auch zum Schluß mit ›Marie Antoinette de France‹ unterschrieben hat. Man nimmt an, daß die Unterschrift von der besagten Valoise de La Motte stammt, denn man hat die Schrift mit Briefen verglichen, die bestimmt von ihrer Hand sind. Man hat sich keinerlei Mühe gegeben, meine Schrift zu fälschen, da diese jener in keiner Weise ähnelt, und ich habe niemals mit ›de France‹ unterschrieben.«

Man hätte diese Affäre als Betrugsposse abtun können, wenn sie nicht einen ungeheuerlichen Widerhall in der Öffentlichkeit gefunden hätte. Während der Gerichtsverhandlung kam es zu detaillierten und ungeschminkten Darstellungen der Zustände am Versailler Hof. Die betrügerische Gräfin wurde zur Volksheldin, der man mehr glaubte als der Königin. Viele meinten, daß sie der Habgier der Königin geopfert werde und Marie Antoinette die wahre Betrügerin sei. Nach ihrer Flucht nach England schürte die verurteilte Gräfin diese Verdächtigungen noch, indem sie von London aus den Hof verunglimpfte und ihre Unschuld beteuerte. Marie Antoinette war den Machenschaften und den weiteren Entwicklungen, die die Monarchie einige Jahre später hinwegfegten, hilflos ausgesetzt.

Die »Großen Vier« – »Régent«, »Florentiner«, »Sancy« und »Großer Blauer« – wurden durch die Revolution getrennt und fanden neue Besitzer. Auf wundersame Weise und über viele abenteuerliche Umwege kehrten »Sancy« und »Régent« schließlich wieder nach Paris zurück und können heute als Eigentum der République française im Louvre bewundert werden.

Auch der »Große Blaue«, der zunächst als gestohlen galt, aber nach der Revolution als »French Blue« in England auftauchte, hat seinen Weg in ein Museum gefunden, umgeschliffen zwar, aber noch immer in vollendeter Pracht. Auch er befindet sich heute in Staatseigentum. Im November 1958 erhielt das Smithsonian Institute in Washington ein Päckchen mit der Post, das mit 2,44 Dollar frankiert war. Der »Blaue Diamant«, der sich darin befand, war für 151 Dollar versichert. Sein wahrer Wert lag beim Hunderttausendfachen. Absender war der reichste Juwelier der Welt. Harry Winston, dessen Geschäft sich direkt gegenüber Tiffany auf der Fifth Avenue in New York befindet, hatte den Diamanten, der einst ehrfurchtsvoll der »Große Blaue« genannt wurde, den Vereinigten Staaten von Amerika geschenkt. Daß er damit unter anderem seine Steuerschulden beglich, mag die Tat etwas weniger großzügig erscheinen lassen. Vielleicht gab aber auch in diesem Fall der Aberglaube den Ausschlag für den Entschluß: Der Diamant stand in dem Ruf, seinen Besitzern Unglück zu bescheren. Zumindest auf seine Vorbesitzerin, die Reedersgattin Tina Onassis, traf dies zu. Gerüchte besagen, daß sich deshalb kein prominenter Käufer mehr finden ließ.

Sollte es stimmen, daß auf den vier Diamanten, die sich vor der Revolution im Besitz der Französischen Krone befanden, ein Fluch lastete, hatte das Königspaar in der Tat die größtmögliche Konzentration von Unglückssteinen in seinem Besitz. Dort, wo sie einmalig zusammengekommen waren, müßte sich ihre unheilvolle Potenz in geradezu unheimlicher und mitleiderregender Weise addiert haben.

In einer rührseligen Geschichte, die nach der Enthauptung der Königin durch Europa geisterte, wurde folgendes kolportiert: Als Marie Antoinette im Oktober 1793 zum Schafott geführt wurde, kniete sie vor der Guillotine nieder und betete. Dann soll sie ihr Halsband abgenommen und es dem Scharfrichter übergeben haben. Es war der »Florentiner«, das Hochzeitsgeschenk ihrer Mutter, der Kaiserin Maria Theresia. Der Henker zeigte dem johlenden Volk die Trophäe. Der »Florentiner«, einer der Aristokraten unter den großen Diamanten der Welt, sei auf diese Weise an das Volk geraten.

Realistisch ist diese Version der Hinrichtungsszene jedoch nicht. Das Eigentum der Marie Antoinette de Lorraine-d'Autriche, von Lothringen-Österreich – so wurde sie nach dem Sturz der Monarchie genannt, da man sie nicht als Französin anerkennen wollte –, war schon vorher konfisziert und zum Staatsbesitz erklärt worden. Wahrscheinlicher ist also, daß der »Florentiner« schon vorher auf dem Schreibtisch Robespierres gelandet war, dem der Umgang mit Diamanten wahrscheinlich genauso fremd war wie der mit Frauen. Und sollte dem so gewesen sein, dann hätte er auch dem obersten Revolutionär kein Glück gebracht, da dieser nach nicht allzu langer Zeit dem Königspaar aufs Schafott folgte.

Welche Wege der »Florentiner« durch die Wirren der Revolution genommen hat, ist nicht genau bekannt. Möglicherweise hat er sein Dasein in irgendeiner Asservatenkammer gefristet. Seine Spur verliert sich für einige Jahre.

Über die drei anderen Diamanten Ludwigs XVI. weiß man mehr: Der »Große Blaue« wurde unter spektakulären Umständen gestohlen und tauchte, wie bereits erwähnt, Jahre später in Großbritannien wieder auf. Der »Sancy« wurde verkauft und der »Régent« zur Finanzierung der Revolutionskriege eingesetzt. Diese kosteten Unsummen, und die Regierung der Republik mußte Anleihen aufnehmen. Im August 1797 verpfändete das Direktorium den »Régent« und andere Diamanten für eine Anleihe von vier Millionen Franc dem Berliner Bankier Treskow. Ein Jahr später, der Betrag war gerade abgezahlt, diente der »Régent« schon wieder als Kaution für eine Anleihe bei dem holländischen Bankier Vanderberghem. Der gab später preis, daß seine Frau den kostbaren Stein ständig unter ihrem Mieder getragen habe, während er in einer Vitrine seiner Bank eine Kopie aus Bergkristall ausgestellt hatte. Diese beiden aufeinanderfolgenden Anleihen verhalfen der Revolutionsarmee zu einer starken und gut ausgerüsteten Kavallerie, die Napoleons Siege auf den Schlachtfeldern Europas ermöglichte.

Napoleon, der den Stein immer als seinen Talisman betrachtete, löste ihn 1800 ein. Er ließ ihn auf den Handschutz seines Konsulschwertes fassen, und als er 1804 zum Kaiser der Franzosen gekrönt wurde, auf den Knauf seines Paradedegens. Acht Jahre später schmückte der »Régent« das kaiserliche Schwert.

Zeuge weiteren Unheils

War das Tragen von Schmuck und Edelsteinen zur Zeit der Revolution als dekadent verpönt gewesen, so brach mit Napoleons Siegen eine neue Ära an. »Arrivierte« Bürger und Militärs, die vom Aufstieg des Generals profitierten, erinnerten sich gern der aristokratischen Sitten und Gebräuche, die vor der Revolution als fein gegolten hatten. Sie imitierten darin ganz ihren Machthaber, dessen Gebaren immer stärker monarchische Züge annahm. Zum Personenkult Napoleons gehörte es, sich mit allen Insignien aristokratischer Macht in Szene zu setzen. Als er sich im Mai 1804 zum Kaiser krönen ließ, war sein Ornat über und über mit Diamanten besetzt. Auch die Damen, die zu dieser Zeremonie erschienen, trauten sich wieder, kostbaren Schmuck zu tragen.

Napoleons hartnäckigster Gegner war Österreich geblieben. Im Gegenzug zur Kaiserkrönung des Korsen legte sich der Kaiser des Heiligen Römischen Reiches Deutscher Nation, Franz II., zusätzlich den Titel eines erblichen Kaisers von Österreich (dort als Franz I.) zu und rief am 11. August 1804 das Kaisertum Österreich aus, das die alten habsburgischen Erbländer, das Königreich Böhmen und das Königreich Ungarn umfaßte. Als sich 1806 sechzehn Reichsfürsten in der Rheinbundakte vom Heiligen Römischen Reich lossagten und sich der Herrschaft Napoleons unterstellten, erklärte Kaiser Franz das Heilige Römische Reich Deutscher Nation für aufgelöst. Die Reichsinsignien – Krone, Zepter und Reichsapfel – kamen in die

Schatzkammer der Wiener Hofburg, wo sie als Reliquien des untergegangenen Reichs der Deutschen – heute hinter Panzerglas – noch immer aufbewahrt werden.

Im Jahre 1809 berief Franz I. den aus dem Rheinland stammenden Grafen von Metternich zum Außenminister und 1821 zum Staatskanzler. Der Kaiser erwartete von ihm vor allem eine realistische Politik gegenüber dem gegnerischen Frankreich. Metternich steuerte zunächst auf einen Frieden mit Frankreich hin, der Österreich bis zur endgültigen Abrechnung mit Napoleon eine Atempause verschaffen sollte. Dazu schien ihm eine Ehe des Korsen mit einer Habsburgerin opportun.

Napoleon, der sich 1809 wegen Kinderlosigkeit von seiner Gemahlin Joséphine hatte scheiden lassen, hoffte durch die Einheirat in eines der ältesten und angesehensten Herrscherhäuser Europas den Geruch des Emporkömmlings abstreifen und eine eigene Dynastie begründen zu können. Am 2. April 1810 wurde die Ehe zwischen Kaiser Napoleon und Maria Luise von Österreich in Paris feierlich geschlossen. Siebzehn Jahre nach dem Tod Marie Antoinettes war wieder eine Habsburgerin an die Spitze Frankreichs gerückt. Von ihrem Mann erhielt die neunzehnjährige Marie Louise, wie sie jetzt genannt wurde, ein wahrlich kaiserliches Hochzeitsgeschenk: den »Florentiner«, der die Wirren der Revolution heil überstanden hatte. Der Stein, den Maria Theresia ihrer Tochter mit auf den Weg nach Paris gegeben hatte, war wieder bei einer Habsburgerin angekommen.

Wenn es das Schicksal von Königstöchtern war, von ihren Eltern nach Maßgabe der politischen Situation verheiratet zu werden, so hatte auch Marie Louise einen hohen Preis dafür zu zahlen. Sie war am Wiener Hof in dem Glauben erzogen worden, daß Napoleon der Erzfeind des christlichen Europa und aller guten Menschen sei. Jahrelang hatte ihr Vater Kriege und Schlachten gegen ihn, den sie als Vertreter des Teufels betrachtete, führen müssen. Selbst die bürgerliche Herkunft des Aufsteigers stand dieser Heirat plötzlich nicht mehr im Weg. Die Standesgnade, die der höhere Adel gern anführte, um unter seinesgleichen zu bleiben, spielte in diesem Falle keine Rolle mehr. Franz I. hatte eine seiner Töchter auf dem Spielbrett der großen Politik geopfert, um das kaiserliche Österreich zu retten.

Auf einer Hochzeit nach katholischem Ritus hatte er allerdings bestanden. Napoleon war es egal, nach welcher Litanei er eine Habsburgerin heiratete. Sein Onkel, den er zum Erzbischof von Paris ernannt hatte, vollzog die Trauung in der Kapelle des Louvre. Dreizehn französische Kardinäle, die der Trauung demonstrativ ferngeblieben waren, wurden vom Kaiser nach einigen Tagen zu einfachen Priestern degradiert. Sie waren der Ansicht, daß Napoleon, der seine erste Frau Joséphine ebenfalls nach katholischem Ritus geheiratet hatte, nicht noch einmal vor den Traualtar treten dürfe und die zivilrechtliche Scheidung nach dem Kirchenrecht ungültig sei. Es half ihnen nicht, daß sie darauf verwiesen, nur der Papst könne sie entlassen. Sie verloren ihre Ämter, ihren gesamten Besitz und ihre Pfründen.

Napoleon schien mit seiner neuen Frau zufrieden zu sein. »Heiratet eine Deutsche! Sie sind sanft, gut, unverdorben und frisch wie die Rosen«, soll er seinen Ministern gesagt haben. Der französischen Verhältnisse gewärtig, ordnete er an, daß seine junge Gemahlin nie allein mit einem Mann zusammensein dürfe. Kam der Musiklehrer, mußte eine Anstandsdame dabei sein, und selbst der Friseur durfte sein Handwerk nicht unbeobachtet verrichten. Wahrscheinlich war es nicht nur Eifersucht, sondern vor allem die Angst vor einem untergeschobenen Thronfolger, die ihn zu solchen Maßnahmen trieb. Der Herrscher Europas fieberte einem leiblichen Nachfolger entgegen.

Bald schon mit Grund. Noch vor der Geburt des Kindes legte Napoleon fest, daß eine Tochter den Titel einer »Fürstin von Venedig« erhalten solle, ein Sohn aber werde der »König von Rom« sein. Am 20. März 1811 schossen vor den Toren von Paris Kanonen den Salut: 22 mal zu Ehren des Thronfolgers. Es heißt, daß die Pariser vor Freude in den Straßen tanzten.

Marie Louise hat die Verhältnisse ihrer Zeit und besonders ihre französische Umgebung ebensowenig verstanden wie ihre Großtante Marie Antoinette. Auch sie war als halbes Kind nach Frankreich geschickt worden und dort in eine Atmosphäre voller Neid, Mißgunst, Niedertracht, Habgier und Hochmut geraten. Aber die Stellung ihres Gemahls, der nur ein Jahr jünger war als Marie Louises Vater, war eine andere als die des unglückseligen Ludwig XVI. Angesichts der unbestrittenen Autorität Napoleons traute sich niemand, offen gegen die Kaiserin zu intrigieren.

Der Rußlandfeldzug von 1812 brachte die Wende. Als Napoleons Heer geschlagen war, wechselten die ehemaligen Verbündeten die Seite und kämpften mit Rußland gegen Frankreich. Und Marie Louise, die Kaiserin der Franzosen, befand sich im Krieg mit Österreich und ihrem Vater, der sie nur wenige Jahre zuvor mit Napoleon um des Friedens willen verheiratet hatte. Im März 1814 besetzten die alliierten Truppen Paris. Marie Louises Loyalität gehörte zu diesem Zeitpunkt nicht Napoleon, sondern ihrem Sohn. »Ich bin überzeugt, daß Sie meinem Sohn nicht die Insel Elba als einziges Erbe geben wollen«, schreibt sie im April 1814 an ihren Vater und fährt fort: »Ich bin überzeugt, daß Sie seine Rechte verteidigen werden und ihm ein besseres Schicksal anweisen werden. Dieses unglückliche Kind, welches unschuldig von allen Fehlern seines Vaters ist, verdient nicht, eine so traurige Lage mit ihm zu teilen. Ich empfehle Ihnen noch einmal meinen unglücklichen Sohn; ich weiß, daß er nicht mehr auf Frankreich rechnen kann. Ich bitte also, wenn es möglich ist, ihm einige andere Besitzungen zu verschaffen.« Ihre Appelle blieben nicht ungehört. In einem Vertrag der siegreichen Alliierten wurde festgelegt, daß ihr Sohn das Herzogtum Parma erhalten sollte und sich Prinz von Parma nennen durfte.

Ohne Napoleon an ihrer Seite war ein weiterer Aufenthalt der Kaiserin in Frankreich nicht vorstellbar. Außerdem hatte ihr Vater Interesse daran, Napoleons Sohn nicht in Frankreich zu belassen, da die Anhänger, die Napoleon dort noch immer hatte, in ihm eine Symbolgestalt der napoleonischen Herrschaft und Verehrung hätten sehen können. Im Mai 1814 reiste Marie Louise daher mit ihrem Sohn in ihr Heimatland zurück. Vorher mußte sie alle persönlichen Besitztümer abgeben. Im Namen Frankreichs beschlagnahmte Talleyrand alles Privateigentum, das ihr verblieben war. Silber, Tafelgeschirr und Schmuck wurden konfisziert. Selbst die Perlenkette, die Napoleon ihr zur Geburt des Sohnes geschenkt hatte, mußte sie abliefern. Allein den »Florentiner«, den sie als Hochzeitsgeschenk von Napoleon empfangen hatte, konnte sie retten. Sie hatte ihn vorher bei einem österreichischen Adjutanten in Sicherheit gebracht.

Am 21. Mai 1814 stieg Marie Louise im Schloßhof von Schönbrunn aus ihrem Wagen. Die ganze kaiserliche Familie stand bereit, um sie zu empfangen. Das französische Abenteuer war überstanden. Marie Louise sollte ihren Mann nie wiedersehen. Der »Florentiner« war Zeuge eines weiteren Dramas geworden.

Obwohl Marie Louise noch immer mit Napoleon verheiratet war, nahm sie das Scheitern seiner versuchten Rückkehr erleichtert zur Kenntnis. Doch erst das Ableben Napoleons auf St. Helena machte den Weg für eine Heirat mit dem Grafen von Neipperg frei, mit dem sie zwei (uneheliche) Kinder hatte. Als er starb, war Marie Louise gerade 38 Jahre alt. Wenig später erkrankte der »König von Rom«, den die Niederlagen seines Vaters zum »Herzog von Parma« und zum »Herzog von Reichstadt« degradiert hatten. Er starb im Alter von 21 Jahren an Tuberkulose. Trotz zahlreicher Liebschaften und einer dritten Ehe ist Marie Louise nicht mehr glücklich geworden. Sie starb 1847 im Alter von 56 Jahren in Parma.

Nur am Rande sei vermerkt, daß Marie Louise nicht das einzige Opfer der ehrgeizigen Heiratspolitik Metternichs blieb. Ihre sieben Jahre jüngere Schwester Leopoldine wurde mit dem portugiesischen Thronerben vermählt, der nach der Flucht der königlichen Familie vor Napoleons Truppen in Rio de Janeiro residierte, 1822 die Unabhängigkeit Brasiliens ausrief und sich selbst zum Kaiser machte. Schon dem portugiesischen Elternhaus Pedros wurde von Zeitgenossen sittliche Verkommenheit nachgesagt. Dom Pedro aber schien sein Elternhaus in dieser Hinsicht noch um einiges übertreffen zu wollen. Die Zügellosigkeit des jungen Kaisers, der zudem Epileptiker war, wird als grenzenlos beschrieben, und seine Orgien mit farbigen Sklavinnen erinnern mehr an das Zeitalter Neros und Caligulas, als daß sie den eher weitgefaßten Sitten- und Moralvorstellungen der europäischen Hocharistokratie des frühen 19. Jahrhunderts entsprachen. Auch die Geburt eines Thronfolgers änderte am Lebenswandel Pedros nicht das Geringste. Die einsame Erzherzogin aus Wien wurde depressiv, kümmerte sich bald nur noch um die Armen und verfiel selbst dem Siechtum. Sie starb im Alter von 29 Jahren in Rio de Janeiro.

Im Vergleich zu ihrer Schwester Marie Louise litt Leopoldine wahrscheinlich noch mehr. Napoleon hatte sich seiner Gemahlin gegenüber bis zum Schluß als Ehrenmann erwiesen und nie etwas Herabwürdigendes über sie geäußert, obwohl ihm nicht entging, daß es mit Marie Louises Treue nicht weit her war, seit er in Verbannung lebte. Leopoldine hingegen war zu einem Sklavendasein verdammt. Aber was kümmerte die hohe Politik schon ein Frauenschicksal?

Zurück in Wien

Der »Florentiner« hatte die Französische Revolution, die großen europäischen Kriege und allerlei Dramen überlebt und war nach fast fünf Jahrzehnten wieder zu den Habsburgern nach Österreich zurückgekehrt. Franz I. wies ihm einen Ehrenplatz zu, indem er ihn in die österreichische Kaiserkrone einarbeiten ließ. Dort verblieb er auch in der Regierungszeit seines Sohnes Ferdinand (1835–1848). Glück brachte er ihm nicht. Die körperlichen Behinderungen und die geistige Schwerfälligkeit des neuen Herrschers waren so augenfällig, daß es für notwendig erachtet wurde, ein Kontrollgremium zu schaffen, das dem erzkonservativen Metternich unterstand. Dieser konnte also ungeachtet jeder kaiserlichen Einflußnahme nach Belieben regieren und der Epoche, in der er die Geschicke Österreichs und seiner Erblande lenkte, seinen Namen geben. Das Zeitalter Metternichs wird bis heute mit der Unterdrückung jeglichen demokratischen Gedankenguts gleichgesetzt, das sich nach der Französischen Revolution über weite Teile Europas ausbreitete. Überall in Österreich, das dem Deutschen Bund in führender Weise angehörte, kontrollierte Metternichs Geheimpolizei Zeitungen und Verlage. Gymnasien und Universitäten wurden zu Sammelbecken junger Revolutionäre, die in Metternich die verhaßte Symbolgestalt für Reaktion und Unterdrückung sahen.

Kaiser Ferdinand war kaum in der Lage, die politischen Geschehnisse seiner Zeit zu beeinflussen, geschweige denn die Zusammenhänge zu verstehen. Sogar seine Vermählung mit einer italienischen Prinzessin war auf Weisung Metternichs erfolgt. Die Unzulänglichkeiten des Kaisers ließen den Staatskanzler völlig unkontrolliert regieren. Nur der Preuße Bismarck, der in der zweiten Hälfte des 19. Jahrhunderts Mitteleuropa seinen Stempel aufdrückte, hielt sich ähnlich lange an der Macht.

In den dreizehn Jahren seiner kaiserlichen Herrschaft blieb Ferdinand I. immer nur ein Schattenkaiser. Die Revolution von 1848 erforderte jedoch einen Monarchen, der in der Lage war, das Kaisertum der Habsburger dauerhaft zu sichern und sich der politischen und militärischen Herausforderung zu stellen. Deshalb zögerte die kaiserliche Familie keinen Moment, als es darum ging, Ferdinand von der Notwendigkeit seiner Abdankung zu überzeugen. Der jedoch betrachtete seine Demission als gnädige Erlösung von einem ungeliebten Amt, das ihn stets überfordert hatte; fortan ging er seinen naturwissenschaftlichen Hobbys nach. Metternich mußte im März 1848 nach England fliehen. Für den Fortbestand der Dynastie war er zur Belastung geworden. Erst Jahre später, nach dem endgültigen Scheitern der Revolution, konnte er nach Wien zurückkehren.

Der »Florentiner« hatte eine zweite Revolution unbeschadet überstanden und konnte als Teil des Kronschatzes der Habsburger seinen festen Platz unter den großen Diamanten Europas behaupten. Nur der Orlow und der Régent rangierten vor ihm. Der »Orlow« hatte seinen Namen nach einem Liebhaber Katharinas erhalten, der ihn der Zarin zum Geschenk machte, um sich ihrer Gunst dauerhaft zu versichern. Das wahrlich kaiserliche Geschenk verfehlte jedoch seine Wirkung. Katharina ließ den Grafen nach kurzer Zeit fallen, behielt jedoch den Diamanten, der seither das russische Zepter schmückt. Mit 189,6 Karat war er der größte in Europa. Er ist heute im Kreml-Museum zu besichtigen.

Nach der Abdankung Ferdinands I. folgte ihm sein Neffe Franz Joseph I. auf den Thron. Ferdinands Ehe war kinderlos geblieben. Deshalb wurde der älteste Sohn seines Bruders Karl mit achtzehn Jahren zum Kaiser von Österreich ernannt. Da der junge Monarch zu unerfahren war, um die Regierungsgeschäfte selber zu lenken, wurde ihm der fähigste Minister des Reiches zur Seite gestellt. Fürst zu Schwarzenberg verfügte über alle politischen Kenntnisse und Eigenschaften, die dem jungen Herrscher noch fehlten.

Es waren stürmische Zeiten, in denen Franz Joseph die Zügel übernahm. Die Revolution hatte auf Ungarn übergegriffen. Im März 1849 wurde dort sogar die Republik ausgerufen. Nur der geschickten Bündnispolitik Schwarzenbergs war es zu verdanken, daß Ungarn mit russischer Unterstützung ins Reich zurückgezwungen werden konnte. In den ersten Jahren seiner Herrschaft machte der junge Kaiser politische, diplomatische und militärische Erfahrungen, die ihn mehr als jedes akademische Studium in die Lage versetzten, Entscheidungen von großer Tragweite nach ihrem Für und Wider abzuwägen.

Franz Joseph war intelligent und lernfähig, aber er war im Sinne der Habsburger erzogen worden, für die der Erwerb einer gründlichen intellektuellen Ausbildung keineswegs vorrangig war. Für die Beschäftigung mit der Geistesgeschichte hatte man schließlich wie für die Naturwissenschaften seine Professoren. Dabei war Wien – stärker noch als Berlin – neben Paris im 19. Jahrhundert eine Metropole, in der Kunst, Kultur und Musik rauschhafte Höhepunkte erreichten. Für den im spätfeudalen Geist erzogenen Franz Joseph waren dies jedoch Ereignisse, die aus einer anderen Welt stammten. Seine musikalischen Vorlieben beschränkten sich auf Walzer und Marschmusik. Und dort, wo Religion und Wissenschaft im Widerspruch lagen, bezog er hartnäckig Partei für die Religion. Denn auch dies gehörte zu den jahrhundertealten Grundkonstanten der Habsburger: die unabdingbare Treue zur katholischen Kirche und ihren Glaubensmaximen.

Franz Joseph war schon Kaiser, als seine Mutter, Erzherzogin Sophie, ihm eine Gattin aussuchte. Die Wahl fiel auf die bayerische Prinzessin Helene. Doch Franz Joseph verliebte sich in deren jüngere Schwester Sisi. Erzherzogin Sophie, die selber aus Bayern stammte, war auch damit zufrieden und gab der Ehe ihren Segen. Im April 1854 fand in Wien die Trauung statt.

Über kaum eine andere Ehe ist mehr geschrieben worden als über die des österreichischen Kaiserpaares. Im allgemeinen unterscheiden die Biographen zwei Abschnitte im Leben Elisabeths am Kaiserhof in Wien. Der erste umfaßt die Zeitspanne von 1854, dem Beginn ihrer Ehe mit Franz Joseph, bis zum Jahr 1889, in dem ihr einziger Sohn, Kronprinz Rudolf, sich mit seiner siebzehnjährigen Geliebten Maria Vetsera in Mayerling erschoß. Der zweite Abschnitt reicht bis 1898, dem Jahr von Elisabeths gewaltsamem Tod in Genf. Die meisten Biographien beschreiben nichts anderes als die Umstände, in denen ein Ehepaar, das wenig Gemeinsames verbindet, sich im Laufe der Jahre auseinanderlebt. Dabei zeigen sich Verhaltensweisen, die heute erfahrenen Psychotherapeuten und Scheidungsanwälten nicht unbekannt sind. Das, was diese Ehe für den Betrachter so interessant und brisant macht, ist der kaiserliche Rahmen, in dem das unvermeidliche Ehedrama, das schon von den Zeitgenossen im Halblicht der Öffentlichkeit wahrgenommen wurde, seinen Lauf nimmt. Man könnte auch sagen, daß Elisabeth und Franz Joseph eine moderne Ehe geführt haben, ohne sie auf moderne Weise durch schlichte Scheidung beenden zu können.

Wer an das Wien des ausgehenden 19. Jahrhunderts denkt, muß unweigerlich auf Sigmund Freud stoßen. Es ist das Milieu dieser in Traditionen verharrenden und dennoch der Moderne zustrebenden Metropole, dem Freud die Anregungen zur Entwicklung seiner Theorie der Psychoanalyse entnimmt. Und das Verhalten der Kaiserin Elisabeth könnte sehr wohl Stoff für eine gründliche Fallstudie hergegeben haben.

Die Kaiserin reagierte auf die Verhältnisse in Wien, indem sie sich dem Leben am Hof immer mehr entzog. »Die Kaiserin, die Reiserin« war ein beliebter Volksreim, der die Wirklichkeit treffend umschrieb. Ab etwa 1860 verbrachte Elisabeth den größten Teil des Jahres unterwegs, standesgemäß mit großer Dienerschaft und Equipage. Gab der Hof zu Anfang noch gesundheitliche Gründe für ihr häufiges Fernbleiben an, so wurden diese Begründungen im Laufe der Zeit immer seltener. Tatsächlich bewirkte die Situation, in der Elisabeth sich befand, psychosomatische Reaktionen, wie sie über hundert Jahre später in ähnlicher Weise Lady Diana, die ungeliebte Gattin des englischen Thronfolgers, an den Tag legte. Magersucht und Bulimie sind heute anerkannte Krankheiten.

Der Kaiser arrangierte sich mit dem häufiger werdenden Fernbleiben seiner Frau. Aus seiner Sicht hatte sie ihre Pflicht getan und ihre heiligste und wichtigste Aufgabe, einen Thronfolger zu gebären, erfolgreich erledigt. Zudem wahrte Elisabeth jederzeit die kaiserliche Form. Außerdem hat er die Hoffnung, seine Frau wieder stärker an sich zu binden, wohl nie ganz aufgegeben.

Jedenfalls entschloß sich Franz Joseph 1888, seiner Gemahlin ein ganz außergewöhnliches und kostbares Geschenk zu machen. Er ließ den »Florentiner« aus der österreichischen Staatskrone entfernen und in ein Halsband einarbeiten, das mit zahlreichen anderen Diamanten von insgesamt über hundert Karat versehen war. Den Schliff des »Florentiners« ließ er unverändert. Ausgeführt wurde diese Arbeit von dem Wiener Hofjuwelier Köchert, der ersten Adresse für solche Arbeiten in Wien.

Elisabeth hatte die Dienste dieses Unternehmens, das bis heute in Wien existiert, häufig in Anspruch genommen und dabei auch selbst kreative Vorschläge für unkonventionellen Schmuck unterbreitet. Ein Ergebnis dieser fruchtbaren Zusammenarbeit waren die »Elisabethsterne«, kleine diamantbesetzte Sternchen, die die Kaiserin in ihr wallendes Haar steckte.

Das Halsband hat Elisabeth 1888 beim Staatsbesuch des neuen deutschen Kaisers Wilhelm II. getragen, ansonsten aber zeigte sie sich kaum damit. Die Katastrophen im und rund um das Kaiserhaus boten auch wenig Anlaß dazu.

Der Tod seines Sohnes Rudolf am 30. Januar 1889 nahm Franz Joseph den einzigen leiblichen Thronfolger, auf dessen harte militärische Erziehung er so stolz gewesen war. Er hatte dessen Hochzeit mit der belgischen Prinzessin Stephanie arrangiert und alles getan, um den Bestand der Dynastie in seinem Sinne zu erhalten. Doch hatte sich der Kronprinz zum Leidwesen seines Vaters eigenständig entwickelt und war von dessen Vorstellungen immer weiter abgerückt. Hatte der Kaiser den Ausgleich mit den Ungarn gesucht, so strebte Rudolf ein Arrangement mit den slawischen Völkern an. Dabei muß er sich zu weit vorgewagt haben.

Seine liberale und schwärmerische Gesinnung blieb der Öffentlichkeit ebensowenig verborgen wie seine antipreußische Haltung – vor allem für den forschen jungen Wilhelm II. hatte er wenig übrig –, was dazu führte, daß ihn der Kaiser immer stärker von den Staatsgeschäften fernhielt. Der unglücklichen

Ehe mit Stephanie von Belgien entfloh der auch gesundheitlich angeschlagene Rudolf, indem er sich in zahlreiche Liebschaften stürzte, zuletzt mit der siebzehnjährigen Tschechin Maria Vetsera, die er mit in den Freitod nahm. Daß letztlich politische Motive zu Rudolfs Freitod führten, kann mit Sicherheit angenommen werden, auch wenn das Haus Habsburg diesbezügliche Dokumente bis heute unter Verschluß hält.

Der Skandal, den die Tragödie in Mayerling auslöste, ließ eine Flut von Gerüchten und Legenden entstehen, die sich teilweise bis heute gehalten haben. Angeblich soll der Kronprinz, ehe er nach Mayerling fuhr, in tiefer Versonnenheit vor dem »Florentiner« verharrt haben.

Elisabeth hat den Selbstmord ihres Sohnes nie überwunden und litt verstärkt an Schuldgefühlen, weil sie das, was sie als falsch erkannt hatte, nicht zu verhindern gewußt hatte. Da sie nicht mehr bereit war, das Bett mit ihrem Mann zu teilen, sorgte sie selber dafür, daß die Burgschauspielerin Katharina Schratt die Vertraute und Geliebte des Kaisers wurde. Diskret und unbeachtet blieb sie es über einen Zeitraum von 28 Jahren, bis zu seinem Tod.

Es gibt Berichte, wonach Kaiserin Elisabeth den »Florentiner« auf ihrer letzten Reise bei sich hatte. Am 9. September 1898, einem wunderschönen Spätsommertag, kam sie in Genf an, wo sie als Gräfin Hohenems in dem berühmten Hotel »Beau Rivage« abstieg, in dem neunzig Jahre später der schleswig-holsteinische Ministerpräsident Barschel unter mysteriösen Umständen ums Leben kam. Begleitet wurde sie lediglich von ihrer Hofdame. Es heißt, daß sie den »Florentiner« an der Rezeption abgegeben habe, um ihn in den Hotelsafe einschließen zu lassen. Die Legende sagt auch, daß der weltläufige Chefportier den riesigen Diamanten als den »Florentiner« erkannt und dann das Inkognito der Kaiserin gelüftet habe. All das sind Märchen. Die Kaiserin ist nach dem Tod ihres Sohnes nur noch mit »kleinem Schmuck« gereist.

Tatsache ist, daß eine Lokalzeitung durch eine Indiskretion des Hotels die Ankunft der Kaiserin in Genf meldete und sie ein arbeitsloser Italiener am nächsten Morgen mit einer zur Waffe umgeschliffenen Feile niederstach. Luigi Lucheni traf die Kaiserin mitten ins Herz.

Zeit seines Lebens hatte sich Lucheni als Ausgestoßener und Zukurzgekommener gefühlt und das Unglück seiner Existenz in wirrer Weise auf die Herrschaft der Aristokratie zurückgeführt. Nicht wissend, daß der Kanton Genf die Todesstrafe zu dieser Zeit schon abgeschafft hatte, rechnete er fest mit der Todesstrafe, ja, er verlangte sie sogar, weil er glaubte, dadurch als Held und Märtyrer in die Geschichte einzugehen. Lucheni wurde zu lebenslanger Haftstrafe verurteilt. Nachdem er zehn Jahre abgesessen hatte, erhängte er sich in seiner Gefängniszelle.

Lucheni hatte die Falsche erwischt. Elisabeth war als Symbolgestalt für die von ihm gehaßte Aristokratie ein völlig ungeeignetes und unpassendes Objekt. (Sie selbst hielt sich insgeheim für eine Republikanerin.) Elisabeth beherrschte sieben Sprachen fließend und hatte sich bei einigen Völkern des Reiches dadurch beliebt gemacht, daß sie mit den einfachen Leuten auf der Straße in deren eigener Sprache sprechen konnte. Eines ihrer Lieblingsbücher war Bertha von Suttners pazifistischer Roman »Die Waffen nieder«, für den die Autorin 1905 den ersten Friedensnobelpreis erhielt. Für Elisabeth waren Kriege immer ein Greuel und ein Versagen der Politik gewesen.

Das Volk trauerte aufrichtig um seine Kaiserin. Es hatte gespürt, daß Elisabeth ein Opfer der verknöcherten Strukturen des Hofes war, denen sie auf ihre Weise zu entfliehen trachtete. Sie war trotz ihrer häufigen Abwesenheit und ihrer sonderbaren Gewohnheiten geliebt worden. Und mit dem einsamen Mann in der Hofburg hatte man Mitleid. Solche Schicksalsschläge rührten sogar politische Gegner.

Spätestens jetzt fing man im Volksmund an, den »Florentiner« mit den Katastrophen in Verbindung zu bringen, die das Haus

Habsburg zunehmend heimsuchten. Rationalisten sahen sich veranlaßt, gelegentlich daran zu erinnern, daß ein Diamant nichts anderes ist als ein Stück kristallisierter Kohlenstoff, den nur besondere geologische Bedingungen zu einem Edelstein werden ließen.

Eine Epoche verdämmert

Nach Elisabeths Tod wurde der »Florentiner« zusammen mit anderen Kostbarkeiten des Habsburger Kronschatzes in der Schatzkammer der Wiener Hofburg für die Öffentlichkeit zur Besichtigung freigegeben. Der Ausstellungsraum befand sich im Gewölbesaal, in dem heute das Internationale Kongreßzentrum angesiedelt ist. In Vitrine XIII ruhte er neben den Insignien des Heiligen Römischen Reiches Deutscher Nation und des österreichischen Kaiserhauses. Die Habsburger waren die ersten, die der Bevölkerung ihren Kronschatz dauerhaft zugänglich gemacht haben.

Der »Florentiner« wurde indes noch einmal umgearbeitet. Nach dem Tod seiner Gemahlin ordnete Franz Joseph an, ihn neu zu fassen: diesmal in eine Brosche, deren Gestaltung den Geschmack des Herrschers wiedergab und den Stilgewohnheiten der damaligen Zeit in auffälliger Weise entgegengesetzt war. Mehr protzig als elegant, diente diese Brosche vor allem dem Zweck kaiserlicher Repräsentation. In ästhetischer Hinsicht war diese Veränderung für den »Florentiner« zweifelsohne eine Verschlechterung. Doch dies war noch das kleinste Übel. Wieder einmal war es die große Politik, die mit dem Diamanten in einen unheilvollen Zusammenhang gebracht wurde.

Die krisenhafte Zuspitzung der politischen Situation in Europa zu Beginn des 20. Jahrhunderts machte auch vor Österreich-Ungarn nicht halt. Ähnlich wie das 1871 durch Bismarck gegründete Deutsche Reich war Österreich ein halbabsolutisti-

»Des Kaisers Diamant« in seiner letzten Fassung.

scher oder neoabsolutistischer Staat. Es gab zwar hier wie dort demokratisch gewählte Institutionen, doch waren zentrale Rechte der Staatsregierung bei den Monarchen verblieben. Im Unterschied zum Deutschen Reich regierte Franz Joseph allerdings ein riesiges heterogenes Staatsgebiet, in dem über ein Dutzend Völkerschaften und Sprachen existierten. Österreich war unter Bismarcks Regie (Berliner Kongreß 1878) zu einer europäischen Kontinentalmacht geworden, die sich von Osteuropa bis über den halben Balkan erstreckte. Den Ungarn hatte Franz Joseph nicht nur großzügige Autonomierechte eingeräumt, sondern auch die Herrschaft über Kroaten, Serben und Rumänen überlassen. Das mußte zu Problemen führen.

Noch in einem weiteren Punkt unterschied sich die Politik Wiens grundlegend von der Berlins. Soweit man von einem österreichischen Imperialismus überhaupt sprechen kann, beschränkte sich dieser auf das eigene Reich und die darin vereinten Völkerschaften. Österreich war die einzige Großmacht Europas, die auf eine Ausdehnung seines Einflusses über die eigenen Grenzen hinweg verzichtete. Dennoch glich die politische Lage in der k. u. k. Monarchie einem Pulverfaß.

Nach dem Tod des Kronprinzen Rudolf war zunächst der Bruder Franz Josephs, Erzherzog Karl Ludwig, und dann dessen Sohn, Erzherzog Franz Ferdinand, Thronanwärter. Letzterer war jedoch eine Ehe eingegangen, die unter den regierenden Königshäusern Europas als nicht standesgemäß galt. Die böhmische Gräfin Chotek, die bürgerliche Vorfahren hatte, entsprach nicht den strengen habsburgischen Hausgesetzen. Franz Ferdinand mußte deshalb im Jahr 1900 schwören, daß seine Frau vom kaiserlichen Rang ausgeschlossen und Kinder ohne Thronanspruch blieben. Nicht einmal den Namen Habsburg durften sie tragen. Der konservative Franz Joseph hat diese Ehe immer mißbilligt und sie seinem Neffen nie verziehen.

Als Franz Ferdinand, dem die explosive Lage auf dem Balkan bestens bekannt war, Franz Joseph darum bat, ihn von seiner Reise dorthin zu entbinden, lehnte der Kaiser ab. Der Thronfolger mußte sich fügen und sich mit seiner Frau nach Bosnien begeben, von wo sie nicht mehr lebend zurückkommen sollten. Am 28. Juni 1914 fielen die tödlichen Schüsse von Sarajevo, die einen Krieg auslösten, dessen Spätfolgen Europa immer noch beschäftigen. Auf den Tag genau vierzehn Jahre zuvor hatte der Thronfolger für seine Kinder in aller Form auf alle Erbansprüche verzichtet.

Die Hoffnungen der Monarchie lasteten nun auf dem Sohn eines Bruders von Franz Ferdinand und Großneffen des Kaisers, auf Erzherzog Karl. Daß er jemals herrschen würde, hatte niemand angenommen. Als er 1887 auf Schloß Persenbeug an der Donau das Licht der Welt erblickte, stand er in der Thronfolge an sechster Stelle. Erst die vielen Katastrophen, die das Haus Habsburg heimsuchten, ließen ihn zum Thronerben werden. Das Blutbad von Sarajevo rückte ihn endgültig ins Licht der Öffentlichkeit, dem der junge Mann scheu zu entfliehen versuchte.

Kaiser Franz Joseph starb am 21. November 1916 in Schloß Schönbrunn, dem Ort, wo er auch geboren worden war. Nachdem er seinen letzten Atemzug getan hatte, führte der Thronfolger diskret des Kaisers langjährige Freundin Katharina Schratt ans Totenbett. Zum Abschied legte sie dem Verstorbenen zwei Rosen auf die Brust und zog sich still zurück. Die Welt hat nie etwas aus ihrem Mund oder aus ihrer Feder über diese Beziehung erfahren. Sie starb 1940 in Wien.

Kaiser Franz Joseph hatte das Land 68 Jahre regiert. Mit ihm war eine Ära zu Ende gegangen. Er war im Geist des frühen 19. Jahrhunderts erzogen worden, hatte sein Wertesystem aus dieser Zeit behalten und Modernisierungen, die sein Leben hätten beeinträchtigen können, stets abgelehnt. Er hatte kein Telefon auf seinem Schreibtisch, und nur mit großen Mühen konnten Militärs ihm die Gründung einer österreichischen Luftwaffe abringen, deren Notwendigkeit er nicht einzusehen vermochte. Die Hoffnungen galten nun einem modernen, reformfreudigen Nachfolger, von dem erwartet wurde, daß er Österreich aus dem Krieg in eine neue Zukunft führen würde.

Karl I., Kaiser von Österreich und Apostolischer König von Ungarn, war zwar durch Erziehung und Ausbildung auf höchste Ämter vorbereitet, doch fehlte es ihm an Erfahrung und Umsicht. Mit den Regierungsgeschäften war er überhaupt erst seit zwei Jahren vertraut gemacht worden. Diplomatische Ungeschicklichkeiten, Ungeduld, falsche Ratgeber und ein Mangel an Realismus werden ihm für die kurze Zeit seiner Amtsdauer nachgesagt. »Karl der Plötzliche« nannten ihn seine Mitarbeiter, weil er sie mit seinen spontanen Einfällen und Vorschlägen überforderte.

Zu gigantisch waren die Herausforderungen, die es zu meistern galt: Österreich aus dem Krieg in einen ehrenhaften Frieden zu führen, den nach Separatismus und nationalstaatlichen Lösungen strebenden Völkern der Tschechen, Slowenen, Kroaten und Ungarn befriedigende Perspektiven zu geben, überfällige demokratische Reformen durchzuführen und vieles andere mehr. Aufgaben, für die die zur Verfügung stehende Zeit zu kurz und die Umstände in den Zeiten des kräftezehrenden Krieges zu schlecht waren.

Im Sieg der russischen Bolschewisten vom November 1917 sahen die Militärs in Österreich und Deutschland lediglich eine Schwächung des Kriegsgegners und eine Verbesserung der eigenen militärischen Lage. Den sozialen und politischen Sprengstoff, der sich dahinter verbarg, begriffen sie nicht. Statt dessen versuchte der junge Kaiser, die Krisen und Konflikte an den militärischen Fronten und im eigenen Reich an deren Symptomen zu behandeln. Er, der als Jurist und Offizier ausgebildet worden war, vermochte das Ausmaß und die Tiefe der Erschütterungen, die sich über dem einst so strahlenden Reich der Habsburger zusammenbrauten, nicht zu erkennen.

Als Karl am 30. Dezember 1916 Kaiser wurde, jubelte ihm das Volk zu. Dessen Herzen zu erobern gelang dem neuen Monarchen nie. Zu distanziert, zu akribisch auf sein Amt konzentriert, verlor er sich von Anfang an in die Einsamkeit des Regierens. Die mit großem Prunk vollzogene Heirat mit der in Bayern und England erzogenen Prinzessin Zita von Bourbon-Parma im Jahre 1911 war eine der traditionell arrangierten Ehen, wie sie den aristokratischen Gepflogenheiten und Erfordernissen eines europäischen Herrscherhauses entsprachen. Dennoch wurde es eine glückliche Verbindung. Zudem einte das Paar ein Wertesystem, bei dem die tradierten Vorstellungen des christlichen Abendlandes eine herausragende Rolle spielten.

Wenn diese Ehe schwierige Zeiten durchmachte, lag dies nicht an persönlichen Spannungen, sondern an den stürmischen Umständen, in denen sie sich bewähren mußte. Das Volk traute der jungen Prinzessin mit ihren französischen und italienischen Vorfahren nicht. Seit sich Italien im Krieg mit Österreich befand, war Zita den Leuten suspekt. Gerüchte machten die Runde, daß sie ihren Einfluß geltend gemacht habe, um Italien vor den Härten des Krieges zu bewahren. Sogar den deutschen Verbündeten war die Kaiserin, die ihre Aufgabe zum Erstaunen des Hofstaates

Erzherzogin Zita und Erzherzog Karl kurz nach ihrer Hochzeit im Jahre 1911.

von Anfang an nicht nur als Frau an der Seite des Kaisers suchte, verdächtig. »Die Kaiserin ist Exponent einer anderen Richtung, einer internationalen Richtung mit welscher Vorliebe. Germanisches Wesen ist ihr nicht verständlich, deutsches Streben und deutsche Macht erschreckt sie«, schrieb der deutsche Botschafter 1917 nach Berlin.

Karl I. wollte ein Friedenskaiser werden. Doch blieb ihm nicht die Zeit, seiner Regentschaft einen eigenen Stempel aufzudrücken. Seine Bemühungen zur Beendigung des Krieges, an dessen Zustandekommen ihn keine Schuld traf, waren dilettantisch. Durch den Bruder seiner Frau, Prinz Sixtus von Bourbon-Parma, der Offizier in der verfeindeten belgischen Armee war, versuchte Karl im Frühjahr 1917 eine Verständigung mit Frankreich herbeizuführen. Unter konspirativen Umständen wurde der Prinz über die Schweiz nach Österreich eingeschleust. In Anwesenheit der Kaiserin wurde dann ein Dokument formuliert, in dem die Bedingungen für einen österreichischen Separatfrieden mit den

Alliierten skizziert wurden. Der französischen Regierung bot Karl ohne jede Rücksprache mit den deutschen Verbündeten seine Unterstützung für den Anschluß Elsaß-Lothringens an Frankreich an. Längst hatte er die Vorstellung von einem »Siegfrieden«, wie ihn die deutsche Führung zu diesem Zeitpunkt noch aufrecht erhielt, aufgegeben. Die berühmte Nibelungentreue der deutschen Brüdervölker war zu einem »Rette sich, wer kann« verkümmert. Auftragsgemäß überbrachte Prinz Sixtus die geheime Botschaft nach Paris.

Nach einigem Zögern reagierte die französische Regierung auf ihre Weise. Sie ließ die Friedensofferte des Kaisers veröffentlichen und kompromittierte ihn dadurch zutiefst. Die Sixtus-Affäre schlug im In- und Ausland verheerende Wellen. Angesichts der barschen Reaktion der deutschen Verbündeten und der Kritik im eigenen Lande konnte Karl sich nur durch rhetorische Verrenkungen und Windungen Luft verschaffen, die seine Glaubwürdigkeit sogar im eigenen Volk aushöhlten und seine Gemahlin der Kritik preisgaben. In ihr sahen viele Österreicher die unheimliche Strippenzieherin und Intrigantin, die eine unselige Macht über die Politik ihres Mannes gewonnen hatte. Das Wort »Verräterin« wurde in Österreich seitdem nicht nur hinter vorgehaltener Hand ausgesprochen. Auch am Hof glaubten viele, daß die Kaiserin einen unangemessenen Einfluß auf ihren Mann ausübte.

Am 26. Oktober 1918 kündigte der Kaiser das Bündnis mit dem Deutschen Reich endgültig auf. Karl war zu größten Konzessionen bereit, um Österreich und seine Völker aus dem Krieg zu führen und die Herrschaft der Habsburger zu retten. Fieberhaft versuchten seine Diplomaten, in letzter Minute einen Ausweg zu finden, doch die Niederlage war unabwendbar. »Kaiser Karl«, vermerkte der französische Schriftsteller Anatole France, »wollte den Frieden. Er war der einzige anständige Mensch, der sich während des Krieges an entscheidender Stelle befand, aber man hörte nicht auf ihn.«

Der »Florentiner« als Politikum

Im Spätherbst 1918 überstürzten sich die Ereignisse. An allen Ecken und Enden des Reiches meuterten Armee-Einheiten. Die ungarischen Regimenter, die vormals zu den treuesten und schlagkräftigsten des Reiches zählten, kündigten ihre Loyalität auf. In Budapest und Prag hatte sich die Revolution schon durchgesetzt. Auch aus dem Deutschen Reich kamen schlechte Nachrichten: Die Meuterei der Matrosen von Kiel war in einen Volksaufstand übergegangen; nach russischem Vorbild hatten sich in den deutschen Städten rote Arbeiter- und Soldatenräte gebildet.

Während die Sozialisten in Wien und den großen Städten Österreichs die Abdankung des Kaisers forderten, konferierte dieser mit den letzten ihm treu ergebenen Politikern und Militärs in seinem Amtszimmer in Schloß Schönbrunn, um zu retten, was nicht mehr zu retten war. In Wien kontrollierten »Rotgardisten« bereits die Straßen, und die Sozialdemokraten bauten eine Volkswehr auf. Mit Ministern, die keine Macht mehr hatten, erging sich Karl in politischen Planspielen, die von der Wirklichkeit längst überrollt worden waren. Trotzig wehrte er sich gegen das Auseinanderbrechen des vielhundertjährigen Habsburger Reiches, gegen die Machtübernahme der Republikaner und pochte bis zum Schluß auf seine vor Gott und der Geschichte angestammten Rechte. Er ernannte und entließ Generäle, die längst keine Armeen mehr besaßen. Hastig wurden Erhebungen in den Adelsstand und Beförderungen für treue Anhänger diktiert. Einer von denen, die davon profitierten, war der Polizeichef von Wien, Hofrat Schober. Karl I. machte ihn zum Polizeipräsidenten und verlieh ihm das »Großkreuz des Franz-Josephs-Ordens«.

Und in dieser verzweifelten Situation kommt auch wieder der »Florentiner« ins Spiel: In der Nacht vom 31. Oktober auf den 1. November 1918 begibt sich Leopold Graf Berchtold, der Oberstkämmerer des Kaisers, in streng geheimer Mission in die Schatzkammer. Sein Auftrag: Sicherstellung der Habsburger Juwelen. Keinen Augenblick zögerte er, die diskret gegebene Order zu befolgen. Loyalität gegenüber seinem Herrn bedeutet ihm mehr als bloße aristokratische Pflichterfüllung. Für ihn ist es eine Frage von Ehre, Treue und Tradition – Werte, die für die neue Regierung in Wien schon als Tugenden der untergehenden Epoche gelten. Viele Jahre hat Graf Berchtold seinem Kaiser als Diplomat und Politiker in führenden Positionen gedient, davon auch einige Zeit als Gesandter in St. Petersburg. Und was dort passierte, ist ganz Europa im Bewußtsein. Für ihn ist es also richtig und notwendig, den Familienschmuck der Habsburger vor den unberechenbaren Sozialisten in Sicherheit zu bringen. Außer ihm und dem Kaiserpaar wissen lediglich zwei Menschen von diesem Unternehmen: der Direktor der Schatzkammer, von Schlosser, und Hofrat Schober.

Wenige Stunden zuvor haben die Sozialdemokraten unter Leitung des neuen Staatskanzlers Dr. Renner die Macht in Deutsch-Österreich übernommen. Sie fordern die Ausrufung der Republik und die Abdankung des Kaisers. Noch ist der Krieg nicht beendet. Doch jeder in Wien weiß, daß das Kaiserreich zu den Verlierern der großen europäischen Völkerschlacht gehört. Schadensbegrenzung – so lautet in jenen Tagen die Maxime der österreichischen Politik und all jener Beteiligten, denen die Zukunft nichts Gutes verheißt. Die Fronten zwischen denen, die sich für ihre eigene Zukunft von der neuen Ordnung viel versprechen, und jenen, die zu den Verlierern des neuen Systems gehören, sind in dieser unübersichtlichen Zeit nicht ganz klar, und noch gibt es Menschen, die dem Befehl ihrer Majestät uneingeschränkt gehorchen.

Im schummrigen Licht der Notbeleuchtung erreichen Graf Berchtold und Direktor von Schlosser jenen Saal, in dem die kostbaren Insignien des Abendlandes ausgestellt sind. Vor Vitrine XIII bleiben sie stehen. In ihr befinden sich Kronen und Juwelen der Habsburger, ein Schatz, der in vielen Herrscher-

Im Gewölbesaal der Wiener Hofburg war neben den Insignien des Heiligen Römischen Reiches Deutscher Nation bis 1918 auch der Kronschatz des österreichischen Kaiserhauses, inklusive »Florentiner«, ausgestellt – zugänglich für die Öffentlichkeit. Über der Tür ein Porträt Kaiserin Maria Theresias.

generationen angewachsen und nur mit dem der russischen Zaren oder dem der englischen Könige vergleichbar ist.

Vorsichtig öffnet von Schlosser die Vitrine. Graf Berchtold zögert eine Weile, holt dann aber Stück für Stück heraus. Brillanten, Saphire, Rubine, Smaragde, Perlen aller Größe und Farben werden der Vitrine entnommen. Von den besten Goldschmieden ihrer Zeit sind sie in Diademe, Halsketten, Broschen, Armbänder, Ringen und Orden eingefaßt worden. Schlosser schaut dem Grafen regungslos zu. Nichts in seinem Gesicht gibt zu erkennen, was er in diesen Sekunden denkt. Vorsichtig sortiert Graf Berchtold die Pretiosen in die dafür vorgesehenen Etuis, die er dann in einem Handkoffer ablegt. Für die Schönheit der Dinge, die er aus der Vitrine entfernt, hat er in diesem Moment keinen Sinn. Nur einmal hält er kurz inne, als er einen Edelstein von majestätischer Größe und aristokratischem Aussehen in die Hand nimmt, der sogar in dem karg beleuchteten Gewölbe noch sein weiches, glitzerndes Feuer verbreitet. Es ist der »Florentiner«, das weltberühmte Prunkstück dieser Sammlung. Zwei Jahrhunderte hat er das Schicksal der Habsburger begleitet, zwei Revolutionen hat er unbeschadet überstanden, doch diesmal ist seine Zukunft ungewisser denn je.

Nachdem Graf Berchtold Vitrine XIII ausgeräumt hat, wendet er sich Vitrine XII zu. Wieder öffnet von Schlosser die Glastür. Graf Berchtold entnimmt mehrere brillantenbesetzte Orden und Großkreuze aus der Zeit Maria Theresias, beläßt aber die sonstigen Kostbarkeiten – darunter die österreichische Kaiserkrone – an ihrem Ort. Er weiß genau, was des Kaisers ist und was in der Schatzkammer zu verbleiben hat. Direktor Schlosser begleitet den nächtlichen Besucher bis zum Ausgang, wo eine Limousine auf den Grafen wartet. Eine Eskorte der Wiener Polizei begleitet den Wagen bis nach Schönbrunn.

Am 4. November 1918, einem sonnigen Herbsttag, fand im Stephansdom ein Hochamt zu Ehren des Kaisers statt. Nach altem Brauch wurde auf diese Weise der Namenstag des Kaisers festlich zelebriert. Trotz des hohen Sicherheitsrisikos und gegen den Ratschlag seiner Getreuen bestand der Kaiser darauf, an diesem Gottesdienst teilzunehmen. Mit dem sechsjährigen Kronprinzen Otto und der zwei Jahre jüngeren Erzherzogin Adelheid zeigte er sich zum letzten Mal dem Volk. Kaiserin Zita war in Schönbrunn geblieben. Zu groß war die Gefahr, daß der Haß des Volkes sich an ihrem Auftritt entladen könnte. Auf viele Menschen in Wien wirkte der Besuch des Kaisers wie eine trotzige Provokation. Der Erzbischof von Wien, Kardinal Pfiffl, zelebrierte die Messe. Der Chor sang das Te Deum, laut und feierlich. Danach wurde wie jedes Jahr die Nationalhymne angestimmt. Die Stimmen wurden leiser, klangen brüchig. »Gott, erhalte Karl, den Kaiser ...«

Der Kaiser stand wie versteinert da. Niemand konnte in diesem Moment wissen, welches Schicksal ihm und seiner Familie beschieden sein würde. Alles war denkbar. Es war noch gar nicht lange her, daß die Zarenfamilie in Jekaterinburg grausam ermordet worden war. Niemand konnte zu diesem Zeitpunkt für die Sicherheit der Kaiserfamilie in Schönbrunn garantieren. Dies wußte auch Karl I., und trotzdem weigerte er sich beharrlich, Schloß Schönbrunn zu verlassen.

Etwa zu der Zeit, zu der am Morgen des 4. November das Te Deum im Stephansdom erklingt, nähert sich ein Personenwagen dem Westbahnhof. Graf Berchtold, der sich noch immer Oberstkämmerer des Kaisers nennt, steigt aus. Er hat mehrere Koffer bei sich. Begleitet wird er von einem General der Kavallerie, der die wertvolle Fracht nicht aus den Augen läßt. Eisenbahner, die sich den »Roten« angeschlossen haben, stellen sich ihnen in den Weg und verlangen, daß die Koffer geöffnet werden. Sie fassen es nicht: Diamanten, Edelsteine, Perlen und Gold funkeln ihnen im Morgenlicht entgegen. Dabei hat der Kaiser selbst im Krieg ein Gesetz erlassen, wonach es österreichischen Staatsbürgern untersagt ist, Wertsachen, Schmuck und Gold ins Ausland zu schaffen. Darauf berufen sich die Eisenbahner jetzt; nicht etwa auf das Gesetz der Revolution, das alles rechtfertigt, was den Vertretern der alten Macht schadet, sondern auf das gute alte kaiserliche Recht. In sehr deutscher Manier fällt ihnen nichts Besseres ein, als nach der Polizei zu rufen.

Und wieder ist es der vom Kaiser frisch beförderte und dekorierte Hofrat Schober (er wird es später noch zum Bundeskanzler bringen), der Graf Berchtold Schützenhilfe leistet. Ohne Rücksprache mit anderen Stellen ordnet er an, daß die beiden Emissäre mitsamt ihrem Schatz die Zugfahrt antreten und in die Schweiz ausreisen dürfen. Er gibt damit den Weg für die Verbringung der Habsburger Juwelen ins Ausland frei. In Zürich angekommen, deponiert Graf Berchtold den gesamten Schatz in einem Safe der Schweizerischen Nationalbank.

Als die Öffentlichkeit erfährt, daß der Kaiser seinen Familienschmuck ins Ausland »gerettet« hat, bricht ein Sturm der Empörung und des Hasses gegen das Kaiserpaar los, wie ihn Wien noch nie erlebt hat. Die ungeschickte Tat gießt Öl ins Feuer der Aufständischen und bedient alle Vorurteile, die sich in den letzten Kriegsjahren angestaut haben. Wenn es eines Tropfens bedurft hätte, um das Faß zum Überlaufen zu bringen, dann war es die nächtliche Entnahme des kaiserlichen Familienschatzes. Was dem naiven Kaiser in Zeiten einer unberechenbaren Revolution vielleicht als reine Sicherheitsverwahrung erschienen sein mag, registrierte das Volk bloß als Raub.

Aber war es das nicht auch? Konnte das aufgebrachte Volk nicht jenseits des altehrwürdigen und bis heute gültigen Privatrechts die »normative Kraft des Faktischen« für sich in Anspruch nehmen? Jede Revolution schafft Tatsachen, die das gültige Recht außer Kraft setzen. Revolutionäre, die beim Polizeipräsidenten anfragen, ob kaiserlicher Schmuck außer Landes gebracht werden darf, sind ein Witz. Einen solchen Polizeipräsidenten hätte ein Lenin unter Berufung auf das Gesetz der Revolution, wahrscheinlich ohne zu zögern, erschießen lassen. Wer die Macht in einem Land an sich reißt, der muß die Geschichte eines Staates für sich in Anspruch nehmen. Und dazu zählen eben auch die prunkvollen historischen Kostbarkeiten, welche die alten Machthaber als ihren Privatbesitz reklamierten.

Karl I. mochte juristisch im Recht gewesen sein, politisch hatte er sich durch die eigenmächtige Entnahme der Juwelen vollends ins Abseits gestellt. Die Folgen bekam er rasch zu spüren. Vehement setzte in Österreich die Diskussion um die Verstaatlichung des gesamten Eigentums der Habsburger ein.

Die Sozialdemokraten drängten den Kaiser zum Rücktritt. Auch die gemäßigten Führer der Mitte hatten der Monarchie längst abgeschworen. Der Kaiser hatte keine Bataillone mehr, nicht einmal eine Leibgarde. Die ungarischen Gardetruppen, die zum persönlichen Schutz ihres Königs in Schloß Schönbrunn stationiert waren, hatten ihren Standort verlassen und machten sich auf den Weg nach Budapest. Ein trauriges Häuflein von Burschenschaftlern, die noch immer in eherner Treue zu ihrem Kaiser hielten, zog gelegentlich vor das Schloß, um den Kaiser hochleben zu lassen und ihn vor den »Roten« zu schützen.

Die Delegationen der neuen politischen Führer, die nach Schönbrunn kamen, um mit dem Kaiser über die Modalitäten der Abdankung zu verhandeln, sahen sich einem trotzigen und verständnislosen Mann gegenüber, der sich stur weigerte, abzudanken. Den letzten Schritt, den Kaiser in Schutzhaft zu nehmen und ihn mit Gewalt abzusetzen, wollten die Sozialdemokraten nicht wagen. Sogar als ihn auch christlich-soziale Politiker zur Abdankung drängen wollten, lehnte er ab. Noch immer glaubte er, daß sich bei einer Abstimmung die Mehrheit des Volkes für ihn entscheiden würde. Erst als ihm die Unhaltbarkeit seiner Lage drastisch vor Augen geführt wurde, willigte der Kaiser in seinen Rücktritt ein. Am 11. November legte man ihm ein Manifest vor, in dem er »auf jeden Anteil an den Regierungsgeschäften« verzichtete. Als er unterschrieb, trug er die Uniform des Generalobersten einer Armee, die es nicht mehr gab. Die Herrschaft der Habsburger war zu Ende.

Österreich war von nun an Republik, ein winziger Rumpfstaat, beschränkt auf jenen Landesteil, der sich Deutsch-Österreich nannte. Es hatte neunzig Prozent des alten Reiches abtreten müssen. Der Glanz, der einst über der so prächtigen Hauptstadt des Imperiums lag, verblaßte. »Die kalte Sonne Habsburgs erlosch, aber es war eine Sonne gewesen«, notierte der 22-jährige Joseph Roth in dieser Zeit in seinem Tagebuch.

Der Kaiser hatte sich in das Unvermeidliche gefügt. Aber er gab nicht auf. Das Wort »Abdankung« kommt in dem Manifest nicht vor. Bis zu seinem Tode träumte er davon, wieder Monarch zu sein, und er wagte einiges, um es wieder zu werden.

Noch am Tag der Verzichterklärung verließ die kaiserliche Familie Schönbrunn. Mit gemieteten Autos reiste sie nach Eckartsau im Marchfeld. Dort, wo der Aufstieg der Habsburger im 13. Jahrhundert begonnen hatte, fanden sie ihr letztes Domizil auf österreichischem Territorium.

Eckartsau ist ein kleines Dorf, das eine gute Autostunde östlich von Wien in der Nähe der slowakischen Grenze liegt. Nur selten verlieren sich auswärtige Besucher in diese Gegend, die ihren kleinbäuerlichen Charakter bis heute bewahrt hat. Am Rande des Dorfes befindet sich ein Barockschloß, das Maria Theresia im 18. Jahrhundert gekauft und im Stil ihrer Zeit umgebaut hat. Bis heute ist dieses Schloß voll mit kostbarem Mobiliar, dessen immenser kunsthistorischer Wert dem heutigen Eigentümer, der Staatlichen Österreichischen Forstverwaltung, kaum bewußt ist. Es hat sogar die Besatzung der Russen nach dem Zweiten Weltkrieg überdauert. Seither können Bewohner der Umgebung die Schloßsäle für Schützenbälle und Hochzeiten zu einem geringen Entgelt mieten. Bis zum April des Jahres 1919 gehörte es zu jenen Immobilien, die als Privatbesitz der Kaiserfamilie galten.

Kaiser Karl und seine Gemahlin hatten sich vor allem aus Sicherheitsgründen für Eckartsau entschieden, aber auch deswegen, weil das Marchfeld ein ergiebiges Jagdrevier war, das die

Versorgung der Familie in Zeiten des Hungers und der Not gewährleisten konnte. Die britische Regierung hatte zum Schutz der Familie eine Leibgarde nach Schloß Eckartsau abkommandiert, die sogar ermächtigt war, notfalls von der Waffe Gebrauch zu machen. Unter allen Umständen wollte die britische Regierung den Habsburgern ein Schicksal ersparen, wie es die russische Zarenfamilie hatte erleiden müssen.

Es waren jedoch weniger umherstreifende »Rote«, die das Leben des Kaisers gefährdeten, als Grippeviren, die zu dieser Zeit ganz Europa heimsuchten. An der »Spanischen Grippe« starben in einem einzigen Jahr weltweit mehr Menschen als im gesamten Ersten Weltkrieg. Kurz nach der Übersiedlung nach Eckartsau erkrankte auch der Kaiser daran. In dem schlecht beheizbaren Schloß kam eine lebensbedrohliche Lungenentzündung hinzu. Während der Kaiser allmählich genas, verschlimmerte sich die politische Situation weiter zu seinen Ungunsten.

Am 4. März 1919 trat die Konstituierende Nationalversammlung Deutsch-Österreichs zu ihrer ersten Sitzung zusammen. Ihr erster Akt war die Proklamation des gemeinsamen Willens aller Parteien Deutsch-Österreichs, den Zusammenschluß mit dem Deutschen Reich so rasch wie möglich herbeizuführen. Für einen separaten österreichischen Kleinstaat sahen die Parlamentarier keine Zukunft. (Bekanntlich wiesen die Alliierten diese Resolution entschieden zurück und verweigerten den Österreichern eine Volksabstimmung, was nach 1934 propagandistisch ausgenutzt wurde.) Aber auch die Zukunft der Habsburger stand an diesem 4. März 1919 auf der Tagesordnung. Stimmen wurden laut, Kaiser Karl in Haft zu nehmen, weil er sich nach wie vor weigerte, formell auf seine Thronansprüche zu verzichten.

In dieser Situation ergriff der englische Oberst Edward Lisle Strutt, der von der britischen Regierung für die Sicherheit des Kaisers nach Eckartsau beordert worden war, die Initiative. Unter Berufung auf seine Regierung suchte er geeignete Exilländer, die für die kaiserliche Familie in Frage kamen. Seine Wahl fiel auf die Schweiz. Erste Erkundungen fielen positiv aus. Strutt war der Sohn eines englischen Lords, sprach fließend Deutsch und hatte es verstanden, eine freundschaftliche Beziehung zum Kaiserpaar aufzubauen. In nächtelangen Gesprächen gelang es ihm, dem Kaiser die Unhaltbarkeit seiner Lage begreiflich zu machen und ihn von der Notwendigkeit des Exils zu überzeugen. Unter einigen Drohungen brachte er auch die österreichische Regierung dazu, die kaiserliche Familie ohne Bedingungen ausreisen zu lassen.

Am 23. März 1919 verließ der Hoftroß das Schloß und fuhr mit mehreren Personenwagen zum Bahnhof des nahegelegenen Dorfes Kopfstetten, in dem ein Sonderzug auf die kaiserliche Familie wartete. Als der Kaiser in den Zug stieg, trug er eine Marschallsuniform der alten österreichischen Armee, das Großkreuz des Ordens vom Goldenen Vlies, die Goldene Tapferkeitsmedaille und den englischen Viktoria-Orden. Unter dem Schutz einer britischen Militärpatrouille setzte sich der Zug in Bewegung. In Feldkirch, der letzten Station auf österreichischem Boden, unterschrieb Karl I. in theatralischer Pose ein vorbereitetes Manifest. Darin heißt es: »Was die deutsch-österreichische Regierung, Provisorische und Konstituierende Nationalversammlung seit dem 11. November 1918 beschlossen und verfügt haben, ist für Mich und Mein Haus null und nichtig.« Dieses Manifest gab er jedoch nicht etwa für die Öffentlichkeit frei, sondern schickte es per Post an eine Reihe von Staatsoberhäuptern und den Papst. In den Morgenstunden des 24. März erreichte der Zug schweizerisches Territorium.

Für sich und seine Familie hatte der Kaiser schlecht vorgesorgt. Wahrscheinlich hat er es nie für möglich gehalten, entthront und vertrieben zu werden, weil er felsenfest an die Unerschütterlichkeit der Monarchie in Österreich glaubte. Berater, die ihm empfahlen, privates Geldvermögen ins Ausland zu retten, waren von Karl stets barsch zurückgewiesen worden, indem er sie an die Würde und Integrität seines Amtes erinnerte.

Er hätte sein privates Geldvermögen und seinen Aktienbesitz, sein unumstrittenes persönliches Eigentum, problemlos in die Schweiz schaffen können. Er hat es nicht getan.

War der Entschluß, den Juwelenschatz der Habsburger in Sicherheit zu bringen, überhaupt von Karl I. ausgegangen, oder hatte seine Frau Zita ihn dazu gedrängt? Ist es nicht ein sehr weiblicher Impuls, angesichts der Gefahr einer Vertreibung zuerst den Schmuck zu retten? Denkt ein Monarch, dessen Zukunft ungewiß ist, in erster Linie daran, den Familienschmuck außer Landes zu schaffen, während er sein riesiges Vermögen, das ohne größere Schwierigkeiten ins Ausland zu transferieren gewesen wäre, in einem Land beläßt, in dem schon eine Revolution ausgebrochen ist? Man muß kein intimer Kenner des Schmuckhandels sein, um zu wissen, daß Juwelen in Krisenzeiten nur mit enormen Verlusten zu verkaufen sind. Zumal in diesem Fall jeder einigermaßen sachkundige Juwelier die Pretiosen sofort identifiziert hätte. Wenn es dem Kaiser darum ging, mit der Verbringung von Schmuck und Orden in die Schweiz sich und seine Familie materiell abzusichern, hat er jedenfalls äußerst kurzsichtig und unklug gehandelt.

Kaum etwas hat das Ansehen der kaiserlichen Familie in Österreich so nachhaltig ruiniert wie diese Aktion. Die Auswirkungen waren schlichtweg verheerend und führten zu den beiden Habsburgergesetzen von 1919 und 1921, nach denen die kaiserliche Familie ihres gesamten Besitzes in Österreich verlustig ging, für »immerwährende Zeiten« des Landes verwiesen wurde, sofern sie nicht allen Ansprüchen entsagte, und keine Adelsprädikate mehr führen durfte. Diese Gesetze sind bis heute in Kraft. Der Staat konfiszierte alle Liegenschaften und alles Grundvermögen, allen Geld- und Aktienbesitz, den aus der Zeit Maria Theresias stammenden Familienfonds (Fideikommiß) der Habsburger sowie alle Kunstschätze, die sich noch in Österreich befanden. Um es in schlichtere Worte zu fassen: Die Habsburger verloren alles.

Die »Habsburgergesetze« waren eine Strafaktion, die weit über das hinausging, was im benachbarten Deutschland dem bis 1918 regierenden Kaiserhaus widerfuhr: Die Hohenzollern durften den größten Teil ihres privaten Besitzes behalten und ihre Titel weiter führen. Den Habsburgern ist dies bis heute nur jenseits der österreichischen Grenzen möglich.

Selbst von offiziellen Vertretern der Republik Österreich wird nicht bestritten, daß der Inhalt der Vitrine XIII immer Privateigentum der österreichischen Kaiserfamilie war. Seitdem Franz Stephan von Lothringen eine strikte Trennung von Privateigentum und Staatseigentum durchgesetzt hatte, wurde der Besitz der Krone streng danach unterteilt, was des Staates und was des Kaisers war. Zum Staatsbesitz zählten beispielsweise die Insignien des Heiligen Römischen Reiches und des Kaisertums Österreich, zum Privatvermögen hingegen der gesamte Inhalt der Vitrine XIII, einschließlich des »Florentiners«.

In der Hand von Gaunern?

Nachdem die kaiserliche Familie samt Gefolge einige Wochen am Bodensee verbracht hatte, entschied sie sich, an den Genfer See zu übersiedeln. Eine italienische Verwandte der Kaiserin besaß dort ein Haus, das auch für den Troß des Kaisers reichlich Platz bot und traumhaft schön gelegen war. Von einer leichten Anhöhe geht der Blick nach Süden auf den Montblanc und die Savoyischen Alpen. Zu den Vorzügen dieser Villa gehörten Ruhe, Sicherheit und Komfort, aber auch die nicht zu unterschätzende Tatsache, daß keine Kosten für den aufwendigen Wohnsitz aufzubringen waren. Die Villa Prangins wurde der Familie Habsburg gratis zur Verfügung gestellt.

Dennoch erhob sich die Frage nach weiteren finanziellen Mitteln sehr schnell und dringlich. Bei seiner Ausreise aus Österreich hatte der Kaiser ganze 7000 Schweizer Franken mit sich geführt. Aus Österreich war nichts zu erwarten. Das »Habsburgergesetz«, das die Nationalversammlung im April 1919 beschlossen hatte, zeigte Wirkung. Mit der Solidarität der noch bestehenden Königshäuser Europas war nicht zu rechnen. Alles, was dem Kaiser an materiellen Gütern geblieben war, lag in einem Tresor der Schweizer Nationalbank – die Juwelen aus der Vitrine XIII.

Nun war aber die kaiserliche Familie nicht die einzige, die das Schicksal nach dem Krieg in die Schweiz gespült hatte. Auch zahlreiche Angehörige der russischen Hocharistokratie hatten dort ein sicheres Exil gefunden, nachdem sie in der alten Heimat alles verloren hatten. Was sie in ihrem Handgepäck an Reichtümern hatten mitnehmen können, waren kostbare Edelsteine, die sie nun in der Schweiz verkaufen mußten. Doch einen Markt dafür gab es längst nicht mehr. Teile der traditionellen Käuferschicht waren durch den Krieg verlorengegangen oder in ihrer Finanzkraft geschwächt. Große internationale Juweliere wie Cartier, Bulgari, van Cleef & Arples oder Fabergé hielten sich mit Ankäufen zurück. In dieser Situation war in der Schweiz ein grauer Markt für Edelsteine entstanden, auf dem zwielichtige Spekulanten und Profiteure ihr Glück versuchten.

Wollte der Kaiser ein standesgemäßes Leben führen, so blieb ihm gar nichts anderes übrig, als seine Diamanten in diesem Milieu zu verpfänden oder zu verkaufen. Seriöse Juwelierfirmen kamen dafür nicht in Frage. Die Herkunft der berühmten Diamanten wäre ihnen auf den ersten Blick aufgefallen. Da die neue Republik Österreich die Rückgabe des Schmucks forderte, hätten sie sich leicht dem Verdacht der Hehlerei aussetzen können. Karl I. konnte seine Diamanten also nur über einen Mittelsmann anbieten. Eine solche Vertrauensperson mußte nicht nur absolut loyal, diskret, zuverlässig und ehrlich sein, sondern auch solide Kenntnisse über Juwelen und deren Wert besitzen. Doch der Mann, auf den Karl verfiel, hatte nichts davon. Bruno Steiner wurde für den Kaiser tätig, weil er auch mit der Regelung von

Vermögensangelegenheiten des in Sarajevo ermordeten Erzherzogs Franz Ferdinand befaßt gewesen war.

In einem vertraulichen Dossier, das ein schweizerischer Legationsrat für den Bundesrat in Bern anfertigte, hieß es über ihn: »Bruno Steiner ging aus einer Konsulatskarriere hervor. Er ist Jude. Sein Vater war zuerst Direktor des Wiener Varietés ›Ronacher‹, dann eines anderen Vergnügungsetablissements und floh, wegen Betruges steckbrieflich verfolgt, nach Amerika. Der Sohn wird als ›windig‹ bezeichnet. In der Schweiz nobilitierte ihn der Kaiser, und Steiner soll sich selbst den Titel ›de Valmont‹ als Erinnerung an den Genfer See ausgewählt haben.«

Steiner gehörte nicht zum engsten Kreis der kaiserlichen Vertrauten in Prangins. Mit seiner Frau wohnte er in einer schäbigen Pension in Bern. Sein vorheriges Domizil hatte er aufgeben müssen, weil er die Miete nicht mehr aufbringen konnte. Unter Hinweis auf seine Treue und seine Verdienste im alten Kaiserreich war es ihm gelungen, sich beim Kaiser einzuschmeicheln und sein Vertrauen zu erwerben. Kenntnisse über Juwelen besaß er nicht. Um für die Diamanten des Kaisers einen Käufer zu finden, brauchte er jemanden, der ihm an Abgebrühtheit und Gerissenheit in nichts nachstand. Er fand ihn in der Person des Finanzjongleurs und Edelsteinhändlers Alphons Sondheimer, der weder zur ersten noch zur zweiten Garde der renommierten Juwelenhändler der Schweiz gehörte und seine Geschäfte im Berner Hotel Bellevue abwickelte, wo er ein Tageszimmer anzumieten pflegte. Zur Klientel Sondheimers gehörten russische Adlige, aber auch zwielichtige Gestalten der Schweizer Halbwelt. Sondheimer stellte keine indiskreten Fragen, und vor allem zahlte er bar.

Als Steiner im Herbst 1919 Sondheimer zum ersten Mal in seinem Berner Hotel aufsuchte, machte er kein Hehl aus der Tatsache, daß er von Diamanten nichts verstünde. Er ließ auch von Anfang an durchblicken, woher die Juwelen stammten. Für Sondheimer muß dieser Besuch der Glücksfall seines Lebens gewesen sein. Er störte sich auch nicht daran, daß Steiner ihn ganz offen in seine Betrugsabsichten mit einbezog. Steiner verlangte nämlich von ihm eine Provision in Höhe von zehn Prozent jedes verkauften Gegenstands. Diese Provision sollte an seine Ehefrau ausgezahlt werden, ohne daß der Kaiser Kenntnis davon erhalten dürfe. Das Geld für den Kaiser sollte bar und ohne Rechnung übergeben werden. Zwei Betrüger hatten sich gefunden, und man braucht nicht lange zu rätseln, wer der Gerissenere von beiden war.

Als Steiner einige Tage später wieder bei Sondheimer auftauchte, zog er aus der einen Tasche seines Sakkos zwei breite Goldarmbänder, die Maria Theresia hatte anfertigen lassen. Sie waren mit zahlreichen Brillanten und Smaragden verziert. Aus der anderen Tasche zog er eine Uhr, die in ihrer Art einzigartig war: Das Ziffernblatt war ein ovaler Smaragd von ungefähr vier bis fünf Zentimetern. Was Sondheimer im folgenden veranstaltete, war eine Schau sondergleichen. Für die Goldarmbänder zahlte er sofort 35 000 Schweizer Franken zuzüglich der zehn Prozent für Steiner. Für die Uhr bat er sich jedoch Bedenkzeit aus. Angeblich wollte er sie von einem Experten begutachten lassen und bat Sondheimer, sie ihm für einige Tage dazulassen. Sondheimer mußte unbedingt Zeit gewinnen. Denn er hatte ein Problem: Um Steiner und den Kaiser »anzuködern«, mußten seine ersten Gebote äußerst großzügig sein. Doch die finanzielle Dimension dieser und zukünftiger Transaktionen überstieg seine finanziellen Möglichkeiten. Auch der Verkauf der Beute überforderte ihn. Was der unbedarfte Steiner ihm brachte, war für Sondheimer schlichtweg eine Nummer zu groß. In der Schweiz gab es keinen, der für solche Geschäfte in Frage kam. Dagegen kannte er in Frankreich jemanden, der skrupellos und reich genug war, in dieses Geschäft einzusteigen.

Wie Sondheimer und Steiner kam Jacques Bienenfeld aus armen jüdisch-österreichischen Verhältnissen. Schon vor dem Krieg war er nach Paris gegangen und hatte es dort in kurzer Zeit zu unermeßlichem Reichtum gebracht. Er war der Mann, dem Sondheimer zutraute, den Betrag von fünfzehn bis zwanzig Millionen lockerzumachen, um den Juwelenschatz der Habsburger zu ergattern. Denn so hoch schätzte er das Gesamtvolumen der Transaktionen. Um Bienenfeld zu überzeugen, brauchte Sondheimer Demonstrationsobjekte, und die hatte er mit den Goldarmbändern und der Smaragduhr in der Hand. Er schlug Bienenfeld einen Coup vor, den dieser nicht ablehnen konnte. Bienenfeld sagte telegraphisch zu. So pokerten drei Ganoven, von denen jeder seinen Vorteil suchte, um die Habsburger Juwelen.

Als Steiner einige Tage später wieder in Sondheimers Hotel auftauchte, brachte er ein Halsband mit, das aus 380 Brillanten von insgesamt 267 Karat bestand, sowie zwei dazu passende Armbänder mit jeweils 247 Brillanten von insgesamt 331 Karat. Sondheimer übergab Steiner dafür 200 000 Franken und natürlich zehn Prozent »Provision«. Die Smaragduhr gab er ihm zurück und bemerkte, daß er dafür nur den reinen Materialwert des Smaragds bezahlen könne, was natürlich nicht den wirklichen Wert der Uhr darstelle, der ein Vielfaches höher läge. Steiner solle den Kaiser fragen, ob er diese Uhr wirklich so weit unter Wert verkaufen wolle. Auch das gehörte zu Sondheimers Vorgehen: Er wollte dem Kaiser Ehrlichkeit vorgaukeln, indem er ihn vor unklugen Verkäufen warnte.

In den folgenden Wochen kam Steiner fast täglich. Diademe, Ohrringe, Kolliers, Broschen, Orden und Ringe, die sich seit Jahrhunderten im Besitz der Habsburger befunden hatten, wechselten an Sondheimer über. Dieser aber machte keinen Hehl mehr aus der Tatsache, daß es ihm nur um die Steine, nicht aber um die Fassungen ging. Wenn Steiner auftauchte, wurde ein Goldschmied herbeigerufen, der die Juwelen mit einem Stichel aus ihren Fassung brach. Herrliche Kunstwerke wurden auf diese Weise vernichtet. Nichts sollte die Herkunft der Juwelen verraten. Die Fassungen nahm Steiner an sich, um sie angeblich dem Kaiser zurückzugeben. In Wirklichkeit behielt er sie jedoch für sich und machte sie auf eigene Rechnung zu Geld.

Beim Verkauf der Juwelen hielt Karl sich trotzdem noch an Prinzipien. Manche Gegenstände galten als unverkäuflich, weil sie als heiliger Besitz der Habsburger betrachtet wurden. Sie durften nach Maßgabe Karls allerhöchstens verpfändet werden. Auf dieser Liste der »Unveräußerbaren« befand sich auch der »Florentiner«. Sosehr er in dieser Zeit Geld benötigte, diesen schicksalhaften Diamanten wollte er nicht hergeben.

Dabei brauchte Karl immer mehr Geld. Ein großes Vorhaben mußte finanziert werden. Am 21. März 1921 reiste der verbannte österreichische Kaiser und ungarische König mit der Eisenbahn nach Basel. Versehen mit einen spanischen Paß, der auf den phantasievollen Namen Comte Lasuen y de Reischach ausgestellt war, überquerte er die französische Grenze und fuhr nach Straßburg weiter. Begleitet wurde er von seinem Schwager, Prinz Sixtus, dessen diplomatische Ungeschicklichkeiten ihn schon während des Krieges in Bedrängnis gebracht hatten. In Straßburg bestiegen sie ein Schlafwagenabteil des Expreßzugs nach Wien. Mit zittrigen Händen überreichte er dem österreichischen Zöllner seinen Paß. Alles hing jetzt davon ab, ob er erkannt würde. Es geschah nichts. Höflich gab ihm der Zöllner den Paß zurück und wünschte ihm eine gute Reise. Welch ein Schrecken wäre dem guten Mann durch die Knochen gefahren, wenn er seinen Kaiser erkannt hätte. Und wie hätte er reagiert?

Nachts gegen elf erreichte der Zug den Westbahnhof. Der Kaiser war wieder in Wien. Doch er mußte unentdeckt bleiben. Auf dem Bahnhof wurde er von Fürst Windischgrätz und dem ungarischen Grafen Erdödy erwartet. Mit einem Taxi(!) fuhren sie zu Erdödys Haus, wo man die Nacht verbrachte. Im Morgengrauen ging es weiter. Ein ehemaliger Chauffeur des Kaisers brachte ihn und Erdödy über die ungarische Grenze. Noch einmal mußte der Kaiser beim Grenzübergang zittern. Doch wieder blieb er unerkannt. In der Grenzstadt Pinkafeld mußte das Automobil umkehren. Auf einem Pferdewagen erreichten Erdödy und der Kaiser in den späten Abendstunden ihr Ziel. Im bischöflichen Palais der westungarischen Kleinstadt Steinamanger baten sie um ein Nachtquartier. Der ahnungslose Bischof war wie vom Schlag getroffen, als er seinen König leibhaftig vor sich sah.

Sofort wurde der Regimentskommandeur von Steinamanger, Oberst Lehár, herbeigerufen. Anton Lehár war ein Bruder des berühmten Komponisten und als ungarischer Offizier durch und durch königstreu. Die Sache war für ihn jedoch nicht ganz einfach.

Verfassungsrechtlich war Ungarn eine Monarchie im Wartestand. Admiral Horthy, der als »Reichsverweser« an der Spitze des Staates stand, versah sein Amt offiziell als Statthalter, bis in Ungarn ein neuer König gewählt werden würde. Aber wer? Sollte man die alte habsburgische Monarchie restaurieren? Oder einen Ungarn zum König ausrufen? Teile der alten Armee, des Großbürgertums und der Bauern waren einer Rückkehr Karls auf den Thron durchaus nicht abgeneigt. Die politische Macht in Ungarn lag in den Händen der Armee, an deren Spitze Horthy stand. Wie würde Horthy reagieren, wenn der König, auf den er als Soldat einst einen Eid geschworen hatte, ihm gegenübertrat? Und Karl wollte so schnell wie möglich nach Budapest, um dort die Macht zu übernehmen.

Oberst Lehár war nicht nur ein treuer Offizier seines Königs, sondern auch ein kluger und besonnener Mensch. Er warnte vor den außenpolitischen Konsequenzen, die eine Rückkehr der Habsburger in Ungarn zu diesem Zeitpunkt nach sich ziehen würde. Doch Karl glaubte sich in dieser Hinsicht abgesichert. Wieder waren es die dubiosen Beziehungen seines Schwagers Prinz Sixtus zur französischen Regierung, die ins Spiel kamen. Die französische Regierung, so behauptete Sixtus, würde Karls Wiederkehr unterstützen. Oberst Lehár warnte ihn vor der Gefahr eines Bürgerkriegs. Doch Karl konnte sich gar nichts anderes vorstellen, als daß ihn die Armee sogleich als ihren Oberkommandierenden anerkennen würde. Er war auch davon überzeugt, daß Horthy und sein Ministerpräsident ihm, ohne zu zögern, die Macht übertragen würden.

Zufällig war der ungarische Ministerpräsident Pál Teleki in der Nähe. Eilends wurde er herbeigerufen. Freudestrahlend trat Teleki dem König entgegen. Untertänig und ehrfürchtig bot er Karl an, nach Budapest vorauszufahren, um Horthy und die Staatsspitze auf das Eintreffen des Königs vorzubereiten.

Als Karl die Budapester Burg erreichte, tauchte er dort wie Phönix aus der Asche auf. Niemand war auf sein Kommen vorbereitet. Ministerpräsident Teleki hatte angeblich einen Motorschaden gehabt und war deshalb unterwegs hängengeblieben. Wie ein Bittsteller mußte der König beim Pförtner um Einlaß bitten. Ohne Anmeldung bahnte er sich seinen Weg zu Horthy, der wie zur Salzsäule erstarrte, als er den König unvermittelt vor sich sah.

Horthy spielte auf Zeit. Längst hatte er sich an die Macht gewöhnt und war nicht bereit, sie ohne Not wieder herzugeben. Statt Horthy die Pistole auf die Brust zu setzen und ihn zur Unterschrift unter ein vorbereitetes Dekret zu zwingen, ließ Karl sich auf langatmige politische Erörterungen mit ihm ein. Er war kein Machtmensch. Er wollte nichts anderes als das, was ihm seiner Meinung nach zustand. Horthy wand sich wie ein Aal. Er bat den König um etwas Geduld, vertröstete ihn auf den nächsten Tag. Hinter dem Rücken Karls erkundigte sich Horthy noch am gleichen Tag bei dem französischen Botschafter, ob die französische Regierung eine Wiederkehr Karls begrüßen würde. Dessen Antwort war erwartungsgemäß negativ. Gleichzeitig fragte er bei der Schweizer Regierung nach, ob sie Karl wieder einreisen lassen würde. Horthy schaffte es sogar, Karl davon zu überzeugen, daß es für alle das beste sei, nach Steinamanger zurückzukehren und dort abzuwarten.

Der Coup war geplatzt. Dilettantischer hat kaum jemand versucht, die Macht in einem Staate zu erobern. Karl glaubte tatsächlich, daß die Machthaber in Ungarn ihn mit offenen Armen empfangen würden. Er erkannte nicht, daß Horthy ein doppeltes Spiel trieb, ihm einerseits seine Loyalität signalisierte, andererseits aber alles unternahm, um selber an der Spitze des Staates zu bleiben. Die Informationen seines Schwagers Sixtus hatten sich wieder einmal als trügerisch erwiesen. Die Franzosen intervenierten sofort bei Horthy und gaben ihm Gelegenheit, den Kaiser zurück in die Schweiz zu komplimentieren.

Widerwillig sah Karl ein, daß er gescheitert war. Immerhin wurde ihm freies Geleit in die Schweiz gewährt. Die wenigen Stationen durch Westungarn empfand Karl dennoch als Triumph. Scharen von Bauern standen an der Strecke und ließen ihren König hochleben. Viele von ihnen bekreuzigten sich. Sie bestärkten ihn weiter in dem Glauben, nicht aufgeben zu dürfen.

Karls Restaurationsversuch in Ungarn sorgte für Schlagzeilen in der Weltpresse. Die Schweizer Behörden reagierten sofort. Kaiser Karl hatte gegen die Aufenthaltsbestimmungen verstoßen, denen er bei seiner Einreise zugestimmt hatte. Seine politischen Eskapaden schädigten den Ruf des neutralen Landes. Strenge Beschränkungen wurden ihm auferlegt. Auslandsreisen mußten vorher durch die Behörden genehmigt werden. Jeder Aufenthalt an einem anderen Ort, der länger als einen Tag dauerte, mußte den Behörden angezeigt werden. Außerdem zwang man Karl einen anderen Wohnsitz auf, um ihn besser kontrollieren zu können. Ferner gab man dem Ex-Kaiser zu verstehen, daß die Schweizer es lieber sähen, wenn er sich anderswo ein Exil suchen würde.

Im April 1921 mußte die kaiserliche Familie, zu der inzwischen sieben Kinder gehörten, in ein kleines Schloß am Vierwaldstätter See übersiedeln. Und wieder mußte Geld beschafft werden.

Im Juni 1921 eröffnete Steiner seinem Mittelsmann Sondheimer, daß der Kaiser 1,6 Millionen Schweizer Franken benötige.

Als Sicherheit bot er jene Juwelen an, die der Kaiser nicht zum Verkauf freigegeben, sondern nur zur Verpfändung vorgesehen hatte. Aufgrund seiner vorherigen Geschäfte war Sondheimer nun in der Lage, diesen Kredit aus eigener Kraft bereitzustellen. Sein Pariser Komplize Jacques Bienenfeld fühlte sich dadurch hintergangen und drohte ihm mit Rache. Doch Sondheimer ließ sich nicht abhalten. Im Juli wurde das Kreditgeschäft besiegelt. Sondheimer lieh dem Kaiser 1,6 Millionen Franken und erhielt als Sicherheit dafür Juwelen und anderen Schmuck: Darunter befanden sich der »Frankfurter«, ein Diamant von 46 Karat, den Franz Stephan anläßlich seiner Krönung zum Deutschen Kaiser für Maria Theresia hatte bearbeiten lassen, eine Perlenkette aus dem toskanischen Erbe mit einer Reihe von 196 Perlen und das Großkreuz des Ordens vom Goldenen Vlies, das »Rosenkollier« Maria Theresias, nicht aber der »Florentiner«. Natürlich bekam Steiner wieder seine »Provision«. Eine Klausel des Beleihungsvertrags besagte, daß auch Sondheimer zehn Prozent zustünden, wenn das beliehene Pfand eingelöst werden sollte. Doch damit rechnete Sondheimer nicht. Er brauchte nur zu warten, bis die Frist abgelaufen war und die Juwelen in seinen Besitz übergingen.

Bedenkt man, daß der Schweizer Franken zu dieser Zeit mehr wert war als ein US-Dollar, stellten die 1,6 Millionen Franken einen ungeheuren Betrag dar. Ihn wollte der Kaiser noch einmal in seine politische Zukunft investieren. Er glaubte fest daran, daß er die verpfändeten Juwelen als König von Ungarn schon bald wieder werde einlösen können.

In den frühen Morgenstunden des 20. Oktober 1921 hob eine kleine Junkers vom Flughafen Döllendorf bei Zürich ab. Das Flugzeug wurde von einem deutschen Piloten gesteuert, der es einige Tage zuvor von einer Schweizer Luftverkehrsgesellschaft gechartert hatte. Sein Honorar betrug 20 000 Franken. Karl und Zita, die zum ersten Mal in einem Flugzeug saß, waren die einzigen Passagiere. Diesmal war alles sorgfältig geplant und vorbereitet. Karl glaubte, aus seinen Fehlern gelernt zu haben.

Am späten Nachmittag kreiste die Maschine über Ödenburg (Sopron), östlich des Neusiedler Sees. Es war ausgemacht, daß der Landeplatz durch Signalfeuer markiert werden sollte. Doch nirgendwo konnte der Pilot Signalfeuer entdecken. Es blieb ihm nichts anderes übrig, als auf einem Stoppelacker zu landen, der dem ungarischen Grafen Josef Csiraky gehörte. Wie bei seinem ersten Restaurationsversuch erschien der König unangekündigt. Eine Übermittlungspanne hatte den verbündeten Oberst Lehár glauben lassen, daß das Unternehmen abgeblasen worden sei. Bereitgestellte Eisenbahnwaggons, mit denen der König und Lehárs Truppen heimlich nach Budapest geschleust werden sollten, waren daraufhin für die Rübenernte freigegeben worden.

Der Zufall wollte es, daß Graf Csiraky an diesem Tag zahlreiche Gäste bei sich hatte, die von der Ankunft des Königs überrascht wurden. Von Geheimhaltung konnte nun keine Rede mehr sein. Horthy wurde noch am frühen Abend von der Ankunft Karls informiert und konnte Gegenmaßnahmen einleiten. Mit einem Automobil wurde das Königspaar zur Garnison von Ödenburg gebracht, wo der kommandierende General Paul Hegedüs seine Truppen auf den König vereidigte. Am nächsten Morgen ernannte Karl eine neue ungarische Regierung, die ihm allein unterstellt sein sollte. Ministerpräsident wurde Stephan Rakovszky, ein führender Politiker, der einstmals Präsident der Abgeordnetenkammer gewesen war. Der getreue Oberst Lehár wurde zum General befördert.

Es dauerte einen ganzen Tag, bis es gelang, genügend Waggons für die Weiterfahrt nach Budapest zu organisieren. Die Fahrt schien zum Triumphzug zu werden. Einfache Bauern und Soldaten standen entlang der Strecke und jubelten ihrem Königspaar zu. In der Nähe der Kleinstadt Komorn kam der Zug jedoch zum Stehen. Soldaten Horthys hatten die Gleise aufgerissen. Auf Sichtweite standen sich die Soldaten Karls und Armee-Einheiten Horthys gegenüber. Es kam zu einer kurzen Schlacht. Horthys Soldaten ergaben sich und machten den Weg zur Weiterfahrt frei.

In der Nacht wurde der Zug beschossen. Wieder waren die Gleise demoliert. Am Morgen des 23. Oktober, einem Sonntag, ließ Karl einen Feldgottesdienst abhalten. Von Soldaten und Offizieren umgeben, kniete das Königspaar auf den Schienen und empfing die heilige Kommunion. Nach dem Gottesdienst inspizierte Karl die Front. Königstreue und Regierungstruppen standen einander, zum Angriff bereit, gegenüber. Auf Horthys Bitte hin wurden Verhandlungen über einen Waffenstillstand geführt. Der König ließ sich darauf ein, daß die Waffen bis zum frühen Morgen schweigen sollten. Er deutete Horthys Angebot als Schwäche und hoffte noch immer auf einen friedlichen Ausgang. Doch er wurde getäuscht. Noch vor Auslaufen der Frist gingen die Regierungstruppen zum Angriff über. Horthy hatte in der Nacht neue Regimenter aus Budapest anmarschieren lassen. Ein Teil der königstreuen Truppen wurde in die Flucht geschlagen, andere ergaben sich und gerieten in Gefangenschaft.

Karl mußte sich eingestehen, daß auch sein zweiter Restaurationsversuch gescheitert war. Auf der Plattform eines Eisenbahnwaggons unterzeichnete er seine militärische und politische Kapitulation. Das Königspaar wurde unter Ehrenarrest gestellt. Nach einer Nacht auf einem Landgut des Grafen Esterházy wurde es in ein Benediktinerkloster am Plattensee gebracht und scharf bewacht.

Am 26. Oktober wurde in London über das Schicksal der Kaiserfamilie entschieden. Der englische Außenminister Curzon verfügte, daß die kaiserliche Familie Ungarn zu verlassen habe und in ein von den Briten verordnetes Exil zu schaffen sei. Karl hatte sich auch in diesem Punkt geirrt: Weder die französische noch die britische Regierung hätten eine gewaltsame Machtübernahme des Habsburgers in Ungarn zugelassen. Ihre Rache begann er nun zu spüren.

In den frühen Morgenstunden des 1. November wurden Karl und Zita in das ungarische Donaustädtchen Bája gebracht, wo sie gezwungen wurden, ein englisches Schiff zu besteigen. Karl protestierte und wies darauf hin, daß er als ungarischer Staatsbürger das Recht habe, in seinem Heimatland zu bleiben. Doch es nützte nichts. Es ging donauabwärts zum Schwarzen Meer. Noch einmal durfte er ein überraschendes Treuebekenntnis ehemaliger Untertanen erleben. Kroatische Lotsen weigerten sich trotz hoher Geldangebote, sich für die Briten einspannen zu lassen. Schließlich lotsten Serben das Schiff weiter. An der Donaumündung mußten Karl und Zita auf das englische Kriegsschiff »Cardiff« überwechseln. Am 19. November erreichten sie ihren Bestimmungsort: die portugiesische Insel Madeira. Dort, so glaubten die Briten, seien die Siegermächte vor den politischen Umtrieben des Habsburgers sicher.

Die Portugiesen hatten dem kaiserlichen Paar eine kleine Villa am Rande der Inselhauptstadt Funchal zur Verfügung gestellt. Wenige Tage nach seiner Ankunft unterbreitete der englische Konsul im Namen seiner Regierung ein Angebot. Sollte Karl sich offiziell von seinen ererbten Titeln lossagen, würde die britische Regierung in Absprache mit den Nachfolgestaaten der k. u. k. Monarchie für eine angemessene Apanage aufkommen. Karl lehnte ab. »Meine Krone ist nicht käuflich«, soll er dem Konsul gesagt haben. Vielleicht hätte er sich anders entschieden, wenn er gewußt hätte, was sich während seiner Abwesenheit in der Schweiz ereignet hatte.

Die Niederlage Karls in Ungarn sollte zum Triumph des skrupellosen Jacques Bienenfeld und seines neuen Komplizen Bruno Steiner werden, die sich entschlossen hatten, Sondheimer aufs Kreuz zu legen. Bienenfeld war eigens in die Schweiz gereist, um die Aktion zu leiten. Sondheimer hatte den Juwelenschatz in einem Safe der Schweizer Volksbank in Bern deponiert. Ende Oktober tauchte Steiner auf und verlangte die Auslösung der Juwelen gegen den Betrag von 1,6 Millionen Franken. Sondheimer konnte dem nichts entgegensetzen. Er hatte den Vertrag mit Steiner abgeschlossen, der im Auftrag des Kaisers handelte, was aber aus gutem Grunde nicht schriftlich niedergelegt war. Bienenfeld nutzte die Abwesenheit des Kaisers brutal aus, um die Juwelen in seinen Besitz zu bringen. Steiner war nur sein willfähriges Werkzeug. Außerdem hatte Bienenfeld noch eine Rechnung mit Sondheimer offen, von dem er sich wegen dessen Alleingangs hintergangen fühlte.

Natürlich durchschaute Sondheimer das verbrecherische Treiben des Duos, doch juristisch war dagegen nichts zu machen. Hätte er Steiner der Untreue gegenüber Karl bezichtigt, wäre dies natürlich sofort auf ihn zurückgefallen. Sondheimer war der betrogene Betrüger, Steiner und Bienenfeld hatten ihn schamlos ausgetrickst. Hätten sie ihn nicht hereingelegt, wäre der Juwelenschatz in absehbarer Zeit an ihn gefallen. Bienenfeld zahlte sogar die Provision in Höhe von zehn Prozent, die Sondheimer beanspruchte. Er wußte so gut wie Sondheimer, daß die Juwelen ein Vielfaches der geliehenen Summe wert waren. Sondheimer blieb nichts anderes übrig, als die Juwelen an Steiner herauszurücken. Ihm mochte das Herz geblutet haben. Er war eiskalt über den Tisch gezogen worden.

Was aber ist aus dem »Florentiner« und den anderen Kostbarkeiten geworden, die nicht zu den beliehenen Gegenständen gehörten? Seit dem zweiten Restaurationsversuch Karls in Ungarn verliert sich ihre Spur.

Der Wert des »Florentiners« wurde damals auf über zehn Millionen Schweizer Franken geschätzt. Als Karl und Zita nach Ungarn flogen, befand er sich noch in ihrem Besitz. Seitdem ist er nie wieder aufgetaucht. Hat Steiner auch den »Florentiner« an sich bringen können? Manches spricht dafür.

Kurz nach ihrer Ankunft auf Madeira ließ Kaiserin Zita sich einen portugiesischen Paß ausstellen. Ihre Großmutter war immerhin Königin von Portugal gewesen. Als portugiesische Staatsbürgerin konnte sie wieder in die Schweiz einreisen, sich um die Kinder kümmern, die am Vierwaldstätter See zurückgeblieben waren, und finanzielle Angelegenheiten regeln.

Am 12. Januar 1922 traf sie in Zürich ein. Am 17. Januar erfuhr sie, daß Steiner mit den verbliebenen Wertgegenständen verschwunden sei. Dazu zählten neben dem »Florentiner« vor allem die österreichische Hauskrone und angeblich auch die »Borso-Bibel«, deren Wert auf etwa fünf Millionen Franken geschätzt wurde. Schon von Ungarn aus hatte Karl den Schweizer Rechtsanwalt und Notar Dr. Seeholzer gebeten, sich um die Vermögensangelegenheiten des Kaiserpaares zu kümmern. Doch alles, was Seeholzer berichten konnte, war, daß Steiner mehrere Aufforderungen, Rechenschaft über den Verbleib der Wertgegenstände abzulegen, unbeachtet gelassen hatte. Zita besaß gerade noch soviel Geld, um für sich und die Kinder die Reise nach Madeira zu bezahlen.

Das Kaiserpaar saß auf einem Berg von Schulden. Finanzielle Unterstützung war von keiner Seite zu erwarten. Zita hatte gehofft, daß die verbliebenen Wertgegenstände einen Ausweg aus der finanziellen Misere ermöglichen würden. Erkundigungen über Steiner wurden eingezogen. Die Resultate waren ernüchternd. Der Mann hatte sich demnach nach Wiesbaden abgesetzt. Zita bat ihren Bruder, Prinz Xavier von Bourbon-Parma, um Hilfe. Die Angelegenheit war delikat. Die Republik Österreich forderte den Habsburger Schatz zurück, während ihn einige Nachfolgestaaten des alten Kaiserreichs sogar als Ersatz für nicht geleistete Kriegsreparationen unter sich aufteilen wollten. Einfach zur Polizei zu gehen und die Staatsanwaltschaft ermitteln zu lassen kam in diesem Fall nicht in Frage. So blieb Prinz Xavier nichts anderes übrig, als nach Wiesbaden zu fahren, um Steiner aufzuspüren. Und tatsächlich wurde er fündig. Steiner, der noch vor kurzer Zeit aus einer schäbigen Berner Absteige hinausgeworfen worden war, weil er die Miete nicht hatte be-

Brillantenkrone, die Kaiserin Zita 1916 bei der ungarischen Königskrönung trug und die 1918 mit dem privaten Juwelenbesitz der Familie Habsburg in die Schweiz gebracht wurde.

zahlen können, residierte im vornehmsten Hotel der Stadt. Prinz Xavier stellte ihn zur Rede, und Steiner gestand.

Die Juwelen waren angeblich in einer Bank in Wiesbaden deponiert. Was danach geschah, scheint zu beweisen, daß Aristokraten gewieften Gaunern hoffnungslos unterlegen sind. Prinz Xavier forderte Steiner auf, gemeinsam diese Bank aufzusuchen. Steiner wand sich, wies darauf hin, daß die Bank angesichts der vorgerückten Stunde wahrscheinlich schon geschlossen sei, und vertröstete Xavier auf den nächsten Tag. Der Prinz machte sich dann zu Fuß auf den Weg zur Bank, die nicht weit vom Hotel lag. Sie war noch geöffnet, aber der Direktor war angeblich außer Haus. Der Prinz kehrte ins Hotel zurück und sprach noch einmal mit Steiner, der einwilligte, am nächsten Morgen mit ihm zur Bank zu gehen.

Pünktlich um acht klopfte Xavier an Steiners Tür. Niemand meldete sich. Der Vogel war ausgeflogen. In seiner Suite fand er noch die Carcasse der österreichischen Hauskrone. Die Edelsteine waren auf barbarische Weise herausgebrochen, kostbare Perlen zersplittert. »Der Herr ist abgereist«, war alles, was der Portier über Steiners Verbleib berichten konnte. Xaviers Mission war gescheitert.

Am 2. Februar 1922 kehrte Zita mit ihren Kindern nach Madeira zurück. Die komfortable Villa, in der das Kaiserpaar seit seiner Ankunft gewohnt hatte, war nicht mehr zu bezahlen. Mitte Februar zog die Familie in ein kleineres Haus in den Bergen von Funchal um. Im Winter sind diese Vulkanberge oberhalb der Stadt zumeist von einer dichten Wolkendecke eingehüllt, während die Stadt am Meer in der Sonne liegt. Das Haus war muffig und kalt. Als Sommerhaus gebaut, verfügte es nur über einen einzigen Kamin.

Im März erkrankte Karl an Lungenentzündung. Von Tag zu Tag wurde er schwächer. Die Ärzte spritzten Kampfer und Koffein. In der Nacht des 27. März erhielt er die Sterbesakramente. In den Mittagsstunden des 1. April 1922 starb der letzte Kaiser von Österreich im Alter von nur 34 Jahren. In seine Heimat durfte er nicht einmal als Leiche zurückkehren. In der Kirche Nossa Senhora do Monte fand er seine letzte Ruhestätte.

Im Mai durfte Kaiserin Zita mit ihren Kindern Madeira verlassen. Der spanische König hatte der Familie Asyl und Unterstützung angeboten. Zwei Monate nach dem Tod ihres Gemahls brachte Zita ein Mädchen zur Welt, das später als einziges ihrer acht Kinder in eine herrschende Familie einheiratete: das Haus Liechtenstein.

Von Spanien aus wurden erneut Ermittlungen über Steiner angestellt, der in Paris auf großem Fuß lebte. In den folgenden Jahren strengte Zita mehrere Prozesse vor französischen Gerichten gegen Steiner an, in denen sie die Herausgabe der veruntreuten Juwelen forderte. Doch die französische Justiz ging diesen Anschuldigungen, die sie als österreichische Querelen begriff, nur halbherzig nach. Die Pariser Anwälte Zitas kosteten ein

Vermögen, und Steiner fand immer neue Zeugen und Ausflüchte, um sich dem Verfahren zu entziehen. Alle juristischen Bemühungen verliefen im Sande, bis Zita kapitulierte.

Steiner und Bienenfeld sind für ihre Machenschaften nie zur Rechenschaft gezogen worden. Trotzdem starben beide in bitterer Armut. Bienenfeld waren seine finanziellen Transaktionen zu Kopf gestiegen. Waghalsige Spekulationen richteten ihn zugrunde. Steiner wurde später selber in eine zwielichtige Betrugsaffäre verwickelt, bei der er alles verlor und als Betrogener dastand. Sein ergaunertes Vermögen löste sich in nichts auf.

Schatzsuche mit Hindernissen

Von dem ergaunerten Schmuck sind nach Jahrzehnten nur zwei Teile wieder aufgetaucht: ein paar Diamantohrringe aus der Zeit Maria Theresias und die Perlenkette aus dem toskanischen Erbe. Der »Florentiner« aber blieb verschollen. Was wurde aus ihm? War er Steiner tatsächlich in die Hände gefallen? Hat Steiner den »Florentiner« veräußert?

Zita hat ihren Mann um mehr als sechs Jahrzehnte überlebt. Erst 1982 durfte sie zum ersten Mal wieder nach Österreich einreisen. Bruno Kreisky, dem sozialdemokratischen Bundeskanzler, war es gelungen, die Österreicher mit ihrer Geschichte zu versöhnen. Die Ex-Kaiserin besuchte ein Bundesland nach dem anderen, und überall wurde sie willkommen geheißen – Widersprüche in einem traditionsbewußten Land mit einer übermächtigen Geschichte. Wie ihr Gemahl hat Zita nie auf einen ihrer Titel verzichtet. Als sie 1989 starb, wurde Wien noch einmal zur Kaiserstadt. Zehntausende säumten die Straßen, als Zitas Sarg, der mit der österreichischen *und* der ungarischen Fahne dekoriert war, feierlich in den Stephansdom überführt wurde. Rings um den Stephansdom türmten sich Kränze und Blumengestecke aus allen Teilen der ehemaligen Doppelmonarchie. Abordnungen aus den einstigen Kronländern nahmen von ihrer Herrscherin Abschied. Zum Abschluß des Gottesdienstes erklangen beide Hymnen: die österreichische Kaiserhymne *und* die ungarische Königshymne – eine protokollarische Unmöglichkeit. Feierlich und mit dem alten Habsburger Zeremoniell wurde der Sarg dann zur Kapuzinergruft geleitet, wo Zita neben gekrönten und ungekrönten Habsburgern ihre letzte Ruhestätte finden sollte. Auf die seit alters her gestellte Frage des Kustos der Kapuzinergruft, wer da um Einlaß begehre, antwortete der Zeremonienmeister mit demütiger Stimme: »Zita, die Kaiserin von Österreich, gekrönte Königin von Ungarn, Königin von Böhmen, von Dalmatien, Kroatien, Slawonien, Galizien, Lodomerien und Illyrien; Königin von Jerusalem; Erzherzogin von Österreich, Großherzogin der Toskana und von Krakau; Herzogin von Lothringen, von Bar, von Salzburg, Steyr, Kärnten, Krain und von der Bukowina; Großfürstin von Siebenbürgen, Markgräfin von Mähren, Herzogin von Ober- und Niederschlesien, von Modena, Piacenza und Guastalla; von Auschwitz und von Zator, Teschen, Friaul, Ragusa und Zara; gefürstete Gräfin von Habsburg und Tirol, von Kyburg, Görz und Gradiska; Fürstin von Trient und Brixen; Markgräfin von Ober- und Niederlausitz und Istrien, Gräfin von Hohenems, Feldkirch, Bregenz und Sonnenberg; Herrin von Triest, von Cattaro und auf der Windischen Mark; Großwojwodin der Wojwodschaft Serbien, Infantin von Spanien, Prinzessin von Portugal und von Parma.«

Es ist davon auszugehen, daß die Kaiserin einige Geheimnisse mit in ihre kalte Gruft genommen hat. Auf Fragen nach dem Verbleib des »Florentiners« und den anderen Kronjuwelen hat sie immer ausweichend geantwortet. In ihren Angaben gibt es Widersprüche, die bis heute nicht aufgeklärt sind. So hat sie früher behauptet, daß die wertvolle »Borso-Bibel« von Steiner ergaunert worden sei. Später räumte sie jedoch ein: »Ich war eines Tages gezwungen – es ging buchstäblich um das Überleben der Kinder –, etwas zu verkaufen, und es war die ›Borso-

Bibel‹. Ich werde das nie verwinden können, zumal es sich um das Eigentum meiner Kinder handelte. Aber ich hatte keine andere Wahl.«

Wenn sie sich in Widersprüche über den Verbleib dieser Bibel verstrickt hat, müssen dann nicht auch ihre Angaben über den »Florentiner« in Frage gestellt werden?

Wer sich heute in unschuldiger Neugier, aber auch mit der Hoffnung auf greifbaren Erfolg auf die Suche nach dem verlorenen Diamanten begibt, wundert sich erst einmal, in welche Waben aus Gerüchten, wichtigtuerischem Hörensagen und aufgeblasenen Expertenmeinungen er ahnungslos hineinstochert. In bestimmten Kreisen spricht sich schnell herum, daß es da jemanden gibt, der angestrengt nach dem Verbleib des »Florentiners« forscht. Man lernt auch sehr rasch, daß Diskretion die wichtigste »Voraussetzung« im Geschäft mit Edelsteinen ist. Der »Schatzsucher« muß abwägen zwischen denen, die ihm selbstlos helfen, Mühen und Kosten auf sich nehmen, weil er sie mit seinem Eifer angesteckt hat, aber auch jenen, deren bedeutungsvolles Schweigen Wissen vorgaukelt, das nicht vorhanden ist, und Menschen, die tatsächlich etwas wissen, aber nichts sagen können oder wollen. Bücher müssen gelesen werden, die in der Zentralbibliothek einer Millionenstadt seit über zwanzig Jahren nicht mehr ausgeliehen worden sind. Wer sich auf Entdeckungsfahrt begibt, muß erst einmal lesen.

1966 erschien in Wien ein Buch mit dem Titel »Vitrine XIII«, das alles andere als ein Verkaufsschlager wurde. Es ist über die erste Auflage nicht hinausgekommen, und selbst die konnte nicht ganz losgeschlagen werden. Herausgeber ist ein Anonymus. Als Autor wird Alphonse de Sondheimer genannt, also jener Sondheimer, den wir als betrogenen Betrüger kennengelernt haben. Mit großer Detailkenntnis wird darin die Geschichte der Kronjuwelen seit ihrer Entnahme aus Vitrine XIII beschrieben. Sondheimer vermutet, daß der »Florentiner« an Bienenstock geraten und dann in drei Teile gespalten worden ist, um die Herkunft der

Bruchstücke zu verschleiern. Doch auch er kann nichts über deren Verbleib sagen.

Aber sind diese Erinnerungen, die angeblich aus Sondheimers Nachlaß stammen, wirklich von ihm? Schon kurz nach Erscheinen des Buches pfiffen in Wien die Spatzen von den Dächern, daß es sich bei dem anonymen Herausgeber um den österreichischen Schriftsteller Alexander Lernet-Holenia (1897– 1976) handelt. Lernet-Holenia hat die Geschichte des österreichischen Kronschmucks 1971 noch einmal in dem Roman »Die Geheimnisse des Hauses Österreich« aufgegriffen. Dieses Buch ist jedoch weniger ein Roman als eine gehässige Abrechnung mit den Habsburgern. Auch in den »Sondheimer-Erinnerungen« ist diese Tendenz überdeutlich festzustellen.

Der Paul Szolnay Verlag in Wien erteilt die Auskunft, daß Lernet-Holenia tatsächlich *einer* der »Herausgeber« dieser Erinnerungen gewesen ist. Wer aber waren die anderen? Ein Originalskript der Aufzeichnungen Sondheimers hat dem Verlag nie vorgelegen. Der Verlag verweist auf den Inhaber der Rechte an den Werken Alexander Lernet-Holenias, Alexander Dreihahn, einen Neffen des Autors, der den Nachlaß seines Onkels professionell verwaltet und sogar eine eigene Homepage dazu besitzt. Eine Nachfrage bei Herrn Dreihahn ergibt, daß die Sondheimer-Memoiren möglicherweise nie existiert haben und diese komplett der Feder seines Onkels entstammen. Der Grund: Haß auf Otto von Habsburg und damit gegen die ganze Dynastie der Habsburger. Mit Otto von Habsburg soll Lernet-Holenia einst eine enge Freundschaft verbunden haben, die später in Haß umgeschlagen sei. Zudem habe Lernet-Holenia von Geburt an mit dem Gerücht leben müssen, daß sein leiblicher Vater ein Erzherzog gewesen sei, was nach Auskunft des Neffen mit Sicherheit nicht der Wirklichkeit entspricht. Im Nachlaß Lernet-Holenias befindet sich das Original des Sondheimer-Manuskripts jedenfalls nicht. Lauter Gründe, diesem Buch und seinen Aussagen mit Mißtrauen zu begegnen.

Lernet-Holenia ist den Wegen des »Florentiners« jedenfalls mit großem Eifer nachgegangen. In den »Geheimnissen des Hauses Österreich« schreibt er über einen etwa 20 Karat schweren Diamanten, der den Namen »Stern von Florenz« trägt. Dieser Diamant sei eines der Reststücke des gespaltenen »Florentiners«, wird behauptet. Tatsächlich gibt es diesen Diamanten. Bis in die fünfziger Jahre gehörte er dem Unternehmer Villeroy-Boch aus Mettlach, an den er während des Zweiten Weltkriegs gelangte. Sein heutiger Besitzer lebt in der Nähe von Pforzheim und möchte anonym bleiben. Der »Stern von Florenz« ist ein rundlich gewölbter gelber Diamant vom Umfang eines Groschens. Ob es technisch möglich ist, daß er aus dem »Florentiner« hervorgegangen sein könnte, bleibt ein Streitpunkt.

Seit dem 19. Jahrhundert ist Idar-Oberstein die Diamanten- und Schmuckmetropole Deutschlands. Die Edelsteinschleifer und -händler dieser Stadt haben Verbindungen in alle Welt. Immer wieder tauchte dort das Gerücht auf, daß der »Florentiner« noch so existiere, wie er einstmals in der Schatzkammer der Hofburg gelegen hat: Einmal ist es ein australischer Milliardär, der ihn angeblich besitzt; ein anderes Mal ist es einer der reichsten Männer Amerikas; sogar dem Sultan von Brunei ist der »Florentiner« schon angedichtet worden. Es gibt auch das Gerücht, daß Harry Winston den »Florentiner« in den fünfziger Jahren vom ägyptischen König Faruk gekauft habe. Sein Sohn Ronald, der das Geschäft seines berühmten Vaters auf der Fifth Avenue übernommen hat, dementiert glaubhaft. Der »Florentiner«, so läßt er von New York aus wissen, habe »niemals seine Familiengeschichte« berührt.

Lord Ian Balfour, früher Chefberater verschiedener Diamantenkonsortien in London, der sich aber auch als Opernkomponist einen Namen gemacht hat, gibt in seinem Buch »Famous Diamonds« sogar ein Gerücht wieder, wonach Adolf Hitler sich während des Krieges in Besitz des »Florentiners« gebracht habe – eine Geschichte, die jedoch als Ammenmärchen zu verwerfen sei. Als wir Lord Balfour in London fragen, was seiner Meinung nach aus dem »Florentiner« geworden ist, verweist er auf den »Namenlosen Diamanten«, der 1981 in Genf versteigert wurde. Am wahrscheinlichsten sei, daß der Diamant gespalten und unkenntlich gemacht wurde.

Macht es aber Sinn, einen der berühmtesten Diamanten der Welt zu zerstören, der dann nur noch seinen reinen Materialwert besitzt? Als historischer Diamant wäre er immerhin mehr als das Zehnfache wert. Daß es für solche Diamanten hinreichend vermögende Käufer gibt, ist unumstritten. Christie's fertigt für uns eine Liste aller gelben Diamanten an, die seit den siebziger Jahren weltweit zum Verkauf angeboten worden sind. Doch trotz allen Entgegenkommens – nichts ist dabei, was auf den »Florentiner« oder das, was aus ihm geworden ist, hindeuten würde. Die einzige Ausnahme ist der »Namenlose Diamant« aus Genf.

Rudolf Dröschel ist Edelsteinschleifer und Mitglied des Kuratoriums des Deutschen Edelsteinmuseums in Idar-Oberstein. Seine Spezialität ist die Nachbildung berühmter Diamanten. Er beherrscht alte Techniken, die heute kaum noch jemand kennt. Mehrfach hat er den »Florentiner« für Sammler und Liebhaber als Replik nach alten Originalunterlagen aus Wien angefertigt. Er bestreitet Lord Balfours Vermutung, daß es sich bei dem »Namenlosen Diamanten« um ein Reststück des »Florentiners« handeln könnte. Wenn man den »Florentiner« fachmännisch spaltet, so seine Argumentation, würde man niemals einen Diamanten von 80 Karat aus ihm herauskriegen. Dies sei aus handwerklicher Sicht völlig auszuschließen. Natürlich hat er einiges über den Verbleib des »Florentiners« gehört, doch leider kann auch er uns nicht weiterhelfen.

Otto von Habsburg hat zunächst strikt abgelehnt, über den »Florentiner« zu sprechen. Zweimal ließ er uns wissen, daß er zu beschäftigt sei, um sich mit solchen Fragen abzugeben. Erst durch die Vermittlung eines monarchiefreundlichen Historikers stimmte er schließlich einem Interview zu.

Der Chef des Hauses Habsburg lebt heute in Pöcking am Starnberger See. Trotz seines hohen Alters ist er bei bester Gesundheit und ein blitzgescheiter Gesprächspartner, der acht Sprachen beherrscht und bis 1988 als CSU-Abgeordneter im Europaparlament saß.

Wir treffen ihn im Prunksaal der Österreichischen Nationalbibliothek in Wien. 1912, bei seiner Geburt, regierte sein Urgroßonkel, Kaiser Franz Joseph, noch nebenan, in der Hofburg. Als er mit seinen Eltern ins Exil gehen mußte, war Otto von Habsburg sieben Jahre alt. Österreichischen Boden durfte er erst 1966 wieder betreten, obwohl der Kaisersohn sich im Unterschied zu vielen seiner Landsleute während der Naziherrschaft als österreichischer Patriot erwiesen hatte. Vorbedingung für die Einreise war freilich eine Verzichtserklärung dem österreichischen Staat gegenüber, die sein Vater immer strikt abgelehnt hatte. Die historischen Erschütterungen, die seine Kindheit begleiteten, kennt er mehr aus Überlieferungen und Büchern, als aus der eigenen Erinnerung.

»Meine Eltern«, sagt er, »haben damals immer versucht, uns Kinder von den politischen Dingen fernzuhalten. Als Emigranten wollten sie nicht, daß wir Haß gegen die Leute empfinden, die uns des Landes verwiesen haben.«

Daß sein Vater die Kronjuwelen außer Landes brachte, hält er für rechtens. Sie hätten immer zum Privatbesitz gehört. »Dann wurde ein Gesetz gemacht, das diese Dinge verstaatlichte. Der Privatbesitz ist inzwischen außer Landes, und der Eigentümer wird vom Staat kriminalisiert.«

Zu dem verschollenen Schmuck meint er lapidar: »Es ist ja alles unterschlagen worden. Da gab es diesen Steiner, der alles weggeschafft hat. Es ist nichts mehr übriggeblieben.«

»Gar nichts?«

»Nein, gar nichts. Es ist alles weg.«

Über den Kronschatz der Habsburger sagt er: »Er ist ein riesiger kultureller Wert für die Nation, weil es sich um Symbole der Geschichte handelt. Wo wären sie heute besser aufgehoben als hier in Wien, in diesem wunderschönen Gebäude.«

Er selber, bemerkt er noch, habe nie nach den verlorengegangenen Werten geforscht: »Schauen Sie, wenn man politisch tätig ist, kümmert man sich um diese Dinge nicht, weil man gar keine Zeit dazu hat. Die finanziellen Angelegenheiten mußte bei uns immer meine Frau regeln.«

Als Gesprächspartner ist Otto von Habsburg eine beeindrukkende Persönlichkeit. Es macht Freude, ihm zuzuhören. Auf der Suche nach dem verlorenen Juwel hatten wir uns jedoch mehr von ihm erhofft.

Raymond Sancroft-Baker, Chefbewerter für Diamanten des großen Auktionshauses Christie's, hatte uns versprochen, nachzuprüfen, ob es im Archiv noch Unterlagen über Verkäufer und Erwerber des »Namenlosen Diamanten« aus der Versteigerung von 1981 gibt. Herausrücken würde man sie nicht, das ist uns klar, aber vielleicht ließen sich indirekt Rückschlüsse ziehen.

Diesmal scheitern wir an der Rechtslage in Großbritannien. Bis 1980 war es Pflicht, bei Auktionen die Namen von Verkäufer und Erwerber zu registrieren. »Aus rein steuerrechtlichen Gründen«, erklärt uns Mr. Sancroft-Baker. »Ein Gesetz, das von Margret Thatcher erlassen wurde, hat dies überflüssig gemacht. Seitdem führt Christie's in London keine Aufzeichnungen über die Identität seiner Kunden mehr.« Im Falle des gelben, namenlosen Diamanten könne er beim besten Willen nicht helfen. »Sie haben Pech gehabt«, bedauert er. »Wäre dieser Diamant ein Jahr früher versteigert worden, hätten wir die Namen noch.«

Wir sind mit unserem Latein am Ende. Hunderte Telefonate sind geführt, Dutzende Reisen unternommen und unzählige Personen befragt worden, um der Wahrheit auf die Spur zu kommen. Zwei Jahre systematischer Suche sind vorbei. War sie vergeblich? Möglicherweise ist der »Florentiner« zerstört und unkenntlich gemacht worden und bleibt für immer verschwunden. Aber er hat uns in ein Stück europäischer Geschichte voller Dramen und Eitelkeiten, Glanz und Elend eintauchen lassen, das es wert ist, nicht in Vergessenheit zu geraten. Vielleicht besteht darin das eigentliche Vermächtnis dieses legendären Diamanten.

Andere Krondiamanten, wie der »Koh-i-Nohr«, »Sancy«, »Régent« oder »Orlow«, haben ihren Weg in die großen Museen von London, Paris und Moskau gefunden und können bis heute dort bewundert werden. Im Unterschied zu ihnen war das dem »Florentiner« nicht vergönnt. Sollte er jemals wieder auftauchen, bleibt zu hoffen, daß er in die Stadt zurückkehrt, wo er die längste Zeit verbracht hat und immer wieder in Kapriolen der europäischen Geschichte verwickelt wurde. Die Schatzkammer der Hofburg in Wien wäre tatsächlich der einzige Ort, wo er hingehörte.

Jens Afflerbach und Doris Dangschat

DAS REICHSBANKGOLD

Die Spur des Goldes

Seine Schätze sind nicht aus Gold, nicht einmal von Pappe. Fast alle sind papierne Kostbarkeiten. Einige hängen im Flur, vor den Schlafräumen und im Arbeitszimmer seines Gutshauses im Nordwesten Londons. Ein maschinengeschriebenes Dokument zum Beispiel: ein Befehl, der den Chef des Wehrmachtsführungsstabes, Generaloberst Alfred Jodl, ermächtigt, mit den Alliierten Verhandlungen über einen Waffenstillstand aufzunehmen. Unterschrift: Karl Dönitz, Großadmiral und Reichskanzler der letzten Tage. Das Datum: 6. Mai 1945. Zwei Tage später ist der Zweite Weltkrieg in Europa beendet. Ein Dokument, mit dem Geschichte geschrieben wurde.

Es ist nur eines der Fundstücke aus der Schatzkiste von Ian Sayer. Eines von mehreren tausend, die ihm niemand mit Geld bezahlen könnte. »Ich bin ein leidenschaftlicher Schatzjäger«, sagt der Brite, der schon ein halbes Leben lang auf schwierigstem Terrain forscht. Er gräbt in Archiven und jagt Zeitzeugen. Das Dritte Reich ist sein Lebensthema. Er sei nun wirklich kein verquerer Nazi-Nostalgiker, meint Sayer, die gerahmten Dokumente hinter sich lassend. Sayer ist Rechercheur, Jäger, Sammler, und das von Herzen.

Besucher führt er gern ins Souterrain, wo sie vollklimatisiert »Geschichte atmen« dürfen. So nennt er das, was viel besser mit

Händen zu fühlen ist und die Augen öffnet: Dokumente in Hunderten von rostbraunen Ordnern, sortiert in langen Regalreihen, bis unter die Decke gestapelt über eine ganze Etage. Rund 50 000 Akten aus der Zeit des Dritten Reiches hat Ian Sayer zusammengetragen. Er besitzt den wohl größten privaten Dokumenten-Fundus aus dieser Zeit. Ein Gebirge aus Unterlagen, das sich weiter entfaltet. Sayer erkundet es immer wieder neu, schlägt Wege frei und setzt Markierungen. Wie ein Alchimist hat er aus der unförmigen Masse an Informationen einen überwältigenden Reichtum namens Wissen geformt. Der Forscher hat gelernt, Schätze von Plunder zu unterscheiden.

Das macht sich bezahlt. Wie im Mai 1983, als sich der Justitiar der »Sunday Times« meldete. Der Mann war nervös, denn sein Blatt hatte einen millionenschweren Deal mit der deutschen Illustrierten »Stern« vereinbart. Jetzt sollte die vermeintliche historische Sensation geprüft werden. Ian Sayer bekam die angeblichen Tagebücher Hitlers vorgelegt. Dokumente aus der Sammlung Sayers dienten als Vergleich: mehr als fünfzig Unterschriften des Diktators, auf Befehlen, auf Fotos oder als Signaturen handgemalter Weihnachtskarten, die der gescheiterte Kunstmaler Hitler einst an Freunde seiner Geliebten Eva Braun verteilen ließ. Sayers Urteil: Die Unterschriften eine schlechte Fälschung, der Scoop des »Stern« eine peinliche Pleite. In der »Sunday Times« wurde die Geschichte des Dritten Reiches jedenfalls nicht neu geschrieben.

Das Archiv ist zur Passion geworden. Schätze finden sich hier so leicht wie im richtigen Leben. »Es gibt genug davon«, lacht Ian Sayer, »man muss nur wissen, wo man suchen muss.« Das Archiv birgt die Ergebnisse auch der Recherche, die Sayer ein Arbeitsleben lang beschäftigt. Es enthüllt die Ausmaße einer ganz besonderen Schatzjagd. In ihr verschmilzt der Thrill der Geschichte mit einer menschlichen Ur-Leidenschaft, der Jagd nach Gold.

Dieser Treibstoff hält Ian Sayer in Bewegung, genauer gesagt: seit den Weihnachtstagen des Jahres 1974, als Sayer vor lauter

Langeweile im »Guinness-Buch der Rekorde« blätterte und auf eine Notiz über den »größten Raub aller Zeiten« stieß. Verschwunden war die Trägheit der Feiertage. Ian Sayer begann eine Recherche, die ihn süchtig machte. Ein Vierteljahrhundert später hat er es aufgegeben, sich davon befreien zu wollen. »Das ist wie eine Expedition auf den Mount Everest. Du gehst die Geschichte an, einfach weil es sie gibt. Den Gipfel zu erreichen erscheint unmöglich. Auf jeden Fall ist es unendlich mühevoll.«

Vor drei Jahren schien es, als sei Ian Sayer ganz oben angekommen. Ein Foto zeugt davon: Der Jeansträger Sayer, diesmal mit Schlips und Anzug, steht in einem Tresorraum und lacht übers ganze Gesicht. In den Händen hält er einen Schatz, aber diesmal nicht aus Papier. Es ist ein Goldbarren, dessen Prägung auch Laien die Herkunft verrät. Ein Schriftzug rahmt Reichsadler und Hakenkreuz ein: »Preußische Staatsmünze Berlin«. Ein Goldbarren aus einem Schatz, den das Guinness-Buch Jahr für Jahr als vermißt meldete. Angeblich verloren im »größten Raub der Geschichte«. Sayer entdeckte zwei Barren davon in der Bank von England.

Doch jener Tag im Dezember 1997 brachte die Geschichte keineswegs zu einem Ende. Es waren schließlich nur zwei Goldbarren von 730.

Auch nach diesem Tag türmte sich mit dem Wissen ein Berg neuer Fragen auf. Noch immer blühen Legenden. Gerüchte finden leicht neue Nahrung. Nur einige Geheimnisse bleiben unberührt, über all die Jahrzehnte hinweg. Schweigen hütet sie. Und deshalb birgt eine Videokassette Ian Sayers größten Schatz: ein Band, Typ VHS-Standard, zum Ladenpreis von knapp fünf britischen Pfund. Zwei Stunden und vierzig Minuten bespieltes Band, ein Interview. Diesen Schatz zeigt er nur ausgewählten Besuchern.

Aus dem Flimmern wächst ein mattes Bild. Unscharf bricht es immer wieder ab, bevor es einen alten Mann freigibt. Der Alte sitzt wie Großvater im Ohrensessel, unter einer Stehlampe, in einem verdunkelten Zimmer, das zu einem Hotel in München gehört. Er weiß nicht, daß er gefilmt wird, und deshalb redet er, vom Dolmetscher oft und mühsam unterbrochen. Er redet, bis aus dem alten Mann ein junger Oberst wird, ein Kriegsheld, ein Gebirgsjäger, dessen Treueid schwerer wiegt als alle Orden und das Ritterkreuz. Er redet und redet, zwei Stunden, vierzig Minuten lang über das Schlimmste, was ihm im Kriege widerfahren konnte. Nicht die Toten und die Niederlage bewegen ihn bis heute. Es ist die Verantwortung, die mit der Versuchung kämpft.

Sie nagt an ihm, als er seinen letzten Auftrag ausführt. Kein Befehl – denn wer hätte im April 1945 noch wirkungsvoll Befehle in die »Alpenfestung« schicken können? –, wohl aber eine Mission für den Oberst. Er weiß, daß der Krieg verloren ist, das Gold der Reichsbank aber noch nicht. Der letzte Schatz des Deutschen Reiches liegt in seinen Händen.

Die Versuchung wiegt schwerer als all die Kisten und Säcke aus Berlin, die er in den bayerischen Bergen übernimmt. Nicht nur der junge Oberst, auch der alte Mann im Hotelzimmer spürt noch dieses Gewicht. Die meiste Zeit jener zwei Stunden und vierzig Minuten hat er sich im Griff. Doch dann entfährt es ihm: »Natürlich waren wir in Versuchung. Wir standen doch alle vor dem Nichts.«

Der Evakuierungsbefehl

Ein stumpfes Plong, metallisch zwar, aber nicht so hell, als schlüge Eisen auf Eisen. Wie Gold klingt, hat der Polizei-Oberleutnant Georg Krüger noch nie in seinem Leben gehört. Er müsse doch wissen, was er da auf dem Lastwagen durch die Gegend fahre, belehrt ihn der Beamte der Reichsbank. Gold sei unzweifelhaft am Klang zu erkennen. Noch einmal schlägt der Mann einen Goldbarren gegen einen Eisenträger. Plong!

Georg Krüger blendet in diesem Moment alle anderen Geräusche aus: das Keuchen seiner Männer, allesamt Kraftfahrer des Nachschubdienstes der Schutzpolizei, das blecherne Scheppern, wenn sie kleine, aber äußerst schwere Jutesäcke auf die Ladeflächen ihrer Lastwagen »Opel Blitz« wuchten, die knappen, nervösen Anordnungen eines Bankbeamten, der die Polizisten über den Hof der zerstörten Reichsbank dirigiert; das Heulen der Sirenen, die nach dem nächtlichen Luftangriff Entwarnung geben; das Grollen sowjetischer Geschütze, die sich jetzt gegen die Stadt richten, aus der dieser Krieg einmal in die ganze Welt getragen wurde. In Berlin bricht an diesem Morgen des 14. April 1945 auch der längste Tag des Zweiten Weltkrieges an. Es folgt die Stunde Null.

An das Gerede vom Endsieg glaubt Georg Krüger schon lange nicht mehr. Einige unvorsichtige Äußerungen haben ihn einmal eine kleine Polizeikarriere gekostet. Kein Parteimitglied, politisch unzuverlässig, hieß es. Danach wollte er nur noch heil über den Krieg kommen, zusammen mit seiner Frau und der dreizehnjährigen Tochter Christa. In der Etappe, in der Kaserne Schönwalde vor den Toren Berlins, leistete er seinen Kriegsdienst ab. Bald würden sie von der Front überrollt werden. Und bis dahin zählte nur eines: überleben.

Dann, vor nicht einmal sechs Stunden, ein Anruf wie aus heiterem Himmel. Aus der Sicht eines Oberleutnants kam er jedenfalls von ganz oben. Der stellvertretende Chef der Ordnungspolizei, ein echter Generalmajor, verlangte nach ihm. Er solle einen Transport von Vermögenswerten an die Reichsbank München übernehmen und habe sich ab sofort bereitzuhalten.

Und Krüger sagte, mehr zu sich gewandt, einen Satz, den Tochter Christa damals nicht verstand, an den sie sich aber ein halbes Jahrhundert später genau erinnert: »Das ist ein Himmelfahrtskommando.« Nie hätte der Polizei-Oberleutnant der Reserve Georg Krüger gedacht, daß man ihn dazu ausersehen würde, den letzten Schatz der Reichsbank quer durch den Kriegs-

Polizei-Oberleutnant Georg Krüger   Christa Krüger im Jahre 1945

schauplatz Deutschland zu transportieren. Goldbarren, verpackt in Jutesäcken mit dem Aufdruck »Reichsbank Hauptkasse Berlin«.

Nachdem er erfahren hat, wie Gold klingt, legt Krüger den Barren zurück in sein Behältnis. Der Bankbeamte plombiert ihn neu und läßt ihn zu den anderen Säcken stapeln: 365 Säcke, wie der andere Zivilist, der Verantwortliche der Reichsbank für diese Aktion, später im Protokoll festhält, zwei Barren pro Sack, 730 insgesamt.

Als die Luftangriffe immer schlimmer wurden, hatte Krüger seine Tochter zu den Großeltern nach Pommern geschickt. Im Sommer 1944, nach Beginn der russischen Offensive, kam Christa zurück und wohnte fortan bei ihrem Vater in der Kaserne. Den Krieg erlebte das Kind als Fähnchenspiel auf einer Landkarte im Maßstab eins zu einer Million. Sie hing im Büro des Vaters, in dem Christa schlief und aß – und bunte Nadeln auf die Landkarte steckte. Flogen Bomber nach Berlin, markierte sie die Position der Flugzeuge, die der Vater aus den kodierten Ansagen des Reichssenders Berlin heraushörte. Sobald die Sirenen heulten, mußte aber auch sie in den Bunker.

Mit dem 3. Februar erreichte der Bombenkrieg einen ersten, mörderischen Höhepunkt. Doch von da an intensivierten die britischen und amerikanischen Befehlshaber ihre Luftangriffe noch. Churchill und Roosevelt hatten dem sowjetischen Bündnispartner zugesichert, den Vormarsch der Roten Armee Richtung Berlin mit allen Mitteln zu unterstützen. Allein im Februar flogen die Alliierten 43 Präzisionsangriffe auf große Industriezentren und legten durch Flächenbombardements deutsche Innenstädte in Schutt und Asche: Essen, Dortmund, Mainz, Nürnberg, München und Dresden. Der Feuersturm an der Elbe tötete mindestens 35 000 Menschen, darunter viele Flüchtlinge, die sich in die wunderschöne Stadt gerettet hatten und sich dort sicher glaubten.

Am Morgen des 3. Februar 1945 war Berlin an der Reihe. Von der Nordsee kommend, nahmen 1003 sogenannte Fliegende Festungen, geschützt von 575 Mustang-Jägern, Kurs auf die Reichshauptstadt. In 9000 Meter Höhe dröhnten die Bomber heran. Vom Boden aus waren sie nur als silberne Punkte in perfekter, gleichmäßiger Formation zu erkennen. Aus ihren Plexiglaskuppeln sahen die Navigatoren das deutsche Abwehrfeuer in schwarzen Wölkchen neben sich verpuffen. Der Reihe nach klinkten die Bomber ihre todbringende Last aus und drehten dann in aller Ruhe wieder ab. Das Inferno, das sie mit ihren Brand-, Spreng- und Splitterbomben auslösten, sahen die Besatzungen nicht mehr. »Bombs away. Doors closing. Let's get the hell out of here.«

Bei gutem Wetter war Berlin ein leichtes Ziel. Entlang der Ost-West-Achse ließen sich die prominenten Gebäude wegen ihrer Größe klar ausmachen: Luftfahrtministerium, Reichskanzlei, Reichstag. Und am Werderschen Markt die Reichsbank, deren Erweiterungsbau erst 1940 fertiggestellt worden war.

Die Bombenlast, mehr als 2000 Tonnen, verwandelte das Stadtzentrum in eine brennende Hölle. 3000 Menschen starben. Sie wurden in einstürzenden Gebäuden erschlagen, verbrannten in Trümmern oder verglühten auf Straßen, in denen ein Feuersturm tobte. Wer in einem Bunker überlebte, sah nach dem Öffnen der Stahltüren seine Welt versinken. Dicker schwarzer Rauch hing kilometerhoch über der Stadt. Er machte den Tag zur Nacht. Unter dem schwarzen Vorhang brannten Trümmerwüsten, die einmal Häuserzeilen gewesen waren. Eisenbahnschienen ragten grotesk verbogen in die Luft. Immer neue Explosionen trieben Brände durch Ruinenschluchten.

Für viele war es die Rückkehr der Nemesis. Die Rache traf auch Roland Freisler, der unter den herabstürzenden Trümmern des Volksgerichtshofes starb. Bei sich hatte Hitlers Blutrichter die Prozeßakten gegen den Widerstandskämpfer Fabian von Schlabrendorff. Ihr physisches Ende noch ein wenig hinauszögernd, verabschiedeten sich nach diesem Angriff auch andere Nazi-Größen aus dem realen Leben. Martin Bormann, Leiter der Parteikanzlei, schrieb an seine Frau: »Wir müssen trotz allem weiterarbeiten, denn der Krieg wird an allen Fronten unablässig fortgesetzt. Von heute an habe auch ich einen Platz im Bunker zum Arbeiten und Schlafen.«

Die künstlich erleuchtete Scheinwelt des Führerbunkers hob den Unterschied zwischen Tag und Nacht auf. Der zweigeschossige Bau verfügte über eine eigene Heizung, Elektrizitäts- und Wasserversorgung. Zwölf Meter unter dem Garten der Reichskanzlei war Hitler von nun an der Wirklichkeit dauerhaft entrückt. In täglichen Lagebesprechungen bewegte er Geisterarmeen, befahl Offensiven oder ein Durchhalten bis zum letzten Mann. Während Deutschland in Trümmer fiel, hielt Hitler unterirdisch Monologe über die Kirche und die klassische Antike oder ergötzte sich in einem letzten Akt von Lebensflucht an einem Modell seiner Heimatstadt Linz, das der Architekt Hermann Giesler auf Drängen Hitlers gerade fertiggestellt hatte.

In diese surreale Bunkeratmosphäre mußte hinabsteigen, wer in den letzten Tagen überhaupt etwas retten wollte. Die Trümmer in Berlin schwelten noch, als Walther Funk, Präsident der Reichsbank und Wirtschaftsminister, Hitler eine Entscheidung abrang: eine Entscheidung, die zu unterstützen derselbe Funk wenige Monate zuvor noch brüsk abgelehnt hatte. Als »absolut indiskutabel« hatte er im Sommer 1944 den Vorschlag einiger Beamter aus dem Ministerium des Reichsmarschalls Hermann Göring bezeichnet, die Gold- und Devisenvorräte aus Berlin nach Süddeutschland auszulagern.

Doch nach dem großen Bombenangriff war nichts mehr wie zuvor. Mit knapper Not hatte Funk den 3. Februar mit den meisten seiner 5000 Mitarbeiter im Bunker der Reichsbank überlebt – »ein Wunder«, wie er später bekundete. Denn das Gebäude selbst war nach 21 Bombentreffern nur mehr ein Trümmerhaufen. Noch ein solcher Angriff – und ein paar gezielte Treffer an den richtigen Stellen, und der verbliebene Reichtum Nazi-Deutschlands wäre buchstäblich in Rauch aufgegangen.

In den vergangenen Jahren hatte sich die Reichsbank fast ausschließlich um die Finanzierung des Krieges gekümmert. Über trickreich installierte Kanäle hatten Funks Manager Raubgold aus eroberten Ländern gehortet und zu scheinbar sauberem Vermögen gemacht. Goldzähne, Juwelen und Banknoten, die den Ermordeten in den Konzentrationslagern »abgenommen« worden waren, schrieb die Reichsbank den Konten der SS gut. Wehrmacht oder Abwehr hielten ihre eigenen Gold- und Devisendepots. Offiziell wies die Reichsbank für das Jahr 1945 Goldreserven in Höhe von rund 256 Millionen Dollar aus. In Wahrheit dürfte der Wert des Goldes, das sich in den Zweigstellen in Mittel- und Süddeutschland und in den Tresoren der Zentrale in Berlin türmte, um ein Vielfaches höher gelegen haben. Ein Schatz, den man schleunigst in Sicherheit bringen wollte.

Propagandaminister Joseph Goebbels und Reichsbankpräsident Walther Funk besichtigen die Goldreserven in den Tresorräumen der Reichsbank.

Merkers und die Folgen

Wie oft mag Georg Netzeband, Reichsbank-Oberkassier in der Hauptkasse Berlin, an diesem Morgen des 14. April nervös auf die Uhr geblickt haben? Seit dem Morgengrauen beladen die Polizisten die Lastwagen, und die Zeit läuft davon. Mit jeder Stunde, die der Konvoi Berlin später verläßt, wächst die Gefahr von Tieffliegerangriffen. Der Kommandeur des Transports, Polizei-Oberleutnant Krüger, regelt noch private Dinge: Er will Frau und Tochter mitnehmen und mit ihnen die bescheidenen Reste eines geordneten Lebens. Ein paar Habseligkeiten wie Koffer, ein Bettgestell, eine Nähmaschine und ein Damenrad sind schnell verstaut.

Netzeband treibt die Polizisten zur Eile an. Es ist nicht der erste Schatz, der Berlin in diesem Jahr verläßt, und es ist auch längst nicht der größte. Schon einmal, nach dem Bombenangriff im Februar, mußte alles ganz schnell gehen: als die Reichsbank innerhalb von sechs Tagen Geld und Gold erst aus allen möglichen Filialen nach Berlin schaffen ließ, um es dann in Zügen und Lastwagen nach Thüringen zu verfrachten, in ein Kaff namens Merkers. Niemand hätte sich an diesen Ort erinnert, wäre Merkers mit einem riesigen Stollen eines stillgelegten Kali-Bergwerks nicht ein perfektes bombensicheres Versteck gewesen.

Den größten Teil des Vermögens des Dritten Reiches hatte man unter Tage geschafft, legales und zusammengerafftes: Goldmünzen, Devisen, Gold aus Konzentrationslagern, aber auch Kunstgegenstände – darunter Gemälde von Tizian, Dürer und Rembrandt, die zum Teil auf Befehl Hermann Görings in den besetzten Ländern gestohlen und dann in Berliner Museen und Galerien ausgestellt worden waren. Vor allem aber lagerten in Merkers mehr als 8000 Goldbarren. In den Stollen der Kaiseroda-Mine sollten neun Zehntel des Reichsschatzes den Krieg überdauern. Auf keinen Fall durften sie den Alliierten in die Hände fallen.

Doch seit Anfang April machten in der Hauptkasse Berlin erste Gerüchte die Runde: US-General Patton schneide mit seiner Dritten Armee durch die aufweichenden deutschen Linien wie ein Messer durch Butter und stoße mit atemberaubendem Tempo nach Thüringen vor. Der Reichsschatz sei bedroht. Und bald wurden aus den Gerüchten Nachrichten.

Zunächst eine Radioreportage, ein illegal abgehörter Bericht der BBC. Am 8. April meldete sich Reporter Robert Reed aus dem Stollen in Merkers: »Die massiven Stahltüren waren verklemmt. Sobald sich der Staub, der durch die kleine Explosion aufgewirbelt worden war, gelegt hatte, konnte man hier am Boden Tausende von Leinensäcken sehen. Jeder einzelne war sauber versiegelt und mit einem roten Schild versehen. Es waren die Goldvorräte von Deutschland. In anderen unterirdischen Räumen, die ich besichtigte, fanden sich weitere Leinensäcke mit Reichtum, die schön sauber, einer auf den anderen gestapelt, in langen Reihen ganz unscheinbar dalagen, als ob sie weiter nichts als Mehl enthielten. Alleine in einem Raum fand ich Hunderte von Säcken, von denen jeder einzelne eine Million deutsche Papiermark enthielt.«

Am 8. April war der Schatz von Merkers tatsächlich in die Hände der Amerikaner gefallen. Diese Hiobsbotschaft dürfte Netzeband beschäftigt haben, während er die Verladung der Fracht überwachte.

Doch viel mehr Angst macht ihm die Zukunft. Bis vor kurzem ein mittlerer Beamter, wirbelt ihn nun der Sturm der letzten Kriegstage an die Spitze eines waghalsigen Unternehmens. Genau wie den Polizei-Oberleutnant der Reserve Georg Krüger. Kaum etwas ist von Georg Netzeband überliefert, nicht einmal ein Foto. Keiner der überlebenden Zeitzeugen kann sich an die äußere Erscheinung dieses Mannes erinnern. Doch für wenige Wochen schreibt er Geschichte, und zwar buchstäblich. Mit der Präzision und dem Gewissen eines Beamten, den Kollegen in einer Beurteilung als »unbedingt ehrlich« charakterisieren, fertigt er ein Protokoll an, das jedes Detail des makabren Abenteuers festhält. Er legt Rechenschaft ab über die riesige Verantwortung, die ihm Walther Funk aufgebürdet hat, der an diesem Morgen ebenfalls in der Reichsbank erscheint. Funk lastet man die Katastrophe von Merkers an.

»Ich habe immer dagegen plädiert, daß Gold und die Kunstschätze von Berlin weggebracht würden«, notiert Joseph Goebbels einen Tag nach dem Verlust von Merkers in sein Tagebuch, »aber Funk hat sich trotz meiner Einwendungen nicht eines Besseren belehren lassen. Wahrscheinlich ist er von seinen Mitarbeitern und Ratgebern beschwatzt worden. (...) Nun haben sie in einer sträflichen Pflichtvergessenheit die wertvollsten Besitztümer des deutschen Volkes in die Hand des Feindes fallen lassen. Ich erfahre auf Erkundigungen bei der Reichsbahn, daß man zwar etwas laxe Maßnahmen ergriffen hat, um vor allem die Gold- und Kunstschätze aus Thüringen nach Berlin zu transportieren; das ist aber bezeichnenderweise durch die Ostertage verhindert worden. Man könnte sich sämtliche Haare ausraufen, wenn man sich vorstellt, daß die Reichsbahn Ostern macht und unterdes unser gesamter Goldvorrat vom Feind erbeutet wird. Wenn ich der Führer wäre, dann wüßte ich, was jetzt zu tun ist.«

Doch Hitler ließ die Evakuierung der Reichsbank fortsetzen. Just an dem Tag, an dem die Amerikaner in Merkers den Löwenanteil des Reichsschatzes erbeuteten, stieg Walther Funk erneut die steilen Stufen in den Führerbunker hinab. Gemeinsam mit dem Chef der Reichskanzlei, Hans Heinrich Lammers, wollte er Hitler dazu bewegen, nun auch den Rest des Reichsbankgoldes aus Berlin herausschaffen zu lassen. Lammers' Adjutant, SS-Obersturmbannführer Friedrich Rauch, hatte angeboten, diesen Transport zu organisieren. Rauch versprach ein diesmal sicheres Versteck: die sogenannte Alpenfestung.

Die Zeit wurde knapp. Die Gerüchte um eine angebliche »Kernfestung« in den bayerischen und österreichischen Bergen hatten den amerikanischen Oberbefehlshaber, General Dwight D. Eisenhower, dazu gebracht, den Vormarsch auf Berlin abzubrechen. Zahlreiche Spekulationen in europäischen und amerikanischen Zeitungen über ein »Nationales Reduit« waren bereits im Sommer 1944 in Berichte des amerikanischen Militärgeheimdienstes OSS eingeflossen. Eisenhower fürchtete die Schreckensvision einer letzten Nazi-Bastion in den Bergen, an der sich Abertausende alliierter Soldaten verbluten könnten. Den Amerikanern war nicht entgangen, daß Regierungsbehörden, Teile der Wehrmachtsführung und angeblich auch des gefürchteten Reichssicherheitshauptamtes eilig Richtung Süden verlagert wurden. Würde die deutsche Führung noch einen verlustreichen Endkampf in den Alpen erzwingen?

Die »Alpenfestung« begann in den Köpfen der alliierten Befehlshaber zu einem mächtigeren Bollwerk anzuwachsen, als es die Deutschen je ernsthaft auch nur geplant hatten. Erst zwei

Tage vor seinem Selbstmord sollte Hitler in einem seiner letzten Befehle den »Ausbau der Kernfestung Alpen« anordnen. Doch die Berge konnten bestenfalls eine Fluchtburg für NS-Größen und ein letztes Rückzugsgebiet für demoralisierte Wehrmachtsverbände sein. Alles andere war illusorisch.

Dennoch hatte Anfang April, als Funk, Lammers und Rauch ihre Audienz bei Hitler bekamen, das alliierte Oberkommando bereits Pläne ausgearbeitet, um die von der Propaganda beschworene »Alpenfestung« zu besetzen. Teile der Dritten und die Siebte US-Armee stießen nicht weiter Richtung Osten vor, sondern schwenkten nach Süden – eine eher komplizierte logistische Operation, wie sich zeigen sollte, weniger ein militärisches Problem.

Davon ahnten die Teilnehmer der heiklen Verhandlungsrunde im Führerbunker freilich nichts – und falls doch, blendeten sie es aus. Hitler habe den Vorschlag zunächst wütend abgelehnt, berichtete Rauch nach dem Krieg in einem Verhör durch amerikanische Offiziere. Rauch würde den Schatz bayerischen Separatisten übergeben, habe Hitler getobt, und Berlin sei noch längst nicht verloren. Die Loyalität des SS-Offiziers schätzte Hitler zwar, wie sich zeigen sollte, nicht ganz falsch ein. Doch wenige Tage später stimmte er dem Plan zu. Die letzten Reserven der Reichsbank sollten Berlin verlassen. Die Alpen waren nun auch in Hitlers Wahrnehmung zu einer Festung gewachsen. Dort würde der letzte Schatz der Reichsbank ein sicheres Versteck finden.

Der letzte Transport

Seit der Konvoi Berlin verlassen hat, macht sich Netzeband Notizen. Meistens kritzelt er auf Reste alter Zeitungen. Im Führerhaus eines Lkw »Opel Blitz« sitzend, neben sich einen bewaffneten Polizisten am Steuer, versucht er, so etwas wie einen letzten Rest von Ordnung zu bewahren. Später will er Rechenschaft ablegen können, und deshalb muß er das Chaos um sich herum protokollieren. Luftangriffe haben die Straßen in Richtung Niederbayern aufgerissen. In jedem Schlagloch macht sich die Ladung bemerkbar; jene Fracht, deren Übergewicht die Fahrt der drei Opel oft so sehr erschwert, daß »ein geschlossenes Weiterkommen unmöglich wurde«, wie Netzeband in seinen Notizen festhält. Oft genug verlangt der Krieg, der nun auch nach Böhmen und Bayern vorgedrungen ist, seine ganze Aufmerksamkeit. Manchmal aber gelingt es ihm, die Szenen, die er im Reichsprotektorat beobachtet, in Stichworte oder nüchterne Sätze zu fassen. Er schreibt über Straßen, die mit Flüchtlingen und versprengten Soldaten, toten Pferden und brennenden Lastwagen verstopft sind. Reichsbank-Oberkassier Georg Netzeband wird auf dieser Fahrt Richtung Süden zum Chronisten der Stunde Null.

Vor Marienbad schaffen es die Lkws einfach nicht mehr über die Berge. Von irgendwoher organisiert Krüger einen Trecker, der den Konvoi wieder flottmacht, was ihm den Respekt der Zweckgemeinschaft von Reichsbankbeamten und fünf Fahrern einbringt.

Krüger improvisiert meisterlich. Zudem ist er verantwortlich für die Zivilisten, die er teils auf die Ladeflächen der »Opel Blitz«, teils in eine silberfarbene tschechische Limousine Marke »Tatra« gepfercht hat. Neben Krügers Frau und Tochter Christa ist auch noch die Familie des Chauffeurs von Walther Funk mit von der Partie. Sie alle teilen das Schicksal der zahllosen Flüchtlinge auf den zerschossenen Straßen Böhmens. Nur sitzen sie weicher. Die Gefahr hingegen ist für alle gleich.

Die kürzeste Route kann der Transport nicht mehr einschlagen; zu weit sind die Amerikaner bereits nach Thüringen und Franken vorgedrungen. Netzeband und Krüger bleibt nur der Umweg durch Sachsen, Böhmen und Niederbayern – ein Gebiet, das die deutsche Wehrmacht theoretisch noch kontrolliert. Tatsächlich aber jagen alliierte Tiefflieger alles, was sich auf den

Straßen bewegt. Niemand macht ihnen die Lufthoheit streitig. Deutsche Flugzeuge scheint es nicht mehr zu geben. Zwischen Marienbad und Bischofsteinitz ist der Beschuß besonders schlimm gewesen. Ein Wunder, daß niemand verletzt worden ist. Jetzt rumpelt der Transport mit seiner wertvollen Fracht nur noch nachts weiter.

Immer wieder vergegenwärtigt sich Netzeband in diesen Nächten, welche Groteske sich da vor der brennenden Kulisse eines untergehenden Reiches abspielt, in der er und ein Polizei-Oberleutnant tragende Rollen spielen. Verantwortlich für 730 Barren Gold, unendlich schwer, aber unter Gerümpel und dem Gepäck von Offiziellen und Zivilisten kaum zu erkennen. Zum Glück! Denn geschützt ist dieser letzte Schatz der Reichsbank nur von einer Handvoll Polizisten, denen schon das bloße Vorwärtskommen alles abverlangt. Ahnt Netzeband, daß aus dieser Geschichte ein Drama wird, in dem es um Gier und Treue, Freundschaft und Verrat geht?

Weder Walther Funk, noch der Chef der Reichskanzlei, Hans Heinrich Lammers, gehörten im April 1945 zu den Günstlingen Hitlers. Audienzen im Führerbunker waren selten geworden. Doch nachdem sie ihrem Reichskanzler während jener hitzigen Reichsbank-Debatte noch einmal ins verfallene Gesicht geblickt hatten, wußten auch sie, woran sie waren.

»Anfang April«, erinnerte sich der ehemalige Reichsbankrat Fritz Mielke nach dem Krieg, »wurde in Berlin beschlossen, einen Führungsstab nach Süddeutschland zu verlegen.« Die Reichsbank schickte ihre wichtigsten Mitarbeiter und ihr wesentliches Hab und Gut nach Bayern.

Einige Hauptakteure kehrten der brennenden Hauptstadt und ihrem Führer, der in Berlin zu sterben beschlossen hatte, den Rücken – eine schwierige, am Ende aber vergoldete Zukunft vor Augen. Walther Funk ließ sich von seinem Chauffeur Bernhard Miesen in seiner Wohnung am Wannsee abholen und Richtung Bayern kutschieren. Zuvor durfte Miesen noch seine

Familie dem Transport von Krüger und Netzeband anvertrauen. Und irgendwann muß sich auch jener Mann nach Süden durchgeschlagen haben, der den Weg des Reichsbankgoldes wie auch den seiner Herren, Walther Funk und Hans Heinrich Lammers, vor Ort zu ebnen gedachte: Friedrich Rauch, SS-Obersturmbannführer, Adjutant in der Reichskanzlei. Ein Mann, dessen Drähte zu ausgewählten Offizieren der Wehrmacht immer noch gut funktionierten und der diese nutzen wollte – auch im wohlkalkulierten Eigeninteresse.

Außerdem standen einen Tag zuvor, am 13. April 1945, in Berlin zwei Sonderzüge unter Dampf. Die Sirenen kündigten erneut einen Luftangriff an. In aller Eile beluden Reichsbankbeamte die Gepäckwagen von »Adler« und »Dohle«, so die Codenamen der Züge, mit wertvoller Fracht: 520 Million Reichsmark in Papiergeld. Als weit wertvoller für die Zukunft verschiedener Beteiligter sollten sich allerdings jene 146 Beutel erweisen, in denen ausländische Devisen verpackt waren – hauptsächlich US-Dollars. Mit knapper Not verließ »Adler« den Bahnhof Lichterfelde, bevor die ersten Bomben fielen. Der Zug trug einen Teil der Devisenreserven der Reichsbank nach Süddeutschland. Zugestiegen waren Reichsbankbeamte, die Filialen im Süden mit dringend benötigtem Bargeld aus dem Depot von »Adler« versorgen sollten. »Dohle« hatte 46 Devisensäcke geladen. Der Auftrag: den Rest der Devisen von »Adler« zu übernehmen und die verbliebene Ladung in München an den Lkw-Konvoi zu übergeben – für ein sicheres Versteck in der vermeintlichen Alpenfestung.

Trotz strikter Geheimhaltung ist auch dieser Transport gut dokumentiert. Was die Reichsbank-Offiziellen und selbst der umtriebige Rauch wahrscheinlich nicht ahnten: Die Amerikaner hatten schon jetzt eine Vorstellung davon, was sich da auf der gefährlichen Route zwischen Berlin und München im Auftrag der Reichsbank alles bewegte. Im Stollen von Merkers war das starke Interesse im SHAEF, dem alliierten Oberkommando in

Europa, an den Gold- und Geldreserven erst richtig geweckt worden. Dort hatte ein Colonel der Finance Section im SHAEF fünf leibhaftigen Generälen nicht nur die Schätze der Reichsbank, sondern auch deren Bilanzunterlagen präsentiert. Die versammelte Spitze des US-Expeditionskorps war sich schnell einig, daß der Merkers-Schatz zwar überwältigend groß war, aber noch nicht alles gewesen sein könne, was die Reichsbank an Reserven in ihren Tresoren besessen habe.

In der Finance Section des SHAEF formierte sich ein Team von Sonderermittlern, vor allem Bankexperten, die ein Ziel verfolgten: das verbliebene Reichsbankgold – knapp ein Zehntel der offiziell ausgewiesenen Goldbestände – und die Devisenreserven aufzuspüren. Das »Gold Rush Team« dürfte sich für den Bericht eines unbekannten OSS-Agenten aus dem Reich besonders interessiert haben. Darin heißt es, daß am 14. April zwei Sonderzüge Berlin Richtung Süden verlassen hätten. Fünf Tage später schwärmten die Ermittler des »Gold Rush Teams« aus, immer im Windschatten ihrer kämpfenden Einheiten, die nun im Sturmschritt nach Süddeutschland vorstießen.

In diesen Tagen liegt der Schatz, der schon gejagt wird, bevor er ein Versteck erreicht hat, zu Füßen eines dreizehnjährigen Mädchens. Die kleine Christa Krüger empfindet die gefährliche Fahrt quer durch Deutschland wie einen Abenteuerurlaub. Lange hat sie ihren Vater gebettelt, nicht immer hinten im »Tatra« sitzen zu müssen, neben ihrer vor Angst zitternden Mutter. Endlich darf sie auf die Ladefläche eines der Laster, die Jutesäcke mit der wertvollen Fracht zum Greifen nah. »Die Säcke haben kaum Platz weggenommen«, erinnert sie sich mehr als fünf Jahrzehnte danach. Damals versteht sie nicht, warum nur sie hinten sitzen darf, aber keiner der Soldaten von der Straße, viele nur ein paar Jahre älter als sie, die verzweifelt um eine Mitfahrgelegenheit bitten. Dabei ist noch so viel Platz auf den Wagen. Der Mutter, die an den eigenen Sohn denkt, bricht es jedesmal fast das Herz, wenn sie die hoffnungslosen Blicke der traurigen Gestalten sieht.

18. April. Bis nach Cham im Bayerischen Wald haben sie es geschafft. »Natürlich haben wir gewußt, daß die Amerikaner uns näher kamen, aber für mich als kleines Mädchen war der Krieg vor allem spannend«, sagt sie heute. Christa Krüger speichert in ihrem Gedächtnis die Grausamkeiten des Krieges wie Bilder für ein Album, das man ein Leben lang behält. Wenn sie es aufschlägt, sieht sie wieder die Wiesen vor sich, übersät mit toten Rindern. In der Erinnerung leuchten die Geschosse der feindlichen Flugzeuge wunderschön bunt. Immer wieder greifen Tieffliegeran, und die Mutter wird schier verrückt vor Angst. Sie bittet die Chauffeursgattin Frau Miesen, sie möge sich im Falle eines Falles um Christa kümmern. Die Kleine hingegen macht sich keine Sorgen. Wozu auch? »Ich bin ja im Keller großgeworden und habe immer die Granatsplitter eingesammelt. Ich hatte keine Angst«, sagt sie.

In Cham, mitten in der Nacht, leuchten wieder die bunten Kugeln am Himmel. Diesmal verliert der Mann, von dem Christa Krüger nur einen grauen Mantel und graue Haare in Erinnerung behält, alle Hoffnung. »Früh um zwei Uhr wurden wir durch einen so schweren Bombenangriff überrascht, daß ich mit dem Verlust des ganzen Transportes rechnete«, notiert Georg Netzeband, was nur ahnen läßt, wie knapp der Konvoi der Katastrophe entgeht. »Wie durch ein Wunder kamen wir noch in eine Waldschneise und konnten uns so dem Bombenhagel entziehen, während es ringsum uns einschlug.«

In Straubing die nächsten Angriffe. Mittags werfen die Amerikaner Sprengbomben, am Nachmittag Brandbomben. Die Reichsbank-Filiale geht in Flammen auf. Netzeband und Krüger beschließen, die Stadt trotz der gefährlichen Tageszeit zu verlassen.

Georg Krüger hat in diesen Tagen keine Zeit für Angst. Immer wieder fallen Lastwagen aus oder bleiben liegen, weil Benzin fehlt. In Karlsbad hat er vierzehn Stunden gebraucht, um die örtliche Polizei zur Herausgabe eines Ersatzautos zu bewegen. Geheime Reichsangelegenheiten und Sonderausweise beeindrucken kaum noch jemanden.

Einen Tag später kommt so etwas wie ein Ziel in Sicht: München. Die Nacht haben sie im Feuerschein des brennenden Bahnhofs Freising zugebracht. Irgendwo hat Krüger Benzin aufgetrieben für die letzten Kilometer in die zerstörte bayerische Hauptstadt. Falls der Oberleutnant und der Reichsbank-Kassier sich mit einem Anflug von Erleichterung einen Blick zugeworfen haben, als die Kolonne gegen 16 Uhr vor dem Reichsbankgebäude in der Brienner Straße zum Stehen kommt, so ist es in Georg Netzebands Notizen nicht zu spüren. Er empfindet eher Resignation, als er sich den Kollegen vorstellt. »Hier hatte man von unserem Transport keinerlei Kenntnis und wunderte sich, daß die früher abgelassenen Bahntransporte aus Berlin noch sämtlichst ausgeblieben waren.«

Zeitzeugen und Schatzsucher

Eine zittrige Männerhandschrift, kaum zu entziffern. Und doch hatte der Schreiber sich die Mühe gemacht, die wesentlichen Dinge säuberlich zu unterstreichen. Der verzweifelte Versuch, Ordnung und Struktur in eine Welt zu bringen, die im Chaos versank. Was dort gekrakelt in altmodisch gedrungener Feder zwischen Linealstrichen und geschwungenen Klammern steht, läßt Rudolf Elender nicht mehr los. Fasziniert beugt er sich über das Dokument, das vor über fünfzig Jahren der letzte Halt für einen pflichtbeseelten Beamten war.

Rudolf Elender entziffert Worte und Zahlen, aus denen Daten und Zusammenhänge erwachsen. Und eigene Erinnerungen, die Elender Fremden nicht gern eingesteht. Als kleiner Junge hat er viel Zeit in einem Luftschutzbunker in Landshut, auf halber Strecke zwischen Straubing und München, verbracht. In panischer Angst drückte er sich an die Bunkerwand und hielt die Ohren zu, wenn Detonationen die Welt ringsum ins Wanken brachten. Alles zerschneidendes Sirenengeheul wurde zur Begleitmusik seiner Kindheit.

Dann ging der Krieg zu Ende. Für den neunjährigen Rudolf wurde es der Tag der Erdbeermarmelade. Bevor die Amerikaner in Landshut einmarschierten, wurden die Verpflegungslager der Wehrmacht geplündert. Und was sich da an Schätzen vor den Augen der Kinder auftürmte, hat Rudolf nie vergessen: »Berge von Zucker, Wurst- und Fleischkonserven. Dinge, die wir so lange entbehrt hatten, gab es plötzlich in rauhen Mengen – und vor allem diese Marmeladenkübel. Echte Fruchtmarmelade, keine eingekochten Rüben.«

Rudolf griff sich zwei Kübel und rannte damit ein letztes Mal in den Weinkeller, der als Bunkerersatz herhalten mußte. Er war stolz wie ein Spanier – hatte er doch für sich und seine drei Geschwister einen Schatz erbeutet. Wenige Stunden später war der Krieg für die Landshuter vorüber.

Abenteuergeist, Neugier und eine gute Portion Romantik besitzt Rudolf Elender heute noch. Er ist Schatzsucher aus Leidenschaft – ein Hobby, das der Münchner Kaufmann beinahe professionell betreibt. Er hat einen Schatzsucherclub gegründet, den Midas Forscher-Club, und ein Bergungsunternehmen in England gleich dazu. »Wahrhaftig verlorene Schätze besitzen viel mehr als ihren Wert in barer Münze. Sie haben die Kraft, den Romantiker und Abenteurer, der in uns steckt, zu wecken.« So lautet Elenders Leitspruch, den er auf seine Visitenkarte hat drucken lassen. Der ewige Kindheitstraum von Schätzen, Gold, Ruhm und Abenteuer – eine hartnäckige Sehnsucht. »Wenn ich eine Geschichte verfolge, dann kann ich eben nicht mehr aufhören«, sagt er mit einem Schmunzeln.

Diese Sehnsucht trieb ihn bereits durch die halbe Welt, von Frankreich bis Bulgarien, auf die Philippinen, nach Sardinien und Tschechien. In seinem Büro in München umgibt er sich mit den vorzeigbaren Früchten seines Erfolgs. Relikte aus der Schlacht von Hohenlinden: Kanonenkugeln aus Napoleons letztem Kampf auf bayerischem Boden vom 1. Dezember 1800. Ein Offiziersteller mit russischem Doppeladler. Und ein paar Überbleibsel der letzten Kriegstage 1945: ein Bajonett, ein 98er Karabiner. Auch eine kleine Schmuckkassette mit Armringen, Goldmünzen und Amuletten gehören zu den Funden, über die er spricht. Über andere schweigt er lieber.

Denn oft genug beginnt eine Schatzsuche mit Gerede an Stammtischen, und häufig endet sie auch dort. Da brüsten sich Kollegen mit Phantasiefunden. Todsichere Tips machen die Runde. Der Schatz der Reichsbank war für Elender immer eine solche Stammtischgeschichte. Eine der üblichen Legenden, in einschlägigen Kreisen seit Jahren hoch gehandelt: Da sei natürlich noch nicht alles gefunden, wurde bedeutungsvoll geraunt. Bisher standen die Vermutungen immer nur auf schwammigem Grund, entsprangen mitunter einer unappetitlichen Faszination für die Mythen des Dritten Reiches namens »Nazigold« oder »Kernfestung Alpen«. Sie reichten aus, um Schatzsucher aus ganz Deutschland anzulocken, die in der Region ihr Glück versuchten, doch glücklos blieben, weil sie wenig wußten.

Und vielleicht hat Elender in seiner Skepsis einen Hinweis für den üblichen Plunder gehalten, obwohl er diesmal Gold wert ist. Er holt eine Karte hervor, eine Wanderkarte im Maßstab 1 : 25 000. Auf der schlechten Kopie hat jemand mit viel Sorgfalt an einer sehr abgelegenen Stelle der Alpen ein Rechteck eingezeichnet. Der Mann hat den Ort kurz vor seinem Tod markiert, und es hat lange gedauert, bis er dazu bereit war. Er war im Krieg Gebirgsjäger, hoch dekoriert. Heute wäre er das, was man einen Zeitzeugen nennt – würde er noch leben.

Elender erkennt das erst jetzt, nachdem er andere Dokumente gesehen hat: das Protokoll des Reichsbank-Oberkassiers Georg Netzeband etwa, das aus der Legende vom Reichsbankschatz ein historisches Faktum macht. Über Jahrzehnte lag das Netzeband-Protokoll unter den Akten der sogenannten Reichsbank-

Ein Stück Ordnung im Chaos der letzten Kriegstage:
Oberkassier Georg Netzeband schrieb das Transportprotokoll
des Reichsbankgoldes.

abwickler versteckt. Diese letzten Akten der Reichsbank, die den Krieg überdauert haben, die weder verbrannt noch verschollen sind, lagerten bis 1978 im historischen Archiv der Deutschen Bundesbank in Frankfurt. Heute beherbergt sie das Bundesarchiv in Berlin. Dort befindet sich auch das vergilbte Papier, im Original Blau auf Weiß beschrieben. Den Titel hat der Verfasser Netzeband doppelt unterstrichen: »Schrift über den Autotransport Berlin – München – Mittenwald«.

Endlich formt sich aus der Legende vom Reichsbankgold eine konkrete Geschichte. Das gefährlichste Virus der Schatzjäger heißt nicht Gier, sondern Neugier, und die hat Rudolf Elender nun gepackt. »Diese Geschichte muß man sich erschließen. Das Wissen – das ist schon ein Schatz an sich«, sagt Elender.

Bei ihren Recherchen wird Elender und seinen Leuten schnell klar: Sie sind nicht die einzigen, die sich ernsthaft für diesen Schatz interessieren. Immer wieder stoßen sie auf den Namen Ian Sayer. Rudolf Elender hat den britischen Forscher nach Deutschland eingeladen. Sayer ist der Mann, der alle zugänglichen Quellen studiert hat, der quer über den Globus Archive durchforstet. Doch neben seinem Wissensfundus hat er gegenüber den deutschen Schatzjägern einen Vorsprung, den diese auch in Jahren gründlicher Recherche nicht aufholen können: die Zeit.

Denn heute sind alle unmittelbar beteiligten Zeugen tot. Der akribische Buchhalter der letzten Stunden, Georg Netzeband, der Polizei-Oberleutnant der Reserve Georg Krüger, vermutlich auch der SS-Obersturmbannführer Friedrich Rauch. Wissen, das für immer verloren scheint, außer, ja, außer jemand hat es rechtzeitig festgehalten. Einige Siegel, die das Geheimnis des Reichsbankgoldes verschlossen, hat Ian Sayer gebrochen. Auch das stärkste von allen: das Schweigen vieler Beteiligter, die heute nicht mehr gefragt werden können.

Rudolf Elender freut sich auf den Besuch aus England. Dann werden sie ihre Schatzkisten öffnen und Wissen tauschen. Eine

Wanderkarte wird dabei eine nicht unwichtige Rolle spielen und – da hat sich Elender doch ein wenig gewundert – anscheinend eine Videocassette.

Odyssee in die »Alpenfestung«

Hatten der Reichsbankkassier Netzeband und Polizei-Oberleutnant Krüger – der eine verantwortlich für das Gold, der andere für dessen Transport – gehofft, in der Reichsbankfiliale München endlich verbindliche Instruktionen zu bekommen, so sehen sie sich enttäuscht. Dort macht sich der örtliche Reichsbankchef nämlich nur Sorgen um das Schicksal von »Adler« und »Dohle«; um jene Sonderzüge mit Devisen und dem beinahe vollständigen Führungsstab der Berliner Zentrale, die einen Tag vor dem Lkw-Transport Berlin verlassen haben und noch immer nicht eingetroffen sind. Daß gleichzeitig Gold in Lastwagen unterwegs ist, weiß in München niemand. Und noch weniger hat man eine Ahnung, was mit den 730 Goldbarren anzufangen sei.

In dieser Situation fördert wieder einmal der praktisch veranlagte Krüger eine Idee zutage. Die Räume der Reichsbank München seien nicht ausreichend gegen Einbruch oder Bombenschäden gesichert. Ein Bergwerksschacht im oberbayerischen Peißenberg könne den Schatz jedoch aufnehmen. Noch am Abend verläßt also der Konvoi München wieder: um sechs Kisten und 98 Säcke mit ausländischen Devisen schwerer. Zwar stehen »Adler« und »Dohle« noch auf den Abstellgleisen, wohin sie zugunsten eiliger Truppen- und Munitionstransporte verschoben wurden, doch die findigen Passagiere haben Devisenbeutel mit eilig requirierten Lastwagen nach München und in andere Reichsbankfilialen vorausgeschickt.

Und so sollen nach dem Willen eines Oberkassiers und eines Oberleutnants neben 365 Säcken mit Goldbarren jetzt auch noch mindestens sechs Kisten und 98 Säcke mit ausländischen

Devisen in einen Bergwerksschacht in Oberbayern einfahren. Als die Lkws gegen Mitternacht in Peißenberg eintreffen, ist ihre Ladung auf die damals horrende Summe von mehr als fünfzehn Millionen Dollar angewachsen.

Doch im durchnäßten Wetterschacht des Bergwerks in Peißenberg geht die Hoffnung des kleinen Trupps im wahrsten Sinne des Wortes baden: Der Schacht stehe unter Wasser, vermerkt Netzeband lapidar in seinem Bericht. Hier kann das Gold nicht bleiben, und schon gar nicht das Papiergeld. Krüger läßt den Schatz im Magazinraum einlagern und bewachen, dann fährt er mit Netzeband nach München, um sich neue Instruktionen geben zu lassen. Der Oberleutnant und der Oberkassier tun etwas, was sie in der verwickelten Geschichte des Schatztransportes noch nicht gewagt haben: Sie lassen den Schatz aus den Augen.

Georg Netzeband mag diesen Schritt bereut haben. Denn als er und Krüger nach Peißenberg zurückkehren, ist das Gold verschwunden. Im benachbarten Huglfing gabeln sie einen ihrer Fahrer auf, der eine unglaubliche Geschichte erzählt. Soldaten der Wehrmacht seien gekommen, wahrscheinlich Gebirgsjäger, angeführt von einem Leutnant. Mit vorgehaltener Pistole habe der Offizier ihn gezwungen, den Transport zu übergeben. Er selbst habe einen Schaden an der Kupplung vorgetäuscht. Daraufhin habe der Offizier ihn erneut mit der Pistole bedroht und sich selbst ans Steuer gesetzt. Hier in Huglfing habe der Leutnant den Lkw in den Graben gefahren. Über Nacht sei der Opel dann einfach liegengeblieben, mit all dem Gold, nur von einem einzelnen Gebirgsjäger bewacht.

Josef Strobl heißt der Mann, der den Schatz eine Nacht lang bewacht. Damals ist er Obergefreiter der Gebirgsjäger. Sein Erlebnis mit dem Goldtransport wird er sein Leben lang nicht vergessen. Wie ihn der Spieß in der Kaserne in Mittenwald zum »Bretterfahren« verdonnert hat; wie er mit einem Leutnant nach Peißenberg gefahren ist; aber vor allem: wie der ihn allein dort zurückläßt, mit einem kaputten Lkw und dem Schatz auf der

Ladefläche. »So ein Goldtransport müßte richtig bewacht sein, denkt man. Aber da war nur ich mit meinem Karabiner.« Strobl schichtet die Säcke zu einer Liege – »wenn's nicht bretteben daliegt, kann man auf Gold ganz gut schlafen« – und gibt der Versuchung nach, einmal einen Goldbarren anzuschauen. »Den hab' ich aber ganz schnell wieder eingepackt, denn wer weiß, was sie mit einem machen, wenn man da was stiehlt. Das gehörte ja schließlich der Reichsbank!«

»Bis zu dem Ort Farchant waren die Berge links der Straße ziemlich nahe, doch alles bewaldet und nicht viel höher als tausend Meter. Rechts lagen sie weiter zurück, nicht anders in ihrer Struktur. Doch nun – plötzlich eine Kurve – und in fünf Kilometer Entfernung ragten die gewaltigen, schneebedeckten Berge empor. Ein Bild von atemberaubender Schönheit und zugleich der absoluten Bedrohung. Eine Wand aus Fels, Schnee und Eis, undurchdringlich, mit Steilabstürzen und nicht auszumachenden Zugängen. Über die Ebene hinweg plötzlich ein schier uneinnehmbar erscheinendes Bollwerk. Bis zu 3000 Meter hoch. Das war sie, die Festung Alpen. Gewaltiger, als man sie sich jemals vorgestellt hatte.«

Diesen Anblick, wie ihn der Münchner Widerstandskämpfer Christian Hallig in den letzten Kriegstagen auf seiner Fahrt in die »Alpenfestung« beschreibt, genießt die Besatzung der beiden verbliebenen Lkw »Opel Blitz«, die am Nachmittag des 22. April 1945 die »Farchanter Gabel« erreichen, für einen Moment. Das dürfte zumindest für jene Männer gelten, die vor neun Tagen im zerstörten Berlin mit ihrer unermeßlich wertvollen Fracht eine unglaubliche Odyssee antraten. Das Alpenpanorama lässt sie endlich wieder für die Zukunft hoffen – auf eine heile Welt. Die schweigsamen Gebirgsjäger, die in Peißenberg den Transport in ihre Hand gebracht haben, widmen ihre Aufmerksamkeit naheliegenden Ereignissen.

Leicht verwundete Soldaten und einheimische Zivilisten mit weißen Armbinden, sogenannte Sonderkommandos, kontrollieren die Straßen um Garmisch-Partenkirchen. Als der Gebirgsjäger-Major Michl Pössinger an den Kontrollpunkt »Farchanter Gabel« gerufen wird, weil da ein seltsamer Transport mit Zivilisten aus Berlin und einer geheimnisvollen Ladung angekommen sei, staunt er beim Betrachten der Sonderausweise nicht schlecht: »Mit diesen Papieren durften die überall durch«, erinnert er sich heute noch an seine Begegnung mit den Hütern des Reichsbankschatzes.

Der Major, trotz seiner 26 Jahre ein erfahrener Soldat, wittert Ärger. Er weiß, daß der Krieg längst verloren und die »Alpenfestung«, die er verteidigen soll, nicht mehr als eine fixe Idee der NS-Propaganda ist. »Aber in diesen Tagen strömte ja alles Richtung Garmisch, und das machte die Situation äußerst gefährlich.« SS-Verbände haben sich hierher zurückgezogen, und Teile des gefürchteten Reichssicherheitshauptamtes residieren im Hotel »Post«. Wenn die Amerikaner vorrücken – für Pössinger ist das nur noch eine Frage von Tagen –, droht furchtbares Blutvergießen. Die Lazarettstadt Garmisch-Partenkirchen beherbergt fast 12 000 Verwundete, dazu zahllose Flüchtlinge. Seine idyllische Werdenfelser Heimat, äußerlich noch unversehrt, kommt dem jungen Major vor wie ein Pulverfaß.

»Was habt's denn da hinten drauf?« Die Antwort, die ihm der Kolonnenführer zuwirft, kann er nicht glauben. Kopfschüttelnd klettert er auf die Ladefläche eines der Lkw. Der Schreck fährt Pössinger in die Glieder, als er die Ladung in Augenschein nimmt. »Das gibt's ja gar nicht, daß ihr damit einfach durch die Gegend fahrt. Das glaub' ich einfach nicht.« Säcke voller Gold, Beutel mit Devisen, US-Dollars hauptsächlich, sowie Notenpapier und Druckstöcke für Reichsmark – die Ladung der Lkw läßt dem Major das Blut in den Adern gefrieren. Pössinger erinnert sich noch gut daran, wie er versuchte, einige Säcke und Kisten hochzuheben – und es kaum schaffte. Mehr will er gar nicht wissen.

»Um Gottes Willen, fahrt's weiter mit dem Zeug«, raunzt er

die Fahrer an. Pössinger ahnt, welche Begehrlichkeiten dieser Schatz bei Deutschen wie Amerikanern wecken muß. Das Reichsbankgold in Garmisch? Für Pössinger pures Dynamit.

Er ist erleichtert, als ihm der Kolonnenführer, Gebirgsjäger wie er auch, ein Ziel nennt, das nicht zu seinem Kommandobereich gehört. »Zu Oberst Pfeiffer, Gebirgsjägerschule Mittenwald«, meldet der Mann, bevor er den Lkw wieder in Bewegung setzt. Kurz blickt Pössinger dem Transport nach, bevor er sich wieder dem Chaos aus Soldaten und Flüchtlingen auf Garmischs Straßen zuwendet. Die Lastwagen rumpeln nun Richtung Mittenwald, aus der Verantwortung eines jungen Majors in die eines ranghöheren und weitaus älteren Offiziers.

Wie soll Pössinger auch nur ahnen, daß Oberst Franz Pfeiffer, Kommandeur der Gebirgsjägerschule in Mittenwald, die Irrfahrt des Reichsbankgoldes längst steuert und dieses – sein letztes – Kommando bis weit über das Kriegsende hinaus nicht aus der Hand geben wird?

Einen Tag später trifft der dritte Lkw, endlich wieder flott, ebenfalls in Mittenwald ein – völlig unbehelligt und mit einem Gefreiten, der die Nacht seines Lebens auf einem Bett aus Goldbarren verbrachte. Als die drei Lastwagen vor dem Offizierskasino der Gebirgsjägerschule parken, ist die wertvolle Ladung zwar wieder komplett, doch auch nach so vielen Kilometern nicht am Ziel.

Der letzte Auftrag

Die Gebirgsjägerschule Mittenwald liegt am Fuße der steil abfallenden Hänge des Karwendelgebirges. In den letzten Monaten des Krieges verharrt das pittoreske Städtchen an der Grenze zu Tirol in einer trügerischen Ruhe. Bald wird ihr der Krieg auch hier ein Ende bereiten. Dann wird es diese Armee nicht mehr geben, die hier Offiziere ausbilden läßt, und auch nicht den Mann, auf den sie vereidigt ist. Die Amerikaner fürchten Mittenwald als Tor zur sogenannten »Alpenfestung«, dabei sind die Alpen hier wie überall einfach nur Berge und keine »Festung«.

Niemand weiß das besser als Oberst Franz Pfeiffer und die anderen Offiziere, die hierher abkommandiert sind. Nach sechs brutalen Jahren an der Front sind die meisten nicht mehr »kv«, also »kriegsverwendungsfähig«. Sie haben diesen Krieg nach Polen und Frankreich, auf den Balkan, nach Griechenland und auf die höchsten Gipfel des Kaukasus getragen. Als Elitesoldaten marschierten sie immer vorneweg. Die überlebt haben, hat man mit dem Ritterkreuz, dem Eisernen Kreuz und anderen Orden behängt. Jetzt haben diese ihren einst so begehrten Glanz verloren.

Die Männer, die an jenem Nachmittag Ende April das Arbeitszimmer von Oberst Pfeiffer betreten, haben die Jahre der Illusionen hinter sich. Viele ihrer Verwundungen sind nicht nur äußerlich. Hauptmann Carl Rall trägt schwer an Erlebnissen, die mit dem vermeintlich ehrenvollen Fronteinsatz nichts mehr zu tun haben. In Jugoslawien war er Zeuge, wie Wehrmachtseinheiten Zivilisten erschossen. Und dann, schon in die Heimat versetzt, erfuhr der Ritterkreuzträger zufällig grausame Tatsachen, die ihm die Augen zu öffnen begannen, in wessen Namen er sechs Jahre lang gekämpft und getötet hatte. »Er muß in diesen Tagen einem sogenannten Todesmarsch von KZ-Häftlingen begegnet sein«, sagt sein Sohn Wolfgang heute. »Er konnte bis zu seinem Tod kaum darüber sprechen, aber dieses Erlebnis hat ihn sein Leben lang nicht mehr losgelassen.«

Das stark strapazierte Ehrgefühl Ralls und der anderen Offiziere wird erneut gefordert, als ihnen ihr Kommandeur einen letzten Auftrag erteilt. Ein Lkw-Konvoi aus Berlin sei hierher unterwegs. Er müsse jeden Moment eintreffen. Die Lastwagen hätten wertvolle Fracht geladen. Die Aufgabe dieser ausgewählten Runde von Offizieren sei es, dafür zu sorgen, daß diese La-

»Hoch hinauf und gut tarnen«: Gebirgsjäger Hauptmann Carl Rall vergrub den Schatz am Steinriegel.

Hauptmann Heinz Rüger verriet den Goldschatz im Juni 1945 an die Amerikaner.

dung nicht in die Hände des Feindes falle. Dazu müssten Depots in den Bergen ausgehoben werden, nach der Art, wie Gebirgsjäger Munition und Verpflegung in den Bergen lagern.

Den Offizieren sei es nicht recht gewesen, in letzter Minute noch eine solche Aufgabe zu übernehmen, erinnert sich der beteiligte Hauptmann Hans Neuhauser nach dem Krieg. Sie erscheint vielen als schwere und wenig lohnende Pflicht. Denn der Befehl soll angesichts der totalen Niederlage wieder einmal im Namen einer nationalen Verantwortung ausgeführt werden. Dabei denken die meisten der Anwesenden nur noch ans Überleben.

Doch Pfeiffer appelliert an die Zukunft. Die Werte entsprächen ungefähr jener Summe, die Bayern im Jahre 1933 an das nationalsozialistische Deutschland gezahlt habe. Sie müßten einem künftigen bayerischen Staat zugute kommen.

Als Oberst Franz Pfeiffer jedem von ihnen zum Schluß noch einmal die Hand gibt, wissen die versammelten Offiziere, daß es ihr letzter Auftrag in diesem Krieg sein wird. Denn wenn das Gold der Reichsbank in sorgsam ausgewählten Depots in den Bergen versteckt werden soll, dann kann das Ende nicht mehr weit sein.

Wenige Stunden nachdem Pfeiffer seine Offiziere auf die Mission Reichsbankgold eingeschworen hat, rollen die ersten zwei »Opel Blitz« auf den Hof der Kaserne. Ihre neuntägige Irrfahrt ist zu Ende.

Die Zeit drängt. Denn an jenem 22. April, an dem sich eine Handvoll Offiziere in der Gebirgsjägerschule Mittenwald nicht nur mit der sinnlos gewordenen Verteidigung der Heimat, sondern plötzlich auch noch mit dem Verbleib des Reichsbankgoldes beschäftigen muß, überschreitet die Siebte US-Armee die Donau und stößt Richtung München und Alpen vor. Nach zähen Kämpfen in den Ardennen und am Main setzen die amerikanischen Truppen, allen voran die 10th Armored Division, nun auf einen schnellen Schlag gegen die »Alpenfestung«, getreu dem Motto ihres Kommandeurs, General Patch: »Das ist kein Angriff, sondern eine Verfolgungsjagd.« Sie werden Oberbayern in wenigen Tagen überrennen.

In der Gebirgsjägerschule bricht eine Hektik aus, die jede Geheimhaltung unmöglich macht. Als die Säcke, Kisten und Beutel in der Kegelbahn des Offizierskasinos zwischengelagert werden, kursiert die Geschichte vom Gold aus Berlin auch unter den einfachen Dienstgraden. Der Sanitätsobergefreite Josef Veit, Jäger im Zivilberuf, hört die Nachricht im Lazarett. Und der Fuhrunternehmer Josef Pinzl, der die Abfälle der Kaserne gepachtet hat, erhält von einem Posten die Aufforderung, er solle sein Fahrzeug gleich wieder leeren – man habe Gold zu transportieren. Beide werden ihr zufällig erworbenes Wissen später nicht gerade im Interesse der von Pfeiffer proklamierten »nationalen Angelegenheit« nutzen.

Franz Pfeiffer als Oberst der Gebirgsjäger (re.) und 45 Jahre danach beim Treffen der »Ritterkreuzträger«.

Glaubt man den Aussagen Pfeiffers, die er in einem Interview mit Ian Sayer im September 1982 macht, dann war seine Rolle bei der Verbergung des Reichsbankgoldes an dieser Stelle auch schon beendet. »Ich muß diesen Vorwurf korrigieren, ich hätte das Gold übernommen. Ich habe das nicht übernommen, in dem Sinne, daß ich es gezählt und eine Unterschrift geleistet habe. Das war völlig unmöglich. Das, was ich tun konnte, war: einen Befehl zu geben, das Gold zu verbergen. Da gab es vorher kein Fernschreiben oder sonst etwas. Die Lkws kamen einfach an.«

Doch in Wahrheit hat Pfeiffer den Weg des Schatzes ebenso sorgfältig vorbereitet, wie er ihn auch künftig steuern wird. Er und der umtriebige SS-Obersturmbannführer Friedrich Rauch, Adjutant in der Reichskanzlei und Organisator des Goldtransports, kennen sich durch einige Besuche Pfeiffers auf dem Obersalzberg. Spätestens als die Lkw-Kolonne Berlin am 14. April verlassen hat, muß sich Rauch seines guten Kontaktes zu den Gebirgsjägern erinnert haben. Denn Pfeiffer ist mindestens eine Woche, bevor der Transport in Mittenwald ankommt, über seinen letzten Auftrag im Bilde. Sein Stellvertreter, Major Rupert Braun, erinnert sich nach dem Krieg vor Beamten der Bayerischen Landpolizei, Pfeiffer habe ihn bereits »Mitte April« eingeweiht. Womöglich hat sich Pfeiffer den Auftrag sogar direkt in der Reichskanzlei abgeholt, denn Braun bemerkt in seiner Aussage, sein Vorgesetzter sei gerade von einer Dienstreise aus Berlin zurückgekehrt, als er ihm die Verlagerung »wertvoller Gegenstände aus der Reichskanzlei außerhalb des Bereiches der Gebirgsjäger-Schule« angekündigt habe.

Fest steht, daß auch Friedrich Rauch den Aufenthalt in der vermeintlich sicheren Fluchtburg in den Alpen einem ungewissen Schicksal in der von der Roten Armee eingekesselten Hauptstadt vorzieht. In diesen Tagen taucht der Offizier nicht nur mehrfach in der Gebirgsjägerschule auf. Rauch hat auch noch einen anderen Auftrag. Er sucht einen ortskundigen Bergführer, der zwei prominente Vertreter des NS-Regimes und rund zwanzig Offiziere des Wehrmachtsführungsstabes in solch einsame Höhen bringen kann, daß sie für einige Zeit vor unliebsamen Nachstellungen, etwa durch amerikanische Militärpolizei, geschützt sind. Auch hier bietet Kamerad Pfeiffer seine Hilfe an.

Und so steht Rauch, einen Tag nachdem die Lkws in der Kaserne angekommen sind, vor dem Sanitätsobergefreiten Josef Veit. Der Jäger kennt sich in den Bergen um Mittenwald bestens aus. Er soll Walther Funk, Hans Heinrich Lammers, Rauch und die Wehrmachtsoffiziere auf die abseits gelegene Fereinsalm (sic!) führen. Rauch trägt schon Zivil, seine Haltung ist jedoch gewohnt militärisch: »Fassen Sie Verpflegung, und halten Sie sich bereit!« schnarrt er Veit an, »dann bekommen Sie Ihre Entlassungspapiere.« Doch der Jäger fürchtet sich mehr vor der amerikanischen Militärpolizei als vor einem SS-Bonzen, der seine Uniform schon nicht mehr trägt. Was machen die Amerikaner mit einem deutschen Sanitäter, den sie mit einer Waffe erwischen? Zum befohlenen Treffpunkt erscheint Veit jedenfalls nicht. Er verschwindet allein in die Berge. Funk und Lammers müssen das Kriegsende in Berchtesgaden abwarten.

Die Vorbereitungen Pfeiffers verlaufen hingegen gewohnt präzise. Und auch hier helfen ihm seine glänzenden Kontakte. Selbst aus den Schlierseer Bergen stammend, weiß der Offizier, daß niemand im waldreichen Oberland bessere Verstecke kennt als die Förster. Und so nimmt der Oberst irgendwann in diesen Tagen Kontakt zu seinem jungen Hauptmann Hans Neuhauser auf, der in seinem Elternhaus schwere Verwundungen auskuriert – im Forsthaus Einsiedl, am Walchensee.

Der Schatz vom Steinriegel

Selbst in den letzten Tagen des Krieges gleicht der Walchensee, zu Füßen des Ester- und des Karwendelgebirges, einer Postkartenidylle. Benediktenwand und Herzogstand begrenzen ihn im Norden; die malerische Südspitze mit dem Örtchen Einsiedl ist eingerahmt von den bewaldeten Erhebungen Steinriegel und Klausenkopf. Die Frage ist nur, was geschehen wird, wenn die Amerikaner die Verteidigungslinien an der Kesselbergstraße, die vom Kochelsee hinauf zum Walchensee führt, erreichen. Sprengladungen könnten die Straße in die Luft jagen. Zwar ist Ende April 1945 unter den Gebirgsjägern aus Mittenwald, die diese Stellung halten sollen, keiner mehr, der bereit wäre, sie zu zünden. Aber es gibt durchziehende SS-Einheiten, die mit ihrem Durchhaltewillen noch ein Blutbad anrichten könnten.

Trotzdem bleibt jener Lastwagen aus Mittenwald, der am Morgen des 25. April den Walchensee erreicht, unbehelligt. Der junge Hauptmann Heinz Rüger läßt ein schwerbeladenes Fahrzeug Richtung Einsiedl steuern. Sein Vorgesetzter, Major Braun, hat ihn für diese Fahrt abkommandiert: Die letzte Etappe des

Transports des Reichsbankgoldes soll es sein. Weiter geht es auf vier Rädern nicht mehr. Zum Versteck in den Bergen muß der Schatz getragen werden. Oberst Pfeiffer persönlich sei vor Ort gewesen, heißt es, um geeignete Punkte zu erkunden.

Rüger hat in diesen letzten Tagen viele Gerüchte gehört. Doch die Geschwätzigkeit der einfachen Soldaten ist ihm zuwider. Gerade hat er seinen Fahrer Heigl noch einmal zur Geheimhaltung vergattert. Heigl hat aus dem fahrenden Lkw dem Fuhrmann Pinzl einige Goldbarren als Tauschobjekt angeboten. Der Mann mit dem Spitznamen »Saupinzl« solle ihm eines von seinen Schweinen, wenigstens aber etwas Schweinefutter dafür geben. Rüger selbst kann schweigen, wie es scheint. Nicht einmal seiner Frau erzählt er von der Goldmission. Auch all die Jahre nach dem Krieg behält er sein Wissen für sich. Erst mehr als fünf Jahrzehnte später wird Brigitta Rüger, »völlig ahnungslos«, betont sie, diese Geschichte aus den Akten erfahren, und wie ihr Mann schließlich doch einmal, ein einziges Mal, sein Schweigen brach.

Doch vorerst verläuft alles nach Plan: Der Schatz der Reichsbank wird ins Forsthaus Einsiedl gebracht. Sodann wird die Parole »Schießübung in den Bergen« ausgegeben. Eine anscheinend perfekte Tarnung, denn jeder weiß, daß der Krieg in der Heimat eilig vorbereitet werden muß, auch wenn ihn niemand mehr will. Die Amerikaner sind nicht mehr aufzuhalten. Sie stehen vor Ingolstadt und Augsburg; einige Einheiten stoßen nach München vor. Und im Alpenvorland, zumindest im Raum Garmisch, scheint sich kein Widerstand zu formieren.

Doch nicht nur deshalb bleibt Hauptmann Heinz Rüger so schweigsam. Ihn stört der Mann, der neben ihm auf dem Lkw Platz genommen hat. Der Reichsbankbeamte spricht kaum ein Wort. Aber Rüger ahnt, daß Georg Netzeband schwere Tage hinter sich – und kaum leichtere vor sich hat. Am Abend zuvor sind Netzeband und Polizeioberleutnant Krüger, nach einer dreitägigen Irrfahrt, die sie bis nach Bad Tölz zu Walther Funk geführt hat, müde und frustriert in Mittenwald angekommen.

Tagelang sind sie hilflos dem Schatz hinterhergelaufen, für den sie in Berlin die Verantwortung übernommen haben. Das Reichsbankgold haben sie nun im Offizierskasino wiedergefunden. An diesem Abend in der Kaserne schließlich haben sich die Wege von Netzeband und Krüger getrennt. Netzeband hat das Transportkommando entlassen, und der Polizeioberleutnant ist nach Huglfing zurückgekehrt, wo er seine Familie nach dem Verlust des Goldes untergebracht hat. Dort wollen die Krügers eine neue Heimat finden. Nach Berlin zieht es sie nicht zurück.

Für Georg Netzeband geht die Geschichte so unglücklich weiter, wie sie begonnen hat. In der Kaserne hat ihm Oberst Pfeiffer deutlich zu verstehen gegeben, daß seine Gebirgsjäger – allesamt tüchtige Offiziere, wie er mehrfach betont hat – das Gold nun übernehmen würden. »Sonst dürfe niemand etwas davon erfahren«, so erinnert sich Netzeband in seinem Protokoll an die Aussage Pfeiffers. »Es solle uns gegenüber kein Mißtrauen sein, aber auch wir müßten ausgeschaltet werden, und mit der Übernahme der Werte in Mittenwald sei unser Auftrag erledigt.«

Eine Quittung für die Übernahme verweigert Pfeiffer jedoch. »Das war völlig unmöglich«, betont der Oberst a.D. vierzig Jahre später im Interview mit Ian Sayer, »es gab für mich keinerlei Anlaß, jeden einzelnen Goldbarren nachzuzählen.«

Doch das Gold aus den Händen gegeben zu haben, ohne Nachweis für welche künftigen Autoritäten auch immer …? Die Nöte des Georg Netzeband sind leicht vorstellbar. Außerdem hat eine hastige Inventur im Mittenwalder Offizierskasino Verluste zutage gefördert: Ein Sack mit zwei Barren Gold ist verschwunden.

Und so erreicht Georg Netzeband – um zwei Goldbarren ärmer, aber um einige Probleme reicher – gemeinsam mit Hauptmann Heinz Rüger und einem immer noch beträchtlichen Schatz auf der Ladefläche die Einfahrt des Forsthauses Einsiedl. Ein altbayerischer Satteldachbau, am Giebel und unter dem Dach mit Schnitzereien reich verziert, beherbergt seit 1880 die Förster vom Walchensee. Hier sieht Netzeband den Schatz zum letzten Mal. In der sogenannten Zerwirkkammer an der Südwestseite des Hauses zerteilt Johann Neuhauser senior normalerweise erlegtes Wild; die zweigeschossige Tenne birgt Stroh bis unters Dach. Doch nach dem geheimen Besuch von Oberst Pfeiffer bei der Försterfamilie ein paar Tage zuvor hat Neuhauser Platz geschaffen. Das Reichsbankgold, die Devisen, das Papier und die Druckstöcke für Reichsmark werden hier eingelagert, bevor sie, unquittiert, in den Bergen und damit endgültig aus der Verantwortung des Reichsbank-Oberkassiers verschwinden. Dafür zu sorgen, hat Pfeiffer den jungen Neuhauser, Hauptmann der Gebirgsjäger, bestimmt.

Dem schmeckt diese Aufgabe so kurz vor Kriegsende gar nicht, wie er später bekennt. Denn die Diskretion in dem Verschwiegenheit versprechenden Einsiedl ist längst dahin, und gleichzeitig wachsen im Forsthaus die Schätze wie die Trauben im Schlaraffenland: Unter den Augen unbeteiligter Zivilisten fährt beleibe nicht nur der Schatztransport aus Berlin vor. Aus München schickt Reichsbankrat Fritz Mielke 25 Kisten mit Goldbarren. Elf Kisten mit unbekanntem Inhalt, aber einschlägig hohem Gewicht werden aus Berchtesgaden angeliefert, der Absender ist Walther Funk. Außerdem beobachtet die Widerstandsgruppe »Turicum« einen Transport von zwanzig angeblich wasserdichten Behältern, die ein Fahrer namens Willi Hormann bringt. Die Reichsbank München läßt sechs Kisten mit dänischen Goldmünzen folgen.

So beherbergen die Neuhausers in ihrem Forsthaus plötzlich weit mehr als die ursprünglichen Werte aus Berlin. Deren Buchhalter, Georg Netzeband, der in diesen Tagen zwischen Mittenwald und Einsiedl pendelt, scheitert an zwei Aufgaben: Weder bekommt er irgendeinen Beleg – nicht von Franz Pfeiffer noch von einem anderen beteiligten Offizier –, noch vermag er den Überblick über den Schatz zu behalten, der allmählich irgendwo auf dem Steinriegel verschwindet.

Andere beobachten hingegen genau, wie aus dem malerischen Forsthaus ein überdimensionaler Tresorraum in rustikalem Ambiente wird. Eine Gastwirtsfamilie aus München ist im Forsthaus einquartiert. Bombenangriffe haben die Wohnung der Forstreichers zerstört und die Familie aus der Stadt getrieben. Hans Forstreicher sieht beim Verladen nicht nur die kleinen, schweren Jutesäcke mit der Aufschrift »Reichsbank Hauptkasse Berlin«. Dem Volkssturm-Mann begegnet eines Nachts bei einem Kontrollgang eine Gebirgsjägerkolonne mit Mulis, den typischen Tragtieren. Bisher hat Forstreicher noch an die Legende von der »Schießübung« geglaubt. Aber als er die Soldaten nach ihren Ausweisen fragt und sich die Männer in den abgerissenen Mannschaftsuniformen als hochrangige Offiziere namens Neuhauser, Rall oder Rüger zu erkennen geben, zählt er eins und eins zusammen. Die Lieferungen, die fremden Zivilisten, die Sprengungen am Steinriegel in den Nächten zuvor, die Sperrung des Waldgebietes selbst für ihn, den Volkssturmmann, und jetzt diese getarnte Kolonne – der Schatztransport muß begonnen haben. »Auf den Steinriegel sollten wir das bringen, möglichst weit rauf, und dort vergraben und gut tarnen«, erinnert sich der beteiligte Hauptmann Rall in einem Interview wenige Jahre vor seinem Tod.

Nur rund eine halbe Stunde Fußmarsch vom Forsthaus entfernt liegen die frisch ausgehobenen Depots, die wie kleine Bunker angelegt sind: Drei mal drei Meter breit und mannstief, dabei sorgfältig mit Holz ausgekleidet – das sind die Ausmaße des Verstecks, in dem das Gold aus Berlin unter die Erde gebracht werden soll. Zwei weitere Löcher in der Umgebung, ebenfalls von stattlicher Größe, haben die Gebirgsjäger für den Rest des Schatzes vorgesehen.

Obwohl die zähen Mulis 200 Kilogramm Gewicht tragen können, dauert es drei Nächte, bis alle Werte in den Depots liegen. Zeit genug, das Reichbankgold endgültig zum Dorfgespräch zu machen. Die Bäuerin Irene Öttl steht nachts in der Stube des

Obernacher Hofs und betrachtet fasziniert die Maultierkolonnen auf den Steinriegel.

»Davon hat sie immer erzählt«, sagt ihre Tochter Evi Sturm, »denn das war keine gewöhnliche Mulikolonne. Das letzte Tier war weiß. Ein weißes Muli.«

Leichte Beute

Am Morgen des 28. April 1945 – ein Datum, an dem kein hoher Vertreter des NS-Regimes mehr Grund zur Freude hat – bekommt Walther Funk in seiner Fluchtburg »Berger Hof« bei Bad Tölz unerwarteten Besuch und eine gute Nachricht. Oberst Franz Pfeiffer persönlich hat sich angekündigt, um dem Präsidenten der Reichsbank mitzuteilen, daß in der vergangenen Nacht die letzten Werte des Reichsbankschatzes sicher in den Bergen um den Walchensee vergraben worden seien. Ob Pfeiffer nun, wie der Zeuge Forstreicher gesehen haben will, an der Vergrabung beteiligt war oder sich, wie er selbst behauptet, einem Funkspruch des Führerhauptquartiers (»Das Schicksal der Festung Alpen liegt in Ihrer Hand«) beugt und in der fraglichen Zeit die Front zwischen Füssen und dem Tegernsee als Kommandeur übernimmt – in jedem Fall weiß niemand besser als er, daß der Reichsbankschatz auf dem Steinriegel zwar gut getarnt, wegen der vielen Mitwisser aber alles andere als sicher liegt.

Pfeiffer zeigt seine Zweifel an diesem Morgen nicht. Funk gibt sich erfreut über den schnellen Erfolg – und meldet selbst eilig Bedarf an. Devisen könnten in Zukunft, »für die spätere Ankurbelung der Wirtschaft«, hilfreich sein, wie Funks Adjutant, August Schwedler, die Begründung seines Chefs erinnert. Ob es für eine schnelle Lieferung von Devisen aus den Depots schon zu spät sei, will Funk wissen, der Schweizer Franken bevorzugt. Pfeiffer verspricht, diese Werte den Beständen am

Steinriegel entnehmen zu lassen. Zurück in Mittenwald, schickt Pfeiffer seinen Stellvertreter, Major Braun, mit diesem speziellen Versorgungsauftrag auf den Steinriegel.

Neben Braun und einem weiteren Gebirgsjäger-Offizier klettern auch die beiden Reichsbankbeamten Schwedler und Netzeband bei strömendem Regen – ein Kälteeinbruch hat das Wetter im gesamten nördlichen Alpenraum spürbar verschlechtert – den Steinriegel hinauf. Daß zwei Zivilisten zu den Depots geführt werden, stellt einen weiteren schweren Bruch der vom Oberst befohlenen Geheimhaltung dar. Beeindruckt schildert Schwedler Jahre später, wie »außerordentlich gut getarnt« der Einlagerungsort gewesen sei: »Ich befand mich plötzlich auf ihm, ohne es zu merken. Ich wurde noch gefragt, ob ich nicht irgend etwas Besonderes sähe. Als ich das verneinte, hieß es, daß wir angelangt seien.«

Nicht ohne Stolz scheint Braun die sorgfältig angelegten Verstecke den Reichsbankbeamten – in den Augen Pfeiffers unbeteiligten Zivilisten, die es »auszuschalten« galt – regelrecht vorgeführt zu haben. Jedenfalls steigt Netzeband persönlich in eine der mannstiefen Gruben und sammelt laut Schwedler »drei oder vier« Beutel mit Devisen aus dem Depot. Netzeband hakt die Beutel auf seiner Liste ab, und das Geheimnis um die Verstecke ist endgültig verbrannt.

Schwedler wird seinem Chef ein üppiges Geschenk bescheren. Denn als die Beamten die Beutel in Mittenwald zum ersten Mal öffnen, entdecken sie statt der bestellten Schweizer Franken 87 000 US-Dollar und 10 000 englische Pfund. Und dann wartet in der Kaserne außerdem eine schöne Überraschung in Gestalt eines verkohlten Jutesacks, der zwei Goldbarren birgt. Genau jene Barren mit den Registriernummern 41919 und 41920, die Georg Netzeband vor dem Transport nach Einsiedl als verschwunden registriert hat. Beim Versuch, den Ofen im Offizierskasino anzuheizen, hat der Reichsbanksekretär Will, anstatt Holz zu verbrennen, einen Sack versengt, der dort offenbar versteckt worden war, und anschließend zum großen Erstaunen der Beteiligten die beiden Barren aus dem verrußten Ofen geborgen.

August Schwedler ist ganz und gar nicht angetan von der Aussicht, bei diesem Wetter noch einmal auf den Steinriegel klettern zu müssen und die Goldbarren in ihre Depots zu bringen. Kurzerhand stopft er Barren und Geld in seine Aktentasche, um sie bei seinem Vorgesetzten auf dem Berger Hof abzuliefern. Aus diesen Kostbarkeiten wird in den nächsten Tagen eines der vielen bis heute ungelösten Rätsel um den Reichsbankschatz. Funk selbst, der in diesen Tagen seinen übermäßigen Alkoholgenuß kaum mehr zu verbergen vermag, hat von den Schätzen nichts mehr. Gut 60 000 Dollar läßt kurz nach Kriegsende der Berchtesgadener Landrat Karl Jacob verschwinden, dem Funk die Devisen Anfang Mai anvertraut. Der Rest fällt amerikanischen Soldaten in Berchtesgaden in die Hände. Bei ihrer zuständigen Dienststelle, der »Federal Exchange Depository« in Frankfurt, wird allerdings nie eine entsprechende Einlieferung quittiert. Es wird nicht der letzte Schatzfund in den bayerischen Bergen sein, der in den Taschen amerikanischer Soldaten verschwindet.

Auch die beiden Goldbarren Nr. 41919 und 41920, die aufgrund nie geklärter Umstände im Ofen des Mittenwalder Offizierskasinos deponiert wurden und dank der Wetterfühligkeit eines Reichsbankbeamten nicht in den Depots am Steinriegel landeten, nehmen einen verschlungenen Weg, der den Wirren der Zeit entspricht. Ihre Spur wird sich nach Walther Funks Gefangennahme ebenfalls bei amerikanischen Soldaten verlieren, und niemand wird sie vermissen – bis sie Jahrzehnte später wieder Gestalt annehmen: erst in der Einbildungskraft des britischen Forschers Ian Sayer und schließlich ganz real in den Tresoren der Bank von England.

Nach dem unerwünschten Besuch der Zivilisten Schwedler und Netzeband ist es mit der Ruhe auf dem Steinriegel ohnehin vorbei. Oberst Franz Pfeiffer behauptet nach dem Krieg, mit den Mulitransporten zum Steinriegel sei seine Rolle in dem Drama um das Reichsbankgold erschöpft gewesen; er habe von da an den Abwehrkampf gegen die Amerikaner zu organisieren gehabt. Doch wenn sich die ihm damals untergebenen Offiziere wie Hauptmann Hans Neuhauser korrekt erinnern, war Pfeiffer in diesen letzten Apriltagen nicht nur an der Front bei Murnau, den Stellungen am Kesselberg oder in der Lazarettstadt Garmisch präsent; dann hat er sich auch in einer abgelegenen Diensthütte am Klausenkopf aufgehalten, jener Erhebung hinter dem Steinriegel, die den Walchensee vom Isarbett trennt.

Der Mittag des 29. April – irgendwann zwischen 12 und 13 Uhr. Kaum hat August Schwedler sich wieder auf den Weg Richtung Berger Hof gemacht, versammelt Pfeiffer seine Offiziere in der Hütte am Klausenkopf. Auch Friedrich Rauch erscheint zu dem Treffen, wie Hauptmann Neuhauser nach dem Krieg aussagt. Die Offiziere tragen Zivilkleidung, die sie wie Waldarbeiter aussehen läßt. Die Amerikaner stehen bereits vor Garmisch, und keiner der Anwesenden denkt daran, den Krieg mit Waffen fortzusetzen. Eine Aufgabe bleibt ihnen noch: Der Schatz muß raus aus den Depots am Steinriegel. Zu viele Mitwisser gefährden die Diskretion des Verstecks. Pfeiffer erteilt seinen Offizieren einen Befehl, von dem allerdings einige nach dem Krieg nicht mehr sagen können, ob er tatsächlich dem Wohl des künftigen Vaterlandes oder dem ausgesuchter Beteiligter diente. Nicht die Goldbarren – die sind zu schwer und in der Kürze der Zeit nicht mehr sicher umzulagern –, doch die Devisen und die anderen Werte sind in neue, höhergelegene Depots zu verbringen.

Blechbehälter aus Beständen des Heeres bergen jetzt, witterungsfest verpackt, Dollarnoten und andere Devisen. Pfeiffer schickt seine Leute in drei Gruppen auf die benachbarten Gipfel des Estergebirges, an weitaus abgelegenere Stellen als die Depots am Steinriegel, die in einem gemütlichen Waldspaziergang zu erreichen sind. Jede der Gruppen kennt nur ihr eigenes Ziel. Ob Pfeiffer über alle drei Verstecke informiert ist, hat nie jemand erfahren. Überhaupt bleibt dieser Teil der Geschichte des Reichsbankgoldes bis heute weitgehend im Dunkeln.

Im Gegensatz zum Steinriegel-Transport führt an diesem Nachmittag niemand Protokoll; nur wenige Gebirgsjäger ahnen, wie viele neue Depots auf welchen Bergen angelegt worden sind. Pfeiffer hält die Zahl der Beteiligten gering. Der ungeliebte Major Braun, der tags zuvor die Zivilisten zu den Depots geführt hat, hört erst nach dem Krieg vom geheimen Treffen am Klausenkopf. Auch Hauptmann Heinz Rüger, sein Adjutant, ist nicht dabei – was noch ungeahnte Konsequenzen haben sollte.

Die Männer, die an diesem Nachmittag im Estergebirge einen schon sicher geglaubten Schatz erneut verstecken, werden ihr Wissen gut hüten. Ihr Schweigen wird viele Jahre lang das Rätsel um den Schatz der Reichsbank nähren. Erst ein kleiner Hinweis eines beteiligten Leutnants wird Jahrzehnte später zu einer unscheinbaren Markierung in einer Wanderkarte werden: ein echter Tip im Meer der Spekulationen.

Am Nachmittag trifft sich die Runde erneut in der Diensthütte. Mit ernster Miene verpflichtet Oberst Franz Pfeiffer die Männer auf eine Legende über das Schicksal des Reichsbankgoldes, die neugierigen Fragestellern, zum Beispiel amerikanischer Militärpolizei, nahegebracht werden soll: Verbände der SS hätten den Schatz bei ihrem Rückzug in die Alpenfestung an sich genommen. Dann schüttelt er jedem seiner Männer die Hand. Verpflegungsrationen und das letzte Bargeld – wohlgemerkt Reichsmark aus der Regimentskasse – werden verteilt. Hauptmann Lüder von Blücher erhält noch einen letzten Auftrag. Er soll in Garmisch falsche Pässe für Pfeiffer und Rauch besorgen.

Denn während der Oberst seine Männer mit einem »Gott behüt' euch« den Berg hinunter in die amerikanische Gefangenschaft schickt, zieht er es vor, erst einmal unerkannt in den Bergen zu leben. »Ich hatte keine Lust, in meiner Heimat gefangen zu werden«, wird er Jahrzehnte später zu Protokoll geben, »ich lebte das Leben eines Partisanen.«

An diesem Tag gehen die Offiziere der Gebirgsjägerschule Mittenwald die Wege, die fast alle deutschen Soldaten in der »Alpenfestung« im Angesicht der Niederlage beschreiten. Sie steigen entweder in die Täler hinab, um sich den amerikanischen Verbänden zu ergeben, oder sie leben, oft noch unter Waffen, aber in Räuberzivil in den Bergen – nicht um als »Werwolf«-Partisanen weiterzukämpfen, sondern um der Gefangenschaft zu entgehen. Mehr als 7000 deutsche Soldaten werden erst Monate nach Kriegsende in Tirol, der französischen Besatzungszone, demobilisiert.

Dennoch laufen an diesem 29. April 1945 den Panzerspitzen der 10th Armored Division in Scharen deutsche Soldaten entgegen, die sich ergeben wollen. Die letzten Kriegstage haben die amerikanischen Soldaten als beinahe ungebremsten Vormarsch erlebt. In den Ardennen, am Rhein und in Baden hatten sie noch furchtbare Verluste hinnehmen müssen. Doch südlich von Heidelberg und Mannheim gibt es keinen nennenswerten Widerstand mehr. Wie es ihr Kommandeur befohlen hat, liefern sie sich mit der deutschen Wehrmacht keinen Kampf, sondern eine Verfolgungsjagd – »bis zu 30, 40 Meilen am Tag, und das mit 80 000 Mann. Ich fuhr in meinem Jeep und habe die deutschen Soldaten einfach nur nach hinten durchgewunken«, erinnert sich Les Nichols, Stabsoffizier der 10th Armored.

Die GIs lernen alle Gesichter kennen, die für Nazi-Deutschland in dieser Zeit so typisch sind. Auf ihrem Marsch Richtung Alpen begegnen ihnen freundliche Zivilisten und kriegsmüde Soldaten, die nicht den befohlenen Kampf bis zur letzten Patrone ausfechten, sondern überleben und nach Hause wollen. »Und das wollten wir auch. Man mußte keine Angst vor durchgedrehten Fanatikern haben. Das war hier nicht wie im Pazifik«, sagt William Foley, damals ein Corporal der 55th Armored Engineers. Die Amerikaner spendieren Kaugummi und Hershey-Schokolade. In München, der »Hauptstadt der Bewegung«, werden ihnen Frauen Blumen in die Hand drücken.

Aber es gibt auch Dachau. Als der 22jährige Corporal Dustin Aughenbaugh wenige Stunden nach der Befreiung das Konzentrationslager betritt, spürt er zum ersten Mal »das Gefühl von abgrundtiefem Haß«. Hier begegnet ihm der Tod in allen Formen. Leichen auf der Erde, Leichen in den Baracken, noch warme Verbrennungsöfen, Aschehaufen dahinter. Vor allem aber die lebenden Toten, die überall, wenn sie noch gehen können, apathisch wie dürre Geister durch das Lager wandeln. Oder bewegungsunfähig daliegen, fast verhungert. »Und du konntest nichts machen. Wir durften ihnen auf keinen Fall zu Essen geben, das hätten sie nicht vertragen«, erinnert Aughenbaugh. Daß sie SS-Wachen selbst erschossen oder den überlebenden Häftlingen überlassen haben, empfinden viele der Zeugen von Dachau bis heute als gerecht.

Bei der Eroberung der »Alpenfestung« scheuen die Amerikaner jedes Risiko. Als die Panzerspitzen das Werdenfelser Land erreichen, wird ein Luftangriff auf Oberammergau, Garmisch und Innsbruck befohlen. Dabei haben einige Gebirgsjäger-Offiziere beschlossen, die Region nicht mit Waffen zu verteidigen. Nur mühsam kann der junge Major Michl Pössinger, der den Truppen mit einer weißen Fahne bei Oberammergau entgegengeht, die Amerikaner dazu bewegen, den Angriff abzublasen. Pössinger kennt die Situation in Garmisch nur zu gut. Die Stadt sei überfüllt mit Verwundeten und Flüchtlingen. Die Garnison werde sich kampflos ergeben, wiederholt Pössinger hartnäckig – und muß sich auf ein gefährliches Spiel einlassen. Er wird an den ersten Panzer gebunden, der nach Garmisch rollt. Als der Konvoi am Nachmittag des 29. April vor dem Rathaus zum Stehen kommt, ist kein Schuß gefallen.

Währenddessen schickt Oberst Franz Pfeiffer in einem Gasthaus in der rückwärtigen Jachenau erneut Gebirgsjäger nach Hause. Diesmal jene, die in Mittenwald die Stellung gehalten und den Stab der Gebirgsjägerschule noch einmal hierher verlegt haben. Niemand wird mehr kämpfen. Pfeiffer verschwindet nun endgültig in den Bergen – aber nicht aus der Geschichte des Reichsbankschatzes. In Garmisch richtet die 10th Armored Division ihr Hauptquartier ein. Keiner der Soldaten ahnt, daß sie auf ihrem weiteren Weg in die »Alpenfestung« angenehmeren Hinterlassenschaften begegnen werden als kämpfenden Wehrmachtseinheiten.

Im Rücken der Front reist bald ein amerikanischer Lieutenant aus Frankfurt Richtung Süden. Herbert DuBois arbeitet im SHAEF, dem alliierten Oberkommando in Europa, in der »Finance Division«. Über zerstörte Straßen und leere Autobahnen fährt DuBois in das besetzte München. Von einigen Vernehmungen erhofft er sich Aufschluß über eine Frage, die seit dem Coup von Merkers die Ermittler des »Gold Rush Teams« kaum mehr zur Ruhe kommen läßt: Wo sind die letzten Reserven der Reichsbank? Kleine Erfolge hat das »Gold Rush Team« bereits verbuchen können: eine Handvoll Barren in Halle, einige Säcke Goldmünzen in Plauen (dazu mußte man allerdings erst die Trümmer der Reichsbankfiliale wegsprengen, die Leiche des Kassiers eingeschlossen) und andere kleine Funde. In München allerdings will DuBois mehr: Über zwanzig Reichsbankbeamte, allesamt auf den Sonderzügen »Adler« und »Dohle« aus Berlin evakuiert, sollen über den letzten großen Schatz der Reichsbank aussagen.

Bei einem hat DuBois Erfolg. Fritz Mielke ist ein Kronzeuge in schlechter Verfassung. Er leidet anscheinend schwer unter dem Trauma der Niederlage und der verlorenen Zukunft. Die Vernehmer treffen in diesen Tagen viele Gefangene, einst in wichtiger Stellung, in diesem Zustand an. Aber Bankrat Mielke verfügt über umfangreiches Wissen; er hat schließlich eigenhändig 25 Kisten mit Gold aus der Reichsbank Konstanz übernommen und von München nach Einsiedl geschafft. Er hat den Schatz gesehen und kennt die Beteiligten. Bereitwillig, vor allem aber: nicht mehr fähig, dem Druck der Befragung zu widerstehen, nennt er DuBois einige Schlüssel zur Lösung des Schatzrätsels: Mittenwald, Forsthaus, Pfeiffer.

Eine Aussage mit Domino-Effekt. Herbert DuBois' Reiseroute führt ihn in den folgenden Wochen kreuz und quer durch das besetzte Bayern. Der Ermittler spricht alle relevanten Zeugen vom Minister Funk bis zum Sanitätsobergefreiten Veit – sofern sie sich in den Händen der Besatzungsmacht befinden. In Augsburg vernimmt er gleich zwei gescheiterte Würdenträger des Dritten Reichs, der eine auf Alkohol-, der andere auf Kodeinentzug: Walther Funk und Hermann Göring, der von der wahren Geschichte keine Ahnung hat und empfiehlt, DuBois solle sich lieber Funks Assistenten Schwedler vornehmen.

DuBois sammelt viele Details. Wichtige Fragen kann er allerdings nicht beantworten: Wo steckt Pfeiffer? Wo ein Beamter namens Netzeband? Die anderen ehemaligen Offiziere der Gebirgsjäger? Herbert Du Bois fügt seinem Bericht ein Memo bei: »Schlage vor, Sie betrachten dies als ein Ziel mit höchster Priorität angesichts der Tatsache, daß der Schatz wahrscheinlich zehn Tonnen Gold und mehr als zwei Millionen US-Dollar umfaßt.«

Das Schreiben erreicht Captain Walter R. Dee, Sektion Aufklärung im Hauptquartier der 10th Armored Division in Garmisch-Partenkirchen. Dort begreifen die Amerikaner erst langsam, welche besonderen Schätze sie unter ihren Gefangenen hüten. Seit dem 22. Mai sitzen der ehemalige Hauptmann Heinz Rüger und viele seiner Offizierskollegen erst in den Arrestzellen der Gebirgsjägerschule, dann im Gefängnis des Amtsgerichts Garmisch in Haft. Rüger, jener schweigsame Adjutant, der das Gold von Mittenwald nach Einsiedl gebracht hat und von dort auf den Steinriegel, wird in der Gefangenschaft grob behandelt. Lange hält er dem Druck stand.

Am 6. Juni wird Rüger erneut vorgeführt. Die Vernehmer sind wieder einmal verärgert, denn zu oft haben sie das Märchen von den SS-Einheiten gehört, die den Schatz angeblich mitgenommen hätten. Längst haben sie andere Informationen. »Man wußte, daß ich nach der Vergrabung mit schmutzigen Stiefeln zur Lehrgruppe gekommen bin, daß ich mit dem Kraftfahrer H. zweimal Gold zum Forsthaus gefahren hatte. Ich mußte unter dem erdrückenden Beweismaterial zugeben, an dem Transport beteiligt gewesen zu sein.« Nach dem offiziellen Ende des Krieges wird Rüger einen umfassenden Bericht zu seiner Rechtfertigung an ehemalige Vorgesetzte schreiben. Das Reichsbankgold wird seinen Ruf ruinieren.

Von all dem ahnt Brigitta Rüger nichts, als am Abend des 6. Juni amerikanische Militärpolizei an die Tür klopft. »Die wollten die Bergstiefel meines Mannes«, erinnert sie sich heute. Ein deutscher Zivilist sei auch dabeigewesen. Es ist Josef Veit, der ortskundige Jäger und ehemalige Sanitätsobergefreite.

Am nächsten Morgen steigt Veit punkt 6 Uhr am Hotel »Post« in Garmisch in einen amerikanischen Militär-Jeep. Drinnen übergibt er Rüger dessen Schuhe. Eine notwendige Vorsorge, denn die Gruppe bricht nach Einsiedl auf, nachdem sie noch einen Mitwisser aus dem Bett geholt hat: Josef Pinzl, den »Saupinzl«, dem das Gold bei vielen Gelegenheiten zwischen Mittenwald und Walchensee begegnet ist.

Am Forsthaus machen sich die Schatzjäger der C-Company, 55th Armored Engineers Batallion, auf den Weg zum Steinriegel – unter der Führung eines deutschen Jägers, vor allem aber eines ehemaligen Hauptmanns, der immer noch hofft, die Amerikaner täuschen zu können. Als Heinz Rüger erst im Jeep, dann einhundert Höhenmeter zu Fuß die GIs an die Depots heranführt, hofft er, der Schatz sei bereits weg. Er hat von der Klausenkopf-Aktion gehört, an der er nicht hat teilnehmen dürfen.

Die Amerikaner haben Minendetektoren im Gepäck, denn sie fürchten Sprengkörper an den Verstecken. »Das ganze Ge-

Am Steinriegel: Schatzjäger des 55th Armored Engineers Batallion in Begleitung der Deutschen Josef Pinzl und Josef Veit (o. re.)

biet war abgesteckt wie ein Minenfeld«, erinnert sich Dustin Aughenbaugh, »aber plötzlich hieß es, wir suchen jetzt Gold. Da fielen uns die Kinnladen runter.«

Dann spielen die Minendetektoren verrückt. Bekanntlich enthält Gold einen geringen Metallanteil, auf den solche Geräte anspringen. Ein Wurzelstock, nur lose aufgesetzt, wird eilig entfernt. Dann heißt es: »Graben, graben!« Begleitet vom Freudengejohle der Amerikaner werden Jutesäcke sichtbar, Reichsbank Hauptkasse Berlin. Und darin 728 Goldbarren.

Josef Veit, dem die Amerikaner später ein Zeugnis schenken (»wir schätzen seine Dienste«) und einen Jutesack als Souvenir, hat sie noch einmal gezählt. Bevor der Schatz auf Trucks geladen wird und Richtung Frankfurt in amerikanische Tresors verschwindet, feiern die jungen GIs eine Goldparty auf dem Steinriegel. Erinnerungsfotos zeugen vom Fund ihres Lebens.

Staff Sergeant Donald Stefl läßt sich mit Goldbarren auf den Schultern fotografieren. »Wir haben uns mit Gold befördert: ein Barren hieß Lieutenant, zwei machten einen zum Captain.« Andere GIs schlagen sich mit Spaten Goldsplitter, aus denen später Hochzeitsringe werden. Die einzige unrechtmäßige Bereicherung an diesem Tag, denn die Barren landen am Ende vollzählig in den Tresoren von SHAEF in Frankfurt. Die Soldaten freuen sich eher über den seltenen Glanz, den das Gold in ihr Kriegsdasein bringt.

Donald Stefl vergißt es sein Leben lang nicht: »Wir waren noch Kinder, und wir hatten solch furchtbare Dinge im Krieg getan. Wir hatten unsere Freunde verrecken sehen – und jetzt spielten wir mit Goldbarren in dieser wunderbaren Landschaft. Da muß man doch ausflippen.«

Ein deutscher Offizier steht konsterniert im Abseits. Nur ein stiller Trost bleibt Heinz Rüger an diesem 7. Juni 1945: Die Amerikaner haben die Barren gefunden, doch der Rest des Schatzes liegt, vermeintlich sicher, in den Bergen des Estergebirges.

Auf den Spuren der Vergangenheit

Herbstlaub raschelt unter den Stiefeln. Das letzte Wegstück zum Steinriegel steigt steil an, der moosige Waldboden federt unter jedem Schritt. Ihren Jeep haben Ian Sayer, Rudolf Elender und zwei weitere Schatzsucher aus seinem Team am Rande des breiten Forstwegs abgestellt. 300 Höhenmeter tiefer und nur fünf Autominuten entfernt steht noch immer das alte Forsthaus. Das Revier Einsiedl gibt es nicht mehr, der letzte Förster ist 1998 ausgezogen. Heute verbringen Jugendgruppen der Sportschützen hier ihre Wochenenden. In der ehemaligen Zerwirkkammer, die für einige Tage zur letzten Schatzkammer des untergehenden Dritten Reichs wurde, befindet sich nun ein Schießstand.

Der Forscher und die Schatzsucher verlassen den Weg, der hinter dem Forsthaus in den Wald führt, und streifen querfeldein durch das hügelige Gelände. Die vielen Buckel und Mulden rechts und links vom Weg sind charakteristisch für diese Region. Nichts zeugt mehr davon, daß in einer dieser Mulden einmal der Löwenanteil des letzten Reichsbankgoldes vergraben war.

Anläßlich seiner Recherchen zum angeblich größten Raub der Geschichte fuhr Ian Sayer vor über zwanzig Jahren zum ersten Mal in die Region um den Walchensee. Heute reist er ohne Übersetzer, aber mit bayerischen Schatzsuchern. Hätten sie sich damals schon gekannt, sie wären ihm bei Gesprächen mit Zeitzeugen wie dem Fuhrmann Josef Pinzl sehr hilfreich gewesen – denn Sayer ist zwar ein Kenner der deutschen Geschichte, nicht aber der deutschen Sprache und schon gar nicht der bairischen Mundart.

Die großzügig ausgebauten Depots, in denen 728 Goldbarren der Reichsbank vergraben waren, sind heute in der hügeligen Waldlandschaft kaum mehr auszumachen. Die Zeit hat die Spuren getilgt. Vergessen haben die Anwohner die Goldgeschichte deshalb aber noch lange nicht. Sommer für Sommer streifen seltsam ausgerüstete Wanderer durch die Gegend und suchen wie einst die amerikanischen Soldaten das Gelände mit Detektoren ab.

Im Gegensatz zu damals fällt heute keine fette Beute mehr an. Die Wärter im Schrankenhäuschen der Jachenauer Mautstraße machen längst ihre Witze über die seltsamen Spaziergänger: »Wenn's was findets, gebt's uns ein Trum ab!« Trotzdem bleibt die Sache für einige Unentwegte spannend. Wer weiß ...?

Der Landwirt Anton Bräu, der ein Stück Wald zwischen Einsiedl und dem Klausenkopf besitzt, will von der Geschichte nichts mehr hören: »Die graben mir meinen ganzen Wald um! Dabei ist das doch ein Schmarrn. Das ganze Gold, das haben doch die Amerikaner geholt! Die alte G'schicht ist längst abgeschlossen.«

Daß dem nicht so ist, weiß niemand besser als Ian Sayer, der mit Rudolf Elender und seinen Helfern noch einmal den Weg beschreitet, über den im April 1945 erst die schwerbepackten Mulis stapften und nur zwei Monate später amerikanische GIs. Denn hier, an diesen unscheinbaren Mulden im Waldboden, endet die Geschichte tatsächlich noch nicht. »Das Mysterium des letzten Schatzes der Reichsbank ist keineswegs vollständig aufgeklärt. Diese Region birgt noch viele Geheimnisse.« Geheimnisse, die selbst nach über zwanzig Jahren Suche nicht gelöst sind.

Gemeinsam hat sich das deutsch-britische Forscherteam im Obernacher Hof einquartiert. Von diesem Hof aus beobachtete einst Irene Öttl die Mulikolonne auf den Berg; die Nachbarstochter Annie Wolf hörte das Geklapper der Hufeisen. Jetzt betreibt dort Irene Öttls Tochter, Evi Sturm, eine gute Freundin von Rudolf Elender, eine Pension. In der Stube stellt sie Kaffee für die Gäste auf den Tisch, der Kachelofen ist geheizt. Die Legende vom Goldtransport kennt sie seit ihrer Kindheit.

»Ja, von der G'schicht hat's oft erzählt, die Mutter. Wie sie damals die Mulis gesehen hat, das war an ihrem 18. Geburtstag. Und die Löcher, die hat sie mir auch gezeigt, wir gingen da ja immer zum Erdbeerenpflücken. Bisher haben wir immer geglaubt, daß da nix mehr ist, nach so langer Zeit.«

»Am Steinriegel ist auch tatsächlich nichts mehr«, erläutert Sayer und öffnet eine schwarze Dokumentenmappe, »das Hauptdepot mit den 728 Goldbarren haben die Amerikaner ja entdeckt.« Rudolf Elender betrachtet fasziniert vergilbte Fotos von GIs mit Goldbarren in den Händen und strahlenden Gesichtern. »Aber, und das ist die eigentlich interessante Frage«, fährt Sayer fort, »es gab ja noch viel mehr zu entdecken. Wo befindet sich der Rest? Das hier ist eine Liste, die im Forsthaus entstanden ist, die belegt, was alles vergraben wurde.«

Dieses Dokument hat Elender noch nie gesehen. Eine Bilanz, in einer ihm bekannten Handschrift verfaßt, mit einer vertrauten Unterschrift: »für die Richtigkeit: Netzeband.«

Es handelt sich um jene Bestandsaufnahme, die Georg Netzeband am Vorabend des Vergrabens verfaßt hat. Die Schatzsucher sind fasziniert, wie akribisch jeder einzelne Devisenbeutel beschrieben ist.

»Trotzdem fehlt da einiges auf der Liste«, erklärt Sayer und legt Dokumente auf den Tisch, die belegen, was sich noch alles im Forsthaus stapelte: jene elf Kisten von Walther Funk, wahrscheinlich voller Gold, und weitere zwanzig wasserdichte Kisten. Elender beugt sich interessiert über die schwer leserliche Kopie eines Berichts der Widerstandsgruppe »Turicum« an den amerikanischen Ermittler des »Gold Rush Teams«, der weitere Schätze aufzählt.

»Das hat der Netzeband also nicht aufgeschrieben. Entweder hat er den Überblick verloren, oder er wollte nur für Reichsbankeigentum verantwortlich sein«, schlußfolgert Elender. »Aber was wurde denn noch alles gefunden von dem, was hier steht?«

Sayer enthüllt noch eine Erkenntnis. Die Mauer des Schweigens bröckelte auch bei denen, die immer an Treue und Ehre appellierten. Weitere Verstecke wurden nach und nach im Sommer 1945 an die Amerikaner verraten – im Tausch gegen die Freiheit. »Aufgrund der Hinweise des SS-Obersturmbannführers Rauch fanden die Amerikaner vier Kisten und zwei Säcke mit Gold und 49 Devisensäcke«, erklärt Ian Sayer: »Neuhauser verriet das Versteck von zwanzig Kisten, in denen sich Goldmünzen befanden. Und selbst der ehrenwerte Pfeiffer hat Devisenverstecke preisgegeben.«

Rudolf Elender klingt noch immer die Stimme des Mannes im Ohr, der zur Schlüsselfigur des Reichsbankschatzes wurde – Oberst a. D. Franz Pfeiffer, Ritterkreuzträger. Sie haben sich ganz auf seine Stimme konzentriert, denn die Bildqualität des Videobandes, das Ian Sayer einst heimlich mitlaufen ließ, als ihm Pfeiffer ein Interview gewährte, läßt kaum mehr als die Schemen eines alten Mannes erkennen. »Hört's genau zu, vielleicht sagt er ja, wo noch was liegt!« hat Elender gescherzt. Aber jetzt ist ihm klar, der Oberst hat im Gespräch mehr verschleiern wollen, als er preisgibt. Erst Sayers weiterführende Recherchen reißen einen Teil der Machenschaften des ehrenwerten Obersten aus dem Nebel, der die Geschichte des Reichsbankgoldes bis heute umgibt.

Rätsel bleiben. Insgesamt ist ein beträchtlicher Teil des Schatzes bis heute verschwunden – in den Taschen der Amerikaner, der deutschen Gebirgsjäger oder irgendwo im Waldboden hoch über dem Walchensee.

»Wenn ich alle bekannten Funde der Amerikaner mit dem verrechne, was nachweislich vergraben wurde«, meint Sayer, »dann fehlen noch 25 Kisten mit Gold, elf weitere Kisten, wahrscheinlich mit Gold, und einige Säcke voller Devisen. Grund genug, um sich in der Region noch einmal genauer umzusehen!«

Nach der Aussage des Gebirgsjäger-Hauptmanns Hans Neuhauser vor der Bayerischen Landpolizei im Jahre 1951 wurde der Schatz in mehrere neue Depots aufgeteilt. Sogar bis auf einen nahegelegenen Berg im Estergebirge – ein Berg, der von den Schatzsuchern bisher verschont blieb, weil er nie mit dem Gold der Reichsbank in Verbindung gebracht wurde. Aber dieser Berg, und das wird Rudolf Elender schlagartig klar, wurde einmal mit einem Kreuz auf einer Schatzkarte bedacht. Dieses Kreuz entstand aufgrund einer knappen Bemerkung eines Leutnants der Gebirgsjäger, die er bei einem seiner letzten Bergmärsche 1945 beiläufig an einen Waffenkameraden gerichtet hatte.

»Hier haben wir auch was vergraben«, hatte der Mann gesagt, der kurz zuvor von einer letzten Dienstbesprechung am Klausenkopf gekommen war. Dann wollte er, wie so viele, das Kriegsende in den Bergen unbehelligt überdauern.

Der Waffenkamerad des Leutnants wurde Jahrzehnte später ein Informant der Schatzsucher, und sein Tip macht auf einmal Sinn. »Dann steht das, was mir der Gebirgsjäger verraten hat, also doch im Zusammenhang mit dem Reichsbankschatz. Wenn die das wieder aus den ursprünglichen Depots rausgeschafft haben ...«, sagt Rudolf Elender weniger euphorisch als nachdenklich.

Sayer wendet Elenders Schatzkarte in den Händen. Schätze zu jagen, das hieß für ihn bislang akribische Recherche in Archiven – dies führte ihn sogar in die Bank von England, zu jenen zwei verschollen geglaubten Barren aus dem Reichsbankschatz. Das Forschen nach echtem Gold, nicht nach Geschichte, hat er immer anderen überlassen. Aber jetzt, mit dieser Karte des verstorbenen Gebirgsjägers in der Hand, läßt auch er sich vom Jagdfieber der Schatzsucher anstecken. »Wer heute so einen Hinweis hat, der hat einen ziemlich guten Grund, noch mal ganz genau nachzusehen!«

Goldgräber

Es gibt Momente, in denen bleibt die Zeit stehen. Zumindest weiß man, daß sich dieser Moment für immer und unauslöschlich ins Gedächtnis prägt. Vier Männer stehen schwerbepackt auf einer Bergkuppe und sind für einen kurzen Augenblick ganz vom Zauber der Gegenwart gefangen. Gerade schiebt sich die Sonne über die gezackten Felsen. Aus Joch- und Fischberg wächst im Süden der Wetterstein, dann das Karwendelgebirge, das hinter sich den Alpenhauptkamm erahnen läßt. Der Walchensee liegt weit unten, noch von Nebelschwaden bedeckt. Über Nacht ist Neuschnee gefallen. Die Sonnenstrahlen verwandeln die steilen Hänge in eine glitzernde, unberührte Märchenlandschaft, in die noch nie ein Mensch einen Fuß gesetzt zu haben scheint.

Die Nacht haben die Schatzsucher in einer Forstdiensthütte auf 1600 Meter Höhe im Estergebirge verbracht. Von hier aus starten sie die Expedition, die dem Berg seine letzten Geheimnisse entlocken soll. Die Strapazen des Aufstiegs sind vergessen. Die Männer spüren die Kälte nicht und nicht das Gewicht der Rucksäcke. Die Vorfreude, das Jagdfieber hat sie gepackt. Vielleicht sind sie nur noch wenige Höhenmeter vom Ziel ihrer Träume entfernt, vom großen Schatz, dem letzten Gold der Reichsbank. Zumindest sind sie ihm auf der Spur, und diese Spur ist heiß, auch wenn die Kälte ihren Atem gefrieren läßt.

Vor zwei Nächten haben sie sich zu der letzten Besprechung ihrer Schatzsuche im Obernacher Hof getroffen. Da hat Rudolf Elender zwei große Schwarzweißfotos entrollt. Leicht verschwommen zeigen sie die Konturen eines Berges von oben; als graue Fläche den Walchensee, das Forsthaus Einsiedl, den Steg und das Bootshaus davor; als geschlängelte weiße Linie die Straße nach Mittenwald. Es sind Luftbilder aus dem Jahr 1945, angefertigt von amerikanischen Piloten. Rudolf Elender hat sie im Landesvermessungsamt aufgespürt.

Ein Fenster in die Vergangenheit für die Schatzsucher Rudolf Elender und seine Kollegen Hans Schlegel und Peter Mayer: Über diese Straße führten die Gebirgsjäger die Mulis nach Einsiedl. Dort ist der Hof von Irene Öttl zu erkennen, die den Mulitransport auf ihrem Weg zum Steinriegel vom Fenster aus beobachtete. Dies ist die Landschaft, wie die Gebirgsjäger sie mit ihrer schweren Last durchwandert haben. Hier vergruben sie ihre Schätze, von denen immer noch Teile fehlen.

»Man hat bisher auch an den falschen Stellen gesucht«, meint Rudolf Elender, »immer um die alten Depots herum am Steinriegel. Man muß da viel weiter rauf!«

Neben den ausgerollten Luftaufnahmen hat er die Wanderkarte mit dem eingezeichneten Rechteck ausgebreitet. Wieder und wieder hat Elender die wichtigste Passage aus dem Brief des Informanten vorgelesen, des Gebirgsjägers, der aus der Wander- eine Schatzkarte gemacht hat: »Wie ich ihnen beschrieben habe und Leutnant T. mir das so beiläufig erwähnte, vermute ich die Grube oberhalb von dem damaligen Bergrutsch. Die Abbiegung des kleinen Steiges ist mir noch in Erinnerung.«

Auf dem Luftbild von damals lassen sich mehrere Wege ausmachen; eine Forsthütte, ein schmaler Pfad, der immer wieder im Schatten verschwindet. Auch die hellen Stellen auf der Nordseite heben sich kontrastreich vom schwarzen Waldgebiet der alten Fotografie ab. Gestochen scharf hingegen ist die Aufnahme, die die Schatzsucher zum Vergleich heranziehen – das Luftbild aus der gleichen Perspektive, dieselbe Region, aber erst vor zwei Jahren aufgenommen.

Mit der Lupe haben sie auf den Luftbildaufnahmen den idealen Weg durch das schwierige alpine Gelände gesucht und die Wanderkarten mit der Markierung hinzugezogen. Einen Mulipfad gab es seinerzeit, haben Einheimische erzählt. Auf dem alten Luftbild ist die Stelle unscharf, auf dem neuen ist der Pfad nicht mehr auszumachen. Die kleine Hütte knapp unterhalb des Gipfels am Rand der Waldgrenze auf 1600 Metern stand damals schon, wie der Luftbildvergleich zeigt.

Heute wird sie als Jagddiensthütte genützt – eine kleine Berghütte ohne Wasser und Strom, aber mit einem Holzofen, auf dem man auch Kaffee kochen kann; eine Eckbank und einige Feldbetten sorgen für Behaglichkeit. Normalerweise nächtigt hier der Revierförster, oder zahlende Trophäensammler verbringen bei der Gemsenjagd einige idyllische Herbsttage mit Blick auf den Walchensee. Ein idealer Ausgangspunkt also, darin sind sich die Schatzsucher einig gewesen.

»Wir bringen die Geräte und die Ausrüstung rauf, übernachten oben, dann kann's gleich in der Früh losgehen mit dem Messen, und wir verlieren keine Zeit«, hat Elender angekündigt.

Verpflegung, Taschenlampen, Helme, Höhenmesser, ein Kompaß und natürlich die Schatzkarte sind vorbereitet. Außerdem haben sich die Schatzsucher für die Bergtour professionelle Hilfe gesichert: Der Geophysiker Rüdiger Brede wird die Expedition mit einem Suchgerät unterstützen, das er im Rahmen einer Studienarbeit selbst entwickelt hat. »Elektromagnetische Feldanomalie-Detektion«, kurz Emfad, nennt es sich. Nun soll es dem Geheimnis des Reichsbankgoldes auf den Grund gehen. Emfad mißt und speichert elektromagnetische Langwellen in der Erde. Im Unterschied zu Radiowellen, die sich nur überirdisch fortpflanzen können, durchdringen elektromagnetische Langwellen im »Very-low-frequency-Bereich« den Untergrund. Die Meßwerte von Emfad erlauben Rückschlüsse auf die Bodenbeschaffenheit. »Bei Hohlräumen oder an frischen Grabungsstellen verändert sich das elektromagnetische Feld im Vergleich zum unberührten Umfeld. Steckt viel Metall im Boden, beeinflußt das natürlich auch die Meßwerte«, erläutert Brede.

Die Daten werden gespeichert und nach der Messung von einem Computer ausgewertet. So entsteht ein Bodenprofil, das »geologische Störungen« sichtbar macht. Damit hat Brede in der Eifel schon durch Basaltabbau entstandene unterirdische Hohlräume vermessen, die jederzeit einstürzen konnten. Der vorsichtige Kunde, der auf dem Grundstück bauen wollte, sparte sich teure Probebohrungen – und ein gefährliches Bauvorhaben. Vermessungen von Industriebrachen, Altlastenerkundungen oder Baugrunduntersuchungen sind das Tagesgeschäft von Rüdiger Brede.

»Für die Schatzsuche ist dies die einzig sinnvolle Art, ein dermaßen steiles und schwer zugängliches Gebiet professionell zu vermessen«, hat Brede erklärt. »Für andere Geräte, etwa ein Bodenradar, braucht man ein Gelände, das eben wie ein Golfplatz ist, um zuverlässige Ergebnisse zu erzielen.« Dann hat er das empfindliche Meßgerät, einen zweieinhalb Kilogramm schweren grauen Kasten, gut gepolstert in seinen Rucksack verstaut.

Hans Schlegel nimmt zusätzlich noch seinen Handdetektor mit, einen Minibohrer, einen zusammenklappbaren Spaten und einen Pickel. Die Wettervorhersage klingt ermutigend. Zwar liegt an der Nordseite Schnee, aber der Föhn wird den Wintereinbruch bald vergessen machen. Trotzdem ist Vorsicht geboten. »Ohne richtige Bergausrüstung, ohne Seile, Stöcke und ungesichert geht mir da keiner rauf!« hat Elender angeordnet.

Die Schönheit der Natur um sich herum blenden sie jetzt aus, denn die vier Männer lenken ihre ganze Konzentration auf den Marsch. Der Weg hinüber zur Mure ist äußerst beschwerlich. Von dem Pfad, den die Mulis mit den Gebirgsjägern damals eingeschlagen haben dürften, ist kaum mehr als ein Gemsensteig zu erahnen. An einem Felsabbruch geht es nicht mehr weiter. Die Männer hangeln sich mühsam an einem Steilstück voran. Der frische Schnee dämpft die unsicheren Schritte, aber er gibt mehr Halt als das rutschige braune Gras zwischen den Felsbrocken. Die Wanderer mit der ungewöhnlichen Ausrüstung atmen schwer. Die Bergstiefel knarren. Ansonsten herrscht Stille. Sie klettern entlang der Baumgrenze; der Höhenmesser hält sie auf Kurs. Auf diesen Trampelpfad, immer wieder von querliegenden Bäumen und Felsbrocken unterbrochen, verirren sich keine Münchner Wochenendausflügler, nicht einmal Jagdgäste. Mittlerweile hat die Sonne so viel Kraft, daß sie wärmt. Doch die Kälte spüren die vier ohnehin längst nicht mehr, der morgendliche Aufstieg in voller Montur bringt sie ins Schwitzen.

Als der Himmel bereits strahlend blau wird, der versprochene Föhn die Nebelfelder im Tal zu sanftem Dunst verwandelt und der Neuschnee bereits zu tauen beginnt, nach gut einer Stunde Marsch, ist der Ort erreicht: »Hier, das müßte die Stelle sein!« Peter Mayer wirft einen letzten prüfenden Blick auf die Karte, zeichnet mit dem Finger die kleine Biegung nach. In einer Mure aus Geröll klettern sie wieder ein Stück hinauf, bis zu einem einzelnen Baum. Daneben ist nur noch ein Hang mit Steinen und Gestrüpp, nach oben begrenzt von einer Felskante. Die Neigung beträgt fast 40 Grad; der Hang ist so steil, daß sie kaum einen Platz finden, die Rucksäcke sicher abzustellen. Rüdiger Brede nickt, schwer atmend: »Wenn es ein ideales Versteck für einen Schatz gibt, einen Platz, so schwer zugänglich und unwirtlich, daß niemand etwas vermuten würde – dann hier.«

Eigentlich wollte Brede ein Gelände von der Größe eines Fußballfeldes vermessen, aber bei dieser Bodenbeschaffenheit ist das fast unmöglich. Vor der Messung muß ein Gebiet abgesteckt werden: ein gleichmäßig rechteckiges Feld, das dem Computer einen Raster vorgibt. Mit Trassierbändern markieren Hans Schlegel und Peter Mayer mehrere zehn Meter lange Bahnen, parallel zum Hang, in einem Meter Abstand zueinander. »Felsbrocken oder Schnee beeinträchtigen die Meßdaten nicht«, versichert Brede, während er sich anseilt und das Meßgerät aus dem Rucksack holt. Aber sie machen die Messung beschwerlich. Er beginnt, gleichmäßig entlang der Markierungen auf und ab zu balancieren, dabei muß er über Steine klettern. Die Schatzsucher sichern ihn. Das Gerät zeichnet im Sekundentakt die Bodenanomalien auf, wichtig ist eine gleichmäßige Geschwindigkeit beim Gehen, damit keine Verzerrungen in der Darstellung der Bodenbeschaffenheit entstehen.

Währenddessen hat Hans Schlegel seinen Metalldetektor zusammengesetzt und geht, vielmehr klettert das Gebiet in der Mure ab. Immer wieder macht er Bögen um die größten Steinbrocken, in der anderen Hand seinen Bergstock, um auf dem rutschigen Untergrund nicht den Halt zu verlieren. Plötzlich ein schriller Pfeifton. Brede läßt sich nicht aus dem Takt bringen, mißt in ruhigem Schritt weiter, sonst müßte er die letzte Bahn wiederholen. Trotzdem riskiert er einen neugierigen Blick. Schlegel kniet zehn Meter weiter unten neben seinem Metalldetektor: »Ich glaub', ich hab' hier was!«.

Hektisch greifen Hände in den matschigen Boden. Dann bewegt er den Erdklumpen in seinen Händen über den Detektor, der jetzt auf dem Boden neben ihm liegt, geht mit dem Gerät noch mal über die Stelle. Keine Fehlfunktion, ein hörbares Signal. Er zerpflückt den erdverkrusteten Fund.

Kein Gold, keine Münzen, nichts von Wert. Aber doch ein Hinweis, der den Männern zeigt, daß sich die Anstrengung lohnt, daß sie mit ihren Überlegungen und Schlüssen wohl nicht ganz falsch liegen und daß sie an der richtigen Stelle sein könnten – denn hier war tatsächlich jemand vor ihnen und hat Spuren hinterlassen: ein altes Hufeisen, breit und rostig. In diesem Gelände bewegen sich keine Pferde, das muß von einem Muli stammen. »Da haben wir immerhin was in der Hand, ein nettes Andenken fürs Büro«, scherzt Elender, »Gold wär' mir zwar lieber gewesen ...«

Bereits um zwei Uhr nachmittags verschwindet die Sonne von der Nordseite des Berges. Zeit für die Männer, den beschwerlichen Rückweg zur Forsthütte anzutreten und sich auf einen gemütlichen Hüttenabend zu freuen, auf das Knistern im Kamin, während der Sturm um die Hütte pfeift, auf ein zünftiges Mahl.

Noch einen Tag werden sie messen und ein weiteres Relikt aus der Vergangenheit ganz nebenbei zutage fördern, nicht weit von der Fundstelle des Hufeisens entfernt: eine alte Patronenhülse, großes Kaliber auf jeden Fall, und ein altes Geschoß. Doch ob sie sich tatsächlich an der richtigen Stelle befunden haben, ob sie, ohne es zu wissen, vielleicht schon über versteckte Reichtümer geklettert sind, das wird erst die Auswertung der Meßergebnisse zeigen.

»Ich sag' gleich mal vorneweg, das kann jetzt alles bedeuten ...« versucht Rüdiger Brede die Erwartungen der Schatzsucher zu dämpfen, die gespannt auf den Monitor des Notebooks blicken. Mit einem Kabel hat er soeben die Daten aus dem Meßgerät auf seinen Computer übertragen. Doch auch Brede ist sichtlich überrascht vom Meßergebnis der »Elektromagnetischen Feldanomalie-Detektion«, das er jetzt präsentiert. Eine spezielle Software stellt den vermessenen Untergrund als 3D-Graphik dar, ein bunt eingefärbtes Gebirge baut sich auf dem Bildschirm auf. Blau erscheinen die vermessenen Stellen, die eine besonders geringe Leitfähigkeit aufweisen, rot die Stellen mit hoher Leitfähigkeit. Aus den vier nebeneinanderliegenden Einzelprofilen, den Bahnen, die Brede abgegangen ist, setzt sich nun die Graphik zusammen.

»Die roten Stellen, da bei der ersten Bahn, das sind wahrscheinlich Meßungenauigkeiten«, erläutert er und fährt die Bahn mit dem Zeiger der Plastikmaus nach. »Das kann auftreten, wenn das Gerät nicht lotrecht gehalten wird, und ich glaub', da hab ich etwas gewackelt. Das Gelände war ja auch sehr steil. Diese Bahn müßte man also noch einmal vermessen.« Aber die anderen Bahnen sind einwandfrei. Ein gleichmäßiger Verlauf in Grün, unberührter Boden, nichts, was dem Fachmann als Anomalie auffallen würde.

»Nur diese blaue Kuhle, die ist ungewöhnlich.«

Eindeutig hebt sich die dunkelblaue Stelle vom umliegenden, grünen Meßumfeld ab. Das deutet auf einen Hohlraum hin. »Jedenfalls weist der Boden an der Stelle eine andere Beschaffenheit auf als das Umfeld. Das ist eindeutig eine Anomalie, und die befindet sich in einer Tiefe von einem Meter achtzig.«

Hohlräume unter Murenabgängen sind allerdings nichts Ungewöhnliches, und der Geophysiker will mehr Meßdaten zum Vergleich. »Wir müssen auf jeden Fall noch mal messen, bevor wir ans Bohren denken. Wir brauchen den Sommer, die wenigen Wochen, in denen alles schneefrei ist. Dann vermessen wir den ganzen Hang.«

Ein ehrenwerter Offizier

Vierzig Jahre danach zu den dramatischen Ereignissen um das Reichsbankgold befragt, erläutert Oberst a. D. Franz Pfeiffer dem britischen Forscher Ian Sayer seine sehr klare Vorstellung von Anstand und Ehre in dieser Angelegenheit. »Mir ist die ganze Geschichte in ihrem Verlauf eigentlich eher unangenehm«, erklärt er vor laufender Videokamera in einem Münchner Hotelzimmer. »Die damit verbundenen menschlichen Enttäuschungen, der ganze Verlauf dieser Dinge, die natürlich so nicht geplant waren. Man muß sagen, daß die ganze Sache verraten worden ist.«

Verrat ist für den ehrenwerten Offizier das Schlimmste. Verrat ist ihm damals überall begegnet, im Angesicht der Niederlage. In Gestalt des Majors Pössinger, »von dem ich gar nicht wußte, daß der im Widerstand war.« Das war immerhin jener Gebirgsjägeroffizier, der auf einem amerikanischen Panzer gefesselt nach Garmisch hinein fuhr und die ganze Region wahrscheinlich vor einem vernichtenden Luftangriff bewahrte. Oder in Person der Herren Rüger und Veit, die amerikanische Soldaten zum Schatz am Steinriegel führten.

»Für dieses Scheitern wurde ich im September 1945 durch Oberst Pfeiffer persönlich (...) als der Schuldige bezeichnet«, schrieb Rüger im Winter 1946, der am liebsten im Stil der alten Zeit vor ehemaligen Kameraden ein Ehrenverfahren gegen sich selbst beantragt hätte – um seine Ehre wiederherzustellen, die ihm Pfeiffer und andere ehemalige Offiziere fortan absprachen.

Franz Pfeiffer, so scheint es, hat sich aus allem herausgehalten. Dem bedauernswerten Reichsbankbeamten Georg Netzeband, verantwortlich für das Reichsbankgold, stellte er nicht einmal einen Beleg aus. Unquittiert verschwanden das Gold und die Devisen unter Pfeiffers Aufsicht in den Bergen des Estergebirges. Netzeband, nicht mehr in der Lage, nachprüfbar Rechenschaft über den ihm anvertrauten Schatz abzulegen, blieben nur noch zwei Dinge zu tun. Vermutlich war er es, der die Reichsmark-Druckplatten im Walchensee versenkte. In den Wochen nach Kriegsende schrieb er – immer wieder von Verhören durch die Amerikaner unterbrochen – in einer Dachkammer eines Gästehauses in Mittenwald den Bericht über die Operation Walchensee, der heute im Bundesarchiv liegt. Seine Notizen, teils auf Zeitungsfetzen gekritzelt, und seine Erinnerung dienten als Quellen für dieses Dokument, das den Weg des Reichsbankgoldes nachzeichnet. Sein Verfasser verschwand danach genauso ansatzlos aus der Geschichte, wie er in sie hineingeraten war. Die Aktivitäten des ehrenwerten Obersten in

```
                                    24. August 145

TO WHOM IT MAY CONCERN:

      Lüder von BLUECHER AND Hubert von BLUECHER have turned
over to the US Army the following sums of money entrusted into them
by Colonel Franz PFEIFFER, former Commandant of the Gebirgsjäger-
schule Mittenwald Germany. This constitutes the entire amount
originally entrusted into them.
              $ 404.849:88  English pounds
                   405:
      The undersigned acknowledge the receipt of the above stated
amount.
                                        FRED S. NEUMANN
                                        Capt FA. CIB
                                        THIRD UNITED STATES ARMY
Signatures of witnesses present during the transaction appear below.

Signatures of witnesses:

FRANZ PFEIFFER


FRITZ RAUCH


CLAUS BREMME
```

Der Oberst und die Quittung. Die Devisen, die Franz Pfeiffer verriet, verschwanden kurz nachdem Pfeiffer diese Unterschrift geleistet hatte.

den Wochen nach Kriegsende kann das Netzeband-Protokoll nicht aufzeigen.

Doch ein anderes Dokument aus der Sammlung Ian Sayers durchdringt den Nebel, den Pfeiffer im Interview zu verbreiten sucht. Eine Quittung – ausgerechnet! – trägt seine Unterschrift. Darunter der Name Friedrich Rauch und darüber der eines amerikanischen Offiziers. Das Dokument bestätigt die Übergabe von 404 840 US-Dollar und 405 englischen Pfund an Vertreter der US-Army in der Villa der Offiziersfamilie von Blücher in Garmisch-Partenkirchen. Datum: 24. August 1945.

Anscheinend hat sich also auch Franz Pfeiffer seine Freiheit mit den Devisen der Reichsbank erkauft. Das illegale Leben in den Bergen war belastend, der Fahndungsdruck durch die Militärpolizei wuchs, »und ich wollte auf keinen Fall in Gefangenschaft gehen«, wie Pfeiffer Jahre später einräumt. Schon Anfang Juni – das Gold auf dem Steinriegel war vermutlich noch nicht gefunden – verriet er zum ersten Mal Devisenverstecke an die Amerikaner. Pfeiffer marschierte mitten ins Hauptquartier der Dritten US-Armee in Bad Tölz. »Er war ein nervöses Wrack«, erinnert sich Bill Eckles, damals Colonel im Stab der Dritten Armee. Pfeiffer führte die Amerikaner zu zahlreichen Heuschobern an der Landstraße zwischen Garmisch und Oberau. Am Ende, so Eckles, sei die Ladefläche eines Zweieinhalb-Tonners mit US-Dollars gefüllt gewesen. Geschätzte Summe: mehrere Millionen Dollar.

Pfeiffer jedoch verriet Devisen aus Depots, in denen sie seine Gebirgsjäger nie vergraben hatten. In der Zeit seines angeblichen »Partisanenlebens« zeigte er – entgegen seiner ursprünglichen Behauptung – durchaus reges Interesse am Reichsbankschatz; vor allem an Devisen, die damals weit größeren Wert besaßen als Gold. Eigenhändig und mit der Hilfe Rauchs holte er im Mai Beutel aus den alten Verstecken im Estergebirge und vergrub sie wieder, jetzt in der Region um Garmisch. Diese Aktion räumt er im Interview ein. Bis heute bleibt offen, wie viele der Devisenbeutel er wieder ausgegraben hat, vor allem aber: wie viele er den Amerikanern am Ende übergab.

Und noch ein Rätsel: Sämtliches Geld, das Pfeiffer den Amerikanern übergab, taucht in den Büchern der zuständigen Federal Exchange Depository nie auf. Lkws voller Dollarnoten verschwanden noch vor Ort.

Daß Pfeiffer, gemessen an seinen eigenen Ehrvorstellungen, nun auch zum Verräter wurde, ist wahrscheinlich. Aber ist er ein Dieb und ein Hehler? Fest steht, daß er und sein Partner Rauch spätestens Anfang der fünfziger Jahre in Argentinien wieder auftauchten. Die Generalstaatsanwaltschaft München stellte am 16. Januar 1953 fest: »Der ehemalige Kommandeur der Gebirgsjägerschule Mittenwald, Oberst Franz Pfeiffer, ferner der ehemalige Adjutant des Reichsministers Lammers, SS-Sturmbannführer Friedrich Josef Rauch, sowie die Gebrüder von Blü-

Zwei der 730 am Walchensee vergrabenen Goldbarren: neue Nummern, alter Bestand. Aus dem Transport von 1945 gelangte dieses Gold über viele Umwege in die Bank von England.

cher haben Devisen unterschlagen oder gestohlen. Es ist wahrscheinlich, dass Franz Pfeiffer und Friedrich Josef Rauch ihre Auswanderung nach Argentinien (...) mit einem Teil dieser Devisen finanzierten.«

Mitte der sechziger Jahre, lange nachdem die bayerischen Behörden die Verfolgung Pfeiffers und Rauchs wegen Diebstahls, Unterschlagung und Hehlerei einstellen mußten, kehrte Pfeiffer nach München zurück. Die Straftatbestände waren verjährt. Hohe Investitionen in eine Rinderfarm in Argentinien ließen die Spekulationen auch über Pfeiffers Tod hinaus nie verstummen.

Gern zieht Ian Sayer heute erneut die Notiz im »Guinness-Buch der Rekorde« hervor. Der Eintrag stimmt und stimmt nicht. Die 730 Goldbarren, die dem »größten Raub aller Zeiten« zum Opfer gefallen sein sollen, landeten vollständig und korrekt in den Tresoren der alliierten Tripartite-Goldkommission, die sich bis heute um Reparationsansprüche kümmert.

Diesen Weg nahmen letztendlich auch die beiden fehlenden Goldbarren. Deren Spur zeigte Sayer auf – von einem Ofen im Mittenwalder Offizierskasino über Walther Funk und amerikanische GIs. Sie führte ihn über die Bundesbank und die Degussa zu den Tresoren der Bank von England. Dorthin hatte sie die Bundesrepublik Ende der neunziger Jahre übergeben.

Trotzdem fand in der amerikanischen Besatzungszone so etwas wie der größte Raub aller Zeiten statt. Devisenfunde aus dem Reichsbankschatz und andere Werte, die bei Kriegsende hastig vergraben worden waren, gingen, kaum entdeckt, wieder verloren. Ian Sayer addiert allein die Geldwerte, die in der US-Zone verschwanden, auf – nach heutigem Wert – 165 Millionen Dollar. Die amerikanische Regierung kommentierte im Jahr 1948, kurz vor Ende des Besatzungsregimes, lakonisch: »Die amerikanische Haltung hat den Punkt erreicht, wo sie nicht länger an der Rückgewinnung dieser Vermögenswerte interessiert ist.«

»Die Suche nach dem Reichsbankschatz«, das weiß der Rechercheur Sayer nach all den Jahren, »ist gespickt mit Sackgassen und falschen Hinweisschildern.« Eine der wenigen Gewißheiten, denen zahllose Rätsel gegenüberstehen. Dieses eine vor allem: 25 Kisten und weitere elf Behälter des Reichsbankgoldes werden noch vermißt.

ANHANG

Zur Aussprache

Sonderzeichen des türkischen Alphabets

Auf die moderne türkische Schrift stützen sich im wesentlichen auch die neuen lateinischen Alphabete der Staaten Zentralasiens.

c	wie englisches j	in John
ç	wie tsch	Kutsche
e	immer hell, auch im Auslaut	
ğ	zwischen g und h	
h	immer hörbar	
ı	zwischen kurzem dumpfem ü und dumpfem auslautendem e	in Kanne
ö	meist hell	wie in können
s	wie ß	in groß
ş	sch wie	in Schatz
ü	hell wie	in über
y	wie deutsches j	in ja
z	stimmhaftes s	wie in Saal

Türkische und persische Wörter werden fast immer auf der letzten Silbe betont. Auch im Persischen wird -h- stets hörbar gesprochen. Den -sch-Laut haben wir phonetisch transkribiert (Mazar i-scharif); ebenso -dsch- (Nadschibullah, Mudschahiddin).

Zur Aussprache des Chinesischen

Die Umschrift chinesischer Namen und Begriffe erfolgt in Pinyin (also zum Beispiel Xinjiang für Sinkiang und Xi'an für Sian).

Vokale

ai	wie ai	in Saite
ao	wie au	in Baum
ei	zwischen ei und eh	zwischen englisch *eight* und Ehe
e	zwischen kurzem ö und kurzem e	wie in Böller wie in Falle
i	(nach c, sh, z, zh) ö, sonst i	wie in schön wie in Liebe
o	als Endlaut offenes o	wie offen
ong	in der Silbe kurzes u	wie in Lunge
ou	Diphthong	wie englisch *go*
u	(nach j, g, x, y) ü sonst u	wie in müde wie in gut

Konsonanten

c	wie z	in Zürich
ch	wie tsch	in Rutsche
h	wie ch	in Tuch
q	wie ch	in Chile
r	zwischen englisch r und j	in Journalist
sh	wie sch	in schön
x	etwa wie ch	in wichtig
y	wie j	in Jubel
z	wie stimmhaftes z	wie englisch *zero*
zh	wie weiches j	wie englisch *job*
w	etwa wie u	wie englisch *white*

Bildnachweis

Bundesarchiv, Berlin: S. 269; Christie's, London: Farbe S. 12; DIZ, Süddeutscher Verlag, Bilderdienst: S. 256; Archiv Roland Kaltenegger: S. 279 (li.); Kunsthistorisches Museum, Wien: S. 203, 211, 235, Farbe S. 11; Bernd Liebner: Farbe S. 5–8; Wolfgang Meyer-Hentrich: Farbe S. 9 (u.); Naturhistorisches Museum, Wien S. 10; Wolfgang Rall: S. 277; Brigitta Rüger: S. 277; Professor Viktor Sarianidi: S. 38, 48, 69, 89, Farbe S. 1 (u.), 2, 3; Ian Sayer: S. 279 (re.), 296, 311, 313, Farbe S. 13 (o.); Service Photographique de la Réunion des Musées Nationaux, Paris: Farbe S. 9 (o.); Story House Productions: Farbe S. 13 (u.), 14–16; Völkerkunde-Museum, Berlin: S. 119, 127, 136; Christa Wieland: S. 252; Elke Windisch: S. 16, 34, Farbe S. 1 (o.), 4.

Das Haus Habsburg-Lothringen

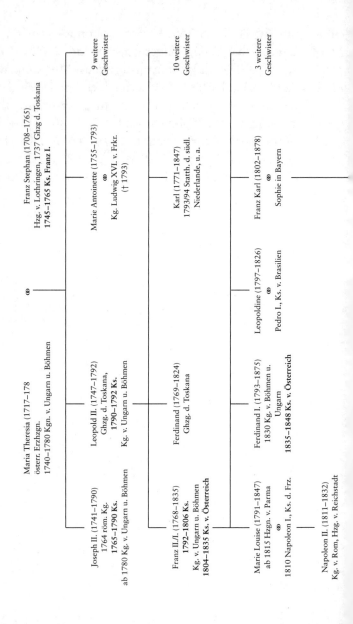

318

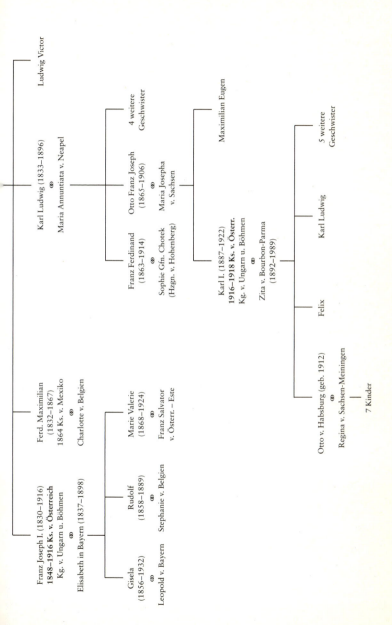

Zu den Autoren

Wolfgang Ebert, Dr. phil., ist seit 1974 ZDF-Redakteur sowie Autor erfolgreicher Fernsehserien und mit Preisen ausgezeichneter Filme. Siebzig TV-Dokumentationen und elf Bücher (u. a. »Wilder Westen«, »Höllenfahrten«, »Unterm Kreuz des Südens. Entdeckungsfahrten ans andere Ende der Welt«) haben ihn über die Grenzen Deutschlands hinaus bekannt gemacht.

Jens Afflerbach produzierte zahlreiche Wissenschafts-Reportagen und historische Dokumentationen. Diverse internationale Preise, u. a. Auszeichnung des New York Film Festivals 1997.

Bernd Liebner: Autor und Regisseur von Fernsehspielen und Dokumentarfilmen (u. a. »Magier auf dem Drachenthron«, »Buddha. Der Weg zur Erleuchtung«). Diverse Filmpreise. Koautor »Die Seidenstraße. Mythos und Gegenwart« (1999).

Wolfgang Meyer-Hentrich ist Historiker. Autor von Dokumentarfilmen, Büchern und Rundfunksendungen. 1990 Bayerischer Filmpreis für »Klaus Fuchs. Atomspion«. Wichtigste Publikation: »Die Versuchung des Robert Ganser« (1986).

Elke Windisch: Moskauer Korrespondentin mehrerer deutscher und österreichischer Tageszeitungen sowie Produzentin von Fernseh-Dokumentationen (z. B. »Das Fest der Herzen. Christen und Muslime in Georgien« und »Pulverfaß Dagestan«).